Histórias e contos

HANS CHRISTIAN ANDERSEN

EDITORA GARNIER

SUMÁRIO

O Patinho Feio...3

Os Sapatos Vermelhos..8

O Soldadinho de Chumbo...12

A Pequena Sereia..15

A Roupa Nova do Imperador...29

A Princesa e o Grão de Ervilha.......................................31

A Pequena Vendedora de Fósforos.................................32

A Rainha da Neve..33

O jardim do Éden..52

O Baú Voador...61

O Rouxinol...65

O Pinheiro...71

O Sino..77

As Flores da Pequena Ida...80

O Porco de Bronze..84

Hans, o Palerma. Uma Antiga História Recontada.....92

A Sombra..94

Família Feliz..102

O Último Dia..105

Cinco Ervilhas Numa Viagem Só....................................107

O Menino Maldoso..109

O Velho Morfeu...110

Vovó...116

O Linho...118

A Velha Lápide...120

Cada Coisa em Seu Lugar..122

O Cofrinho...127

O Ninho do Cisne...129

Uma Folha Caída do Céu...130

A Última Pérola...132

A Criada..133

As Cegonhas..136

O Rei Perverso (uma lenda)...139

Os Dois Irmãos..141

A Borboleta...142

O Tesouro Precioso...144

Pedro, Pedrinho e Pedroca..149

O Boneco de Neve..152

Quem foi a Mais Feliz?..155

A Pena e o Tinteiro...158

O Patinho Feio. Ah, como é bela a vida do campo! Estávamos no verão. A aveia ainda estava verde, mas o trigo já começava a amarelar. Na campina, as ervas tinham sido cortadas e transformadas em montes de feno, entre as quais passeavam cegonhas, com suas pernas compridas e vermelhas, todas falando a língua do Egito, que era a que lhes tinha sido ensinada por suas mães. Ao redor desses campos erguia-se uma densa floresta, cujas árvores ocultavam charcos e lagoas. Ah, como são belas as paisagens do campo! Banhado de sol, via-se ao longe o velho castelo, rodeado por um fosso profundo. Entre as pesadas muralhas e o canal, estendia-se uma estreita língua de terra, toda tomada por uma verdadeira floresta de bardanas. Suas folhas eram tão largas e seus talos tão altos, que uma criança poderia esconder-se entre elas, mesmo ficando de pé, imaginando que estivesse no meio de uma densa mata primitiva, isolada do resto do mundo. Foi ali que uma pata fizera seu ninho. Enquanto chocava os ovos, sentia-se aborrecida por estar ali há tanto tempo, esperando que as cascas se rompessem, numa solidão que dava dó. As outras patas não vinham visitá-la, preferindo nadar nas águas tranquilas do fosso, a vir conversar com ela, naquele lugar sombrio e isolado. Finalmente, as cascas começaram a rachar. As gemas dos ovos adquiriram vida, transformando-se em patinhos, que aos poucos iam mostrando suas cabeças, piando aflitamente e procurando conhecer quem seria sua mãe. — Quac! Quac! — saudava-os a pata. — Olhem para o mundo que os rodeia. E os patinhos obedeciam, contemplando aquele mundo verde e desconhecido. Era o que ela queria, pois a cor verde fazia bem para aqueles olhinhos infantis. — Nossa! — espantavam-se os patinhos. — Como o mundo é grande! De fato, o espaço que agora tinham para movimentar-se era bem maior do que o interior de um ovo. — Pensam que o mundo inteiro é isto aqui? — grasnou a mãe — Não, ele é muito maior. O mundo estende-se até bem além daquele campo de trigo. Sei disso, embora nunca tenha ido até lá... Ei, já nasceram todos? A pata ergueu-se e olhou as cascas quebradas que estavam no ninho. Um dos ovos ainda não havia rompido. — Ai, ai, ai! Ainda falta um... e justamente o maior! Como estou cansada de ficar sentada aqui sem fazer nada... Quanto tempo ainda vai demorar? — lamentou-se, voltando a sentar sobre o ovo. — Já temos novidades? — perguntou uma velha pata, que havia vindo visitá-la. — Sim, já temos. Agora só falta um ovo. Mas olhe os filhotes que já nasceram: não são umas gracinhas? São a cara do pai! Aliás, aquele safado ainda não veio fazer-me uma visita... — Deixe-me dar uma olhada no ovo que não quer rachar. Quem sabe não será ovo de perua? Estou dizendo isso porque certa vez choquei uma ninhada de ovos de perua, pensando que eram meus. Demoraram a romper que só você vendo! E depois que os peruzinhos nasceram, aí é que foi engraçado. Eles morrem de medo de água. Chamei-os para o tanque, e nada! Tentei empurrá-los com o bico, e resistiram. Só então vi que eram peruzinhos... Vamos, deixe-me ver esse ovo. Hum... é isso aí: ovo de perua! Deixe de ser boba, menina, largue esse ovo aí. Vá cuidar de seus próprios filhos, escute o meu conselho. — Já fiquei chocando este ovo por tanto tempo, que não me custa continuar mais um pouco, pelo menos até que acabem de recolher o feno — respondeu a pata. — Depois não vá dizer que não avisei, hein? — disse a velha pata, indo-se embora. Por fim, o ovo grande partiu-se. — Quim! Quim! — fez o filhote, saindo desajeitadamente do meio das cascas. Que patinho esquisito! Era grande, pardo e feio. A pata olhou-o desconfiada, pensando: "Grande demais para sua idade... Não parece nada com os outros. Será mesmo um peruzinho? Logo vou saber. Amanhã levarei a ninhada até o fosso, e se ele não quiser entrar na água, empurro-o lá dentro!" No dia seguinte, fez um tempo maravilhoso. A floresta de bardanas rebrilhava ao sol. A pata reuniu sua ninhada e dirigiu-se com os patinhos para o fosso. Ali chegando, ordenou-lhes: — Quac! Quac! — o que queria dizer: "Pulem na água, vamos!" Um após outro, os patinhos mergulharam. Por um rápido momento, a água cobria-lhes a cabeça, mas logo em seguida eles conseguiam controlar o nado e passavam a flutuar como se fossem de cortiça. Sem que ninguém lhes ensinasse, aprendiam instintivamente a bater as perninhas, e era uma graça vê-los. Nadaram todos, inclusive o feioso. "Não, ele não é um filhote de peru", pensou a pata, aliviada. "É pato mesmo, e até que nada bem direitinho. E tem um porte altivo, quem diria! É meu filho, não resta dúvida. E só é feio à primeira vista: quando se repara bem nele, até que é bem bonitinho..." — Quac! Quac! Chega de nadar. Sigam-me. Vou mostrar-lhes o quintal e apresentá-los às outras aves. Fiquem bem pertinho de mim, para não serem pisados. E cuidado com o gato, ouviram? Quando chegaram no pátio, escutaram um tremendo barulho. Da cozinha haviam jogado fora uma cabeça de enguia, e duas famílias de patos disputavam-na entre bicadas e grasnadas. Aproveitando a confusão formada, o gato chegou e mandou o petisco para o bucho. — É assim que acontece no mundo, filhinhos — ensinou a pata, lambendo o bico, pois também era doida com cabeças de enguia. — Caminhem com elegância. E lembrem-se de cumprimentar aquela velha pata que está do outro lado. É a ave mais nobre aqui deste terreiro. Tem sangue espanhol! Vejam como é gorda e bem tratada! E reparem no pano vermelho que traz amarrado na perna. Ele atesta a nobreza de sua origem. É a mais alta distinção que se confere a um pato. Significa que ela nunca vai sair daqui, e que todas as aves e seres humanos devem admirá-la e respeitá-la. Não marchem tesos e empinados, como se fossem soldados! Ginguem o corpo para lá e para cá, como patinhos bem-educados, andando de pernas abertas, como sua mãe e seu pai. Balancem a cabeça e façam um "quac!" de vez em quando. É assim que os bons patinhos procedem. Alguns patos chegaram-se perto dos recém-chegados, com cara de poucos amigos, e começaram a comentar em voz alta: — Ih, olha um novo bando de patos por aqui! Já não tem pato de sobra nesse terreiro? Essa não! E aquele pato esquisito ali no meio? Vai ser feio assim lá longe! Esse aí não dá para aguentar! Um dos patos voou para o meio da ninhada e aplicou uma bicada no pescoço do patinho feio. — Deixe-o em paz — gritou a mãe, enraivecida. — Que mal ele fez? — Ele é desconjuntado e não parece com nenhum de nós — respondeu o pato atrevido. — É razão de sobra para levar umas boas bicadas! — Lindos patinhos você teve! — disse a velha pata de sangue espanhol, que ali havia chegado atraída pelo ajuntamento. — São todos bonitinhos, menos aquele ali, que saiu com defeito. Seria bom se você desse um jeito nele. — Não há nada que se possa fazer, Excelência — respondeu a pata. — Bonito, sei que ele não é, mas tem um gênio muito bom, e nada tão bem como os outros, ou até mesmo um pouco melhor. Quem sabe, com o tempo, ele acabe ficando do mesmo tamanho dos outros, e sua feiura diminua? Acho que ele ficou tempo demais dentro do ovo, por isso é que saiu meio estranho. Passou do ponto. Ela afagou o pescoço do patinho feio e voltou a falar. — Se ele fosse uma pata, aí sim, isso seria um problema; um pato, porém, não precisa preocupar-se tanto com sua beleza. Ele é forte e sadio, e certamente saberá cuidar de si próprio. — Em compensação, os outros são lindos — disse a velha pata. — Sintam-se em casa. E se acaso encontrarem uma cabeça de enguia, não se esqueçam de me trazer um pedacinho. E eles de fato sentiram-se "em casa". Mas o pobre patinho que havia nascido por último, feio de dar dó, tomava empurrão, levava bicada, era maltratado e ridicularizado, não só pelos outros patos, como também pelas outras aves que viviam naquele terreiro. O peru, que tinha nascido com esporas compridas, e por isso imaginava ser um imperador, arrepiou suas penas, ficando igual um navio de velas enfunadas,

e avançou sobre o patinho feio, grugulejando tão alto, que sua cara até ficou vermelha como sangue. O patinho quase morreu de susto. Pobre coitado! Não tinha paz! Todas as aves do

terreiro debochavam dele, rindo-se de sua feiura. Isso o deixava triste e desolado. Assim passou-se o primeiro dia, mas os seguintes não foram melhores. O pobre patinho era persegui-

do e maltratado cada vez mais, até mesmo por seus próprios irmãos, que o chamavam de "bicho feio" e ameaçavam chamar o gato para comê-lo. Um dia, sua própria mãe lhe disse:

— Seria melhor se você sumisse daqui. Sentindo-se escorraçado até mesmo pela menina que levava comida para as aves, todo marcado por bicadas e beliscões, o patinho feio decidiu

ir-se dali para sempre. Voou sobre os arbustos que cercavam o quintal, atravessou o campo e internou-se na floresta. Os passarinhos que o viam levavam susto, debandando em voo

ligeiro. "Até estes daqui me acham horroroso", pensou o patinho, baixando os olhos, mas sem parar de seguir em frente. Finalmente, chegou a um grande pântano, onde viviam patos

silvestres. Ali parou para passar a noite, cansado que estava após tão longa caminhada. Pela manhã, foi descoberto pelos patos silvestres, que o espiavam desconfiados. — Que tipo

de ave é você? — perguntaram-lhe. O patinho feio inclinou-se para todos os lados, cumprimentando gentilmente seus novos companheiros. — Você é danado de feio! — disseram os

patos silvestres. — Mas isso é problema seu, e não nosso. Desde que não invente de querer casar com uma de nossas jovens, tudo bem. O pobre patinho nem sonhava em se casar;

tudo o que queria era poder nadar em paz entre os juncos, comer quando tinha fome e beber quando tinha sede. Dois dias inteiros passou ele naquele pântano. No terceiro dia, apare-

ceram por ali dois gansos selvagens, ainda muito jovens, e por isso sem medo e sem papas na língua. Vendo o patinho feio, disseram: — E aí, bicho, tudo bem? Você é feio pra burro,

mas parece boa gente! Junte-se a nós, vamos migrar por aí. Tem um brejo aqui perto, onde mora cada gansinha bonita, que só vendo! Quem sabe você não arranja uma namorada lá?

Beleza não é tudo na vida, e pode ser que uma delas pense assim. Vale a pena arriscar. Vamos lá, meu companheiro! Pou! Pou! Ouviram-se dois tiros, e os dois jovens gansos caíram

mortos entre os juncos. A água tingiu-se de vermelho. Pou! Pou! Pou! Novos tiros ecoaram, e um bando de gansos selvagens saiu voando. Numerosos caçadores andavam por ali. De

todos os lados saíam disparos de espingardas. Havia caçadores escondidos entre os arbustos, outros disfarçados entre os juncos, e outros trepados nos galhos das árvores que pendiam

sobre a água. A fumaça azulada das armas pairava sobre o pântano como uma névoa e se elevava por entre as árvores. Cães de caça mergulharam na água e vieram em nado ligeiro,

sem se importarem com os juncos que lhes estorvavam a passagem. O pobre patinho estava apavorado. Já se preparava para enfiar a cabeça embaixo da asa, pensando que assim

poderia esconder-se, quando avistou um cão enorme, que o espiava por entre os caniços. A língua pendia-lhe da boca, e seus olhos brilhavam ferozmente. Arreganhou a boca, mos-

trando os dentes poderosos, rosnou para o patinho, mas em seguida deu-lhe as costas e voltou nadando para a margem. — Graças a Deus que sou feio! — soluçou o patinho. — Nem

mesmo o cachorro quis me morder! Continuou ali mesmo, o mais imóvel que pôde, enquanto os tiros continuavam a bombar a seu redor. O tiroteio somente cessou daí a muito tempo,

quando o sol já estava bem alto no céu. Ele ainda esperou algumas horas, até que se atreveu a tirar a cabeça de sob sua asa. Então, saindo daquele pântano, fugiu sem rumo o mais depressa que pôde. Alcançou uma campina e tentou caminhar em frente, mas não conseguiu, porque um vento fortíssimo começou a soprar, em direção transversal à que ele seguia.

Deixando-se levar pela força do vendaval, acabou chegando a uma choupana pobre, ao cair da noite. Era um casebre tão mal construído, tão torto, que poderia desabar para qualquer lado, a qualquer momento. Sem saber que lado escolheria para cair, ele acabava mantendo-se de pé. O vento soprava tão forte, que o pobre patinho feio teve de sentar-se sobre a cauda, para não ser arrastado pela fúria do vendaval. Notou então que a porta do casebre estava mal-encaixada nos gonzos, entreabrindo-se com um rangido. Por aquela pequena abertura, ele se esgueirou para dentro. Viviam ali uma velha, um gato e uma galinha. O gato chamava-se Neném, e sabia arquear as costas e ronronar. Ah, tinha mais: seus pelos desprendiam faíscas quando eram esfregados para a frente. A galinha tinha pernas muito curtas, por isso era chamada de Cocó Pernoca. Mas botava ovos muito gostosos, e a velha a estimava como se fosse uma filha. Pela manhã, a galinha e o gato descobriram o patinho, pondo-se um a miar e a outra a cacarejar. — Que que foi? — perguntou a velha, olhando ao redor. Como não enxergava bem, custou a enxergar o patinho, até que o viu encolhidinho num canto. Imaginando que se tratasse de uma pata adulta, alegrou-se, dizendo: — Eh, coisa boa! Vejam o que arranjamos; uma pata gorda! Vamos ter ovos de pata, de hoje em diante! Bem, talvez seja um pato, nunca se sabe. O jeito é dar um tempo, para saber. E o patinho teve permissão de ficar ali durante três semanas, a título de experiência. Mas se a velha queria ovos, podia esperar sentada! O gato e a galinha eram os verdadeiros donos daquela casa. Costumavam referir-se a si próprios como "nós e o resto do mundo", pois imaginavam ser a metade dos habitantes do planeta — e a metade melhor, ainda por cima. O patinho achava que poderia ter opinião diferente daquela, mas a galinha não concordou: — Sabe botar ovo? — ela perguntou. — Não — respondeu o patinho. — Então, bico fechado! Depois foi o gato quem entrou na conversa: — Você sabe arquear as costas? Sabe ronronar? Seu pelo solta faíscas? — Não. — Então, nada de querer intrometer-se na conversa dos maiorais. Guarde para si suas opiniões. O patinho foi sentar-se num canto, triste e desapontado. Ah, como era gostoso lá fora, ao ar livre, à luz do sol... Veio-lhe um enorme desejo de flutuar na água, e ele acabou não resistindo e comentando aquilo com a galinha. — Que ideia mais maluca! — disse ela. — Onde já se viu? É o que dá quando não se tem nada a fazer... Tente botar um ovo, ou ronronar, que esses pensamentos idiotas logo irão embora. — Você diz isso porque não sabe como é delicioso boiar nas águas tranquilas de um lago, depois mergulhar lá no fundo e reaparecer com a cabeça toda molhada — replicou o patinho. — É; do jeito que você fala, parece divertido. Mas não passa de uma grande asneira. Pergunte ao gato, que é o bicho mais inteligente que conheço, o que ele acha de boiar no lago ou mergulhar no fundo da água. Minha opinião, você já conhece. Pergunte também à velha, que é a pessoa mais sensata que existe no mundo, se ela gosta de nadar e de ficar com a cabeça toda molhada. Ah, que ideia!... — Vocês não compreendem... — gemeu o patinho feio. — E dá para compreender? Vai ver que você se julga mais sábio que o gato ou que a velha, ou mesmo do que eu! Deixe de ser bobo! Agradeça ao Criador pela graça que lhe concedeu de encontrar um lugarzinho quente para dormir, onde vivem pessoas inteligentes que lhe podem ensinar alguma coisa. Faça isso, em vez de ficar dizendo asneiras que nem sequer têm um pingo de graça! Digo isto para o seu bem, porque sou sua amiga. Aproveite para aprender esta lição: a gente reconhece um amigo pelas verdades que ele nos diz, mesmo que estas nos deixem chateados. Agora, chega de conversa. Trate de fazer algo útil, como botar ovos, ronronar ou arquear as costas. — Acho que o melhor que tenho a fazer é sair pelo mundo afora — replicou o patinho. — Então, vá em frente. Boa viagem — concluiu a galinha. E ele foi mesmo. Andou, andou, até encontrar um lago, onde pôde flutuar e mergulhar como desejava. Mas ali viviam outros patos, que logo se afastaram dele, por causa de sua feiura. O outono chegou. As folhas tornaram-se amarelas, em seguida pardas, e depois desprenderam-se das árvores, caindo ao chão. O vento carregava-as, fazendo-as dançar. Das nuvens pesadas desciam granizo e neve. Um corvo pousou sobre a cerca e pôs-se a crocitar, tremendo de frio. Só de pensar no inverno que se anunciava, a pessoa começava a tiritar. Imaginem só o que não estava sofrendo o pobre patinho. Numa tarde, quando o sol se punha majestosamente no céu, um bando de lindas aves apareceu por ali. Suas penas eram tão brancas que até rebrilhavam. Tinham pescoços longos e graciosos. Eram cisnes. Depois de soltarem um grito estranho, agitaram as asas e alçaram voo, rumando para as terras quentes do Sul, onde os lagos jamais se congelam no inverno. Voavam em círculos, cada vez mais alto. Tentando acompanhá-los com o olhar, o patinho feio também nadava em círculos, esticando o pescoço o mais que podia. Sentia no coração um estranho sentimento de afeto para com aquelas aves tão lindas. Num dado momento, emitiu um grito tão aflito que ele mesmo se assustou, estremecendo. Oh, ele nunca mais iria esquecer-se daquelas belas aves, alegres e felizes. Quando sumiram de vista, ele mergulhou no lago, nadando até o fundo. Ao voltar à tona, sentia-se fora de si. Ignorava o nome daquelas aves, não sabia para onde elas estavam seguindo, mas mesmo assim sentia por elas uma inexplicável atração, amando-as como jamais amara outras criaturas. Não as invejava, e em momento algum desejou ser tão belo quanto elas. Para ser feliz, bastaria que os outros patos tivessem deixado que ele vivesse em paz no terreiro. Quanto a sua feiúra, já estava resignado a suportá-la enquanto vivesse. Pobre patinho feio... O tempo esfriava cada vez mais. O patinho tinha de ficar constantemente nadando em círculos, para evitar que a água congelasse ao seu redor. O espaço de que dispunha tornava-se cada dia menor. Por todos os lados, uma casca de gelo se expandia, estalando e ameaçando sua segurança. Ele tinha de manter os pés batendo continuamente, ou do contrário não teria mais onde poder nadar. Por fim cansou-se e parou. Não tinha mais forças para nadar. A crosta de gelo alcançou-o e a água endureceu a seu redor. Ele sentiu-se congelar por dentro. Na manhã seguinte, um fazendeiro passou por ali e o avistou. Com o salto da bota, quebrou a crosta de gelo e libertou o pobre patinho, levando-o para sua casa. Ali, entregou-o a sua mulher, que o envolveu numa toalha quente, reanimando-o. As crianças aproximaram-se, querendo brincar com ele. Temendo que quisessem machucá-lo, ele bateu as asas e voou, indo cair no balde de leite. Arriscou outro voo e foi cair no tacho de manteiga. Mais outra tentativa, e mergulhou na barrica de farinha de trigo. Imaginem só como ele ficou! A mulher do fazendeiro gritou e enxotou-o com um atiçador. As crianças gargalhavam, tentando agarrá-lo e, de vez em quando, quase caindo uma sobre a outra. Que farra! Para sorte do patinho, a porta estava aberta, e por ali ele escapuliu. Entrando no meio de uns arbustos, encontrou um esconderijo. Sobre o chão forrado de neve, deitou-se, procurando manter-se o mais imóvel que podia, a fim de conservar-se vivo durante o resto do inverno. Seria terrível relatar todos os sofrimentos e agruras que o pobre patinho feio experimentou durante aquele tenebroso inverno. Direi apenas que ele conseguiu sobreviver. Quando de novo o sol voltou a aquecer a terra, e as cotovias recomeçaram a cantar, o patinho feio já se achava entre os juncos do pântano, saudando a chegada da primavera. Abriu as asas para voar, notando que elas se haviam tornado grandes e possantes. Quando deu por si, já estava longe do pântano, sobrevoando um belo pomar. As macieiras estavam em flor, e os lilases lançavam seus ramos cobertos de flores sobre as águas de um canal de leito sinuoso. Tudo era lindo, fresco e verde.

De uma moita de caniços saíram três cisnes, ruflando as asas e flutuando placidamente sobre a água. O patinho feio reconheceu aquelas majestosas aves, sentindo-se novamente tomado por uma estranha melancolia. "Vou voar até lá e juntar-me àquelas aves maravilhosas. Não importa se elas se sentirem ofendidas com minha presença e resolverem matar-me a bicadas. Por certo não vão querer conviver com um bicho feio como eu — e daí?", pensou. "Antes ser morto por elas do que ser beliscado pelos meus irmãos, bicado pelas galinhas, chutado pelos humanos e castigado pelo inverno." Pousando no canal, deslizou sobre a água, dirigindo-se para perto dos magníficos cisnes. Quando estes os avistaram, sacudiram as penas e também deslizaram em sua direção. O patinho feio parou, sem ousar encará-los. Baixando a cabeça, murmurou timidamente: — Podem matar-me... Foi então que ele viu, refletida na água cristalina, sua própria imagem. Céus! O que ele viu não foi a figura desengonçada, ridícula e deselegante de um patinho feio e pardacento. Não! O que ele viu foi o reflexo de um cisne majestoso e imponente. Sim, ele era um cisne! Quando se sai de um ovo de cisne, não importa onde se nasceu e como se foi chocado. Ele agora até agradecia pelos sofrimentos e angústias pelas quais havia passado, pois isso o fazia apreciar ainda mais a felicidade que sentia e o encanto que a vida agora representava. Os cisnes vieram rodeá-lo em círculo, pondo-se a acariciar com o bico o jovem irmão recém-chegado. Crianças apareceram por ali, trazendo migalhas de pão para alimentar os cisnes. A mais novinha gritou: — Olha, gente! Apareceu um cisne novo! Bateram palmas, satisfeitas, e foram levar a notícia para seus pais. Estes vieram ver a novidade, trazendo pães e bolos para atirar na água. Todos concordaram em que o novo cisne era o mais bonito de todos, e mesmo os cisnes mais velhos inclinavam-se ante ele, elogiando sua beleza. Sentindo-se envergonhado, ele escondeu a cabeça sob a asa. Estava extremamente feliz, mas não orgulhoso, pois esse sentimento não encontra guarida num bom coração. Lembrou-se do tempo em que fora escarnecido e perseguido. Agora todos diziam que era a ave mais formosa daquele bando de aves lindas. Os lilases estendiam os ramos em sua homenagem. O sol brilhava e aquecia a terra. Ele sacudiu as penas e curvou seu pescoço delgado, com o coração exultando de alegria, enquanto pensava: "Nunca imaginei que um dia poderia ser tão feliz, ao tempo em que não passava de um patinho feio e tristonho..." **Os Sapatos Vermelhos.** Era uma vez uma menininha bonita e delicada, mas muito pobre. No verão, tinha de andar descalça, e no inverno era obrigada a usar sapatos de madeira muito pesados, que lhe deixavam os tornozelos vermelhos e doloridos. Na mesma aldeia vivia uma velha viúva cujo marido tinha sido sapateiro.

Nossa história começa quando ela estava costurando retalhos vermelhos, para com eles fazer um par de sapatos de pano. Dispondo dos materiais que haviam pertencido ao finado, mas não de sua habilidade naquele tipo de serviço, ela fazia o melhor que podia, mas os sapatos estavam com uma aparência bem feia. Seu plano era dá-los de presente para a pobre menininha, cujo nome era Karen. No mesmo dia em que sua mãe foi enterrada, Karen teve o consolo de ganhar seu par de sapatos vermelhos. A cor não era lá das mais apropriadas para o luto; entretanto, como ela não tinha outros para usar, calçou aqueles mesmos. Assim, de roupas puídas, sem meias e calçada com um par de sapatos vermelhos, seguiu ela para o enterro, acompanhando o corpo da falecida, que jazia no tosco caixão dos indigentes. Uma carruagem antiga parou para deixar que passasse o pequeno cortejo fúnebre. Vinha dentro dela uma velha senhora. Ao ver a pobre menina que seguia desconsolada o esquife, compadeceu-se de sua situação. Descendo da carruagem, alcançou o ministro que seguia à frente do cortejo e pediu: — Deixe-me adotar essa orfãzinha, Reverendo. Prometo cuidar bem dela. Karen achou que os sapatos vermelhos teriam sido os responsáveis por despertar a simpatia da velha senhora, mas enganou-se: ela os achou horríveis, mandando que a menina os atirasse no fogão e os queimasse. A seguir, vestiu-a com belas roupas limpas e ensinou-a a ler e a costurar. Ao vê-la, todos diziam que ela era uma criança muito bonita, mas o espelho foi além, e disse-lhe um dia: — És mais que bonita: tu es linda! Certa vez, a rainha resolveu percorrer o país, levando consigo a princesinha sua filha. Por onde passavam, o povo afluía às ruas para vê-las. Passando por perto da aldeia onde vivia Karen, a rainha instalou-se num castelo existente nas proximidades. A multidão acorreu para lá, e Karen também foi. De uma janela, a princesinha observava o povo, ao mesmo tempo em que se deixava ver, pois estava de pé sobre um tamborete. Ela não trazia coroa na cabeça, nem se trajava com excesso de pompa: vestia apenas um lindo vestidinho branco, tendo nos pés um gracioso par de sapatos vermelhos, feitos de marroquim. Eram sem dúvida bem mais bonitos e elegantes que seus antigos sapatos de pano, presente da viuva do sapateiro; o mais importante de tudo, porém, era o fato de serem vermelhos. Para a menina, era aquela cor, e não o material ou o feitio, que tornavam aqueles sapatos os mais lindos que já vira até então. Karen cresceu e chegou à idade de ser crismada. Era preciso comprar roupas e sapatos novos para aquela ocasião solene. A velha senhora levou-a ao melhor sapateiro que havia na cidade vizinha, e ele tirou-lhe a medida dos pés. Através das vitrinas de sua loja, podiam-se ver as prateleiras cheias de sapatos e botinhas elegantes e confortáveis. A velha senhora nem se deu ao trabalho de examiná-los, pois enxergava muito mal. Mas Karen enxergava bem, e logo divisou entre os calçados expostos um par de sapatinhos vermelhos, idênticos àquele que tempos atrás havia visto nos pés da princesinha. Ah, como eram bonitos! O sapateiro disse que tinham sido feitos para a filha de um conde, mas que ela desistira de comprá-los, porque os achara um pouco apertados nos pés. — Parecem de verniz — observou a velha senhora. — Como brilham! — São lindos! — exclamou Karen, enquanto os experimentava. Os sapatos vermelhos eram exatamente do tamanho de seus pés; assim, a velha senhora decidiu comprá-los. Se enxergasse bem e notasse que eram vermelhos, provavelmente os teria recusado, já que aquela cor não era a mais indicada para uma cerimônia de Crisma. Mas sua visão estava bem fraca — pobre mulher! — e o brilho dos sapatos a impedira de ver sua cor.

Na igreja, todos os que ali estavam ficaram olhando para os pés de Karen, enquanto ela se dirigia para o altar. Das paredes do templo pendiam retratos dos antigos ministros e de suas esposas que ali tinham sido enterrados. Karen teve a impressão de que até aqueles rostos sisudos, que emergiam de roupas negras com colarinhos brancos, olhavam desaprovadoramente para seus sapatos vermelhos. Quando o velho bispo impôs-lhe as mãos sobre a cabeça e lembrou o compromisso solene que ela estava prestes a confirmar — o de assumir, perante Deus, sua condição de adulta e de boa cristã —, sua mente estava longe daquelas palavras. O som do orgão encheu o templo, acompanhando as vozes suaves dos meninos do coro e a roufenha do velho chantre, mas Karen continuava pensando apenas em seus sapatos vermelhos. À tarde, diversas pessoas fizeram questão de visitar a velha senhora, apenas para comentar sobre a cor dos sapatos que Karen havia usado na cerimônia. Ela ficou aborrecida e censurou severamente a mocinha, recomendando-lhe sempre usar sapatos pretos quando fosse à igreja, mesmo que estivessem velhos e usados. No domingo seguinte, na hora de ir à igreja, Karen olhou para os sapatos pretos, depois para os vermelhos, mirou-os de novo alternadamente, e acabou calçando os que achava mais bonitos. O dia estava lindo e ensolarado. A velha senhora e Karen seguiram pela estradinha de terra que atravessava o trigal, ficando com os sapatos sujos de poeira. À entrada do templo, estava postado um velho soldado inválido, apoiado em sua muleta. Sua barba era longa e ruiva, entremeada de fios brancos. Fazendo uma inclinação para a velha senhora, pediu-lhe permissão para limpar-lhe os sapatos. Karen também estendeu o pé, para que ele tirasse a poeira dos seus. — Ahá, sapatinhos de dança! — exclamou o velho aleijado, ao vê-los. — Que beleza! Não me saiam desses pezinhos quando a dona deles estiver bailando, ouviram? A velha senhora deu-lhe uma moeda e entrou na igreja, acompanhada por Karen. Novamente, todos os olhares convergiram para os pés da mocinha, até mesmo os dos retratos pendurados nas paredes. Quando ela se ajoelhou diante do altar para a Comunhão e estendeu os lábios para o grande cálice dourado, enxergou nos reflexos do vinho o brilho de seus sapatos de verniz. Na hora de cantar os salmos, ela se esqueceu de fazê-lo, tampouco movendo os lábios durante a prece do Pai-Nosso. O cocheiro trouxe a carruagem para levá-las de volta a casa. A senhora entrou, e Karen já erguia o pé para acompanhá-la, quando o velho mendigo, parado ali perto, comentou em voz alta: — Ah, olhem ali aqueles lindos sapatinhos de dança! Ouvindo isso, Karen ensaiou alguns passos de dança. Não que quisesse fazer isso, mas é que seus pés não conseguiam deter-se, obedecendo ao comando dos sapatos. Dançando sem parar, ela pôs-se a contornar os muros da igreja, obrigando o cocheiro a saltar da carruagem e correr em sua direção, segurando-a e erguendo-a no ar. Mesmo assim, seus pés continuavam a executar passos de dança, não parando nem mesmo quando ela já se encontrava dentro da carruagem. Quem sofreu com isso foi a velha senhora, levando nas canelas várias bicadas daqueles sapatinhos irrequietos. Finalmente, ela e o cocheiro conseguiram arrancá-los dos pés da jovem. Só assim é que eles pararam de dançar. Ao chegarem em casa, Karen guardou os sapatos num armário, mas não resistia à tentação de olhá-los, e toda hora se esgueirava até onde estavam, fitando-os demoradamente. A velha senhora caiu de cama. Vieram os médicos e disseram que ela não iria viver por muito tempo. Seu tratamento exigia cuidados especiais e assistência constante. E seria Karen, sem dúvida, quem iria encarregar-se dessa tarefa. Acontece, porém, que ela havia sido convidada para um grande baile que iria realizar-se na cidade. Ela olhou para a velha senhora e pensou: "Com ou sem tratamento, em breve ela haverá de morrer". Depois, foi até o armário e contemplou os sapatos longamente, já que não era pecado o simples fato de olhá-los. Sem resistir à tentação, calçou-os, já que também não havia pecado no simples fato de experimentá-los. Com eles nos pés, porém, a tentação tornou-se mais forte, e lá se foi ela para a cidade. Karen entrou no salão, e como dançou! Entretanto, não era ela quem comandava seus pés. Se queria rodopiar para a esquerda, eles rodopiavam para a direita. Quando quis subir para o terraço, os sapatos dirigiram seus passos para a porta e levaram-na dançando pelas ruas. Em passos leves e giros graciosos, seguiu até a periferia da cidade, ganhou o campo e internou-se na floresta. Queria parar, mas não podia. Súbito, alguma coisa brilhou entre as árvores. De início, Karen pensou que era a lua, mas logo viu que se tratava de um rosto humano. Por fim, reconheceu-o: era o velho soldado inválido, de barba ruiva e longa. Curvando-se numa saudação, ele falou: — Ah, são os lindos sapatinhos de dança! Tomada de pavor, ela tentou arrancá-los dos pés, conseguindo apenas rasgar as meias, pois eles não saíram de modo algum. Pareciam estar grudados. E ela a dançar, sempre e sempre, através dos campos e das várzeas, com sol e com chuva, dias e noites. Era horrível, especialmente a noite, quando a escuridão invadia o mundo. Dançando, ela entrou no cemitério, mas os mortos não vieram dançar com ela, pois tinham coisas mais importantes a fazer. Karen quis sentar-se para descansar junto à cova rasa dos indigentes, onde cresciam as ervas daninhas, mas quem disse que o conseguiu? Ao ver aberta a porta da igreja vizinha, quis entrar, mas um anjo vestido de branco, com asas tão compridas que iam dos ombros até quase tocar o chão, barrou-lhe o acesso. Seu semblante era firme e severo, e sua mão direita empunhava uma espada larga e cintilante. — Tua sina é dançar — disse ele, — dançar sempre, deslizar pelo chão com teus sapatos vermelhos, até que percas as carnes e a cor, e que te tornes pálida e fosca, apenas pele e ossos. Sempre a dançar, irás de porta em porta, batendo nas portas das casas que abriguem crianças soberbas e vaidosas. Nessas, haverás de bater, até que elas venham atender, e se assustem com teu aspecto horrendo. Vai-te daqui, vai dançar! É tua sina!

Dança! Dança sempre! — Tende compaixão de mim! — implorou Karen, mas não pôde escutar a resposta do anjo, pois os sapatos vermelhos dirigiram seus passos para longe dali, fazendo-a cruzar campos e várzeas, estradas e ruas, becos e vielas, dançando sempre, sem nunca parar. Certa manhã, passou dançando pela porta de uma casa que conhecia muito bem. Lá dentro, ouvia-se o som de cânticos fúnebres. A porta se abriu, deixando sair um caixão enfeitado com flores. Morrera a velha senhora que um dia a tinha adotado. Sentiu que agora seria abandonada por todos e amaldiçoada pelo anjo de Deus. Sua sina era dançar, sempre e sempre. Os sapatos levavam-na através de pântanos e plantações, urzes e espinheiros; seus pés estavam lacerados e cheios de bolhas de sangue. Certa vez, depois de atravessar uma charneca solitária, chegou diante de uma cabana isolada. Era ali que vivia o carrasco. Bateu com o nó dos dedos na vidraça, chamando-o: — Saia! Venha para fora! Não posso entrar, pois não consigo parar de dançar. O carrasco chegou até a porta e disse:

— Sabe quem sou eu? Sou aquele que corta a cabeça dos maus. Sinto que meu machado está tremendo, ansioso por entrar em ação. — Não, não me corte a cabeça — implorou Karen. — Se o fizer, não terei como arrepender-me de meus erros. Corte meus pés! Relatou-lhe seus pecados, e ele então decepou-lhe os pés, que continuaram a dançar, sempre levados pelos sapatos vermelhos, internando-se na floresta e desaparecendo. O carrasco, tomando de um toco, esculpiu-lhe dois pés de madeira e um par de muletas. Em seguida, ensinou-lhe a prece dos arrependidos. Depois de beijar a mão que empunhara o machado, ela se despediu e se pôs a caminho. — Os sapatos vermelhos já me fizeram sofrer bastante — murmurou consigo mesma. — Vou à igreja, misturar-me aos fiéis. Ali chegando, viu que junto à porta estavam os sapatos vermelhos, sempre a dançar. Recuou, apavorada, fugindo para longe dali.

Durante toda aquela semana, sentiu-se invadida por uma profunda tristeza, chorando lágrimas amargas. Ao chegar o domingo, pensou: "Já muito sofri e padeci. Não sou pior do que muitas pessoas que agora estão orando na igreja, repletas de orgulho e vaidade". Esse pensamento devolveu-lhe a coragem, e ela encaminhou seus passos trôpegos até à igreja. Lá chegando, porém, viu novamente os sapatos vermelhos dançando diante da porta do templo. Outra vez ela recuou, tomada de pavor, mas dessa vez arrependeu-se de verdade, no fundo de seu coração. Assim, bateu à porta da casa do ministro e pediu que lhe arranjassem algum serviço. Não fazia questão de pagamento, mas apenas de um teto que lhe cobrisse a cabeça e comida para matar sua fome. A mulher do ministro compadeceu-se de sua situação, mandando que Karen entrasse. Agradecida pela oportunidade, ela arregaçou as mangas e pôs-se a trabalhar com afinco. À noite, quando o ministro lia em voz alta os versículos da Bíblia, ela se sentava diante dele e o escutava atentamente. Estava sempre disposta a tomar parte nas brincadeiras das crianças da casa, que por isso gostavam muito dela. Mas quando as meninas começavam a falar sobre como queriam vestir-se e enfeitar-se para ficar lindas como princesas, meneava tristemente a cabeça, sem nada dizer. Quando chegou o domingo, todos da casa prepararam-se para ir à igreja, perguntando a Karen se queria acompanhá-los. Os olhos da pobre criatura encheram-se de lágrimas. Olhando para as muletas, soluçou e ficou em casa, sem coragem de segui-los. Depois que tinham saído, entrou no seu quartinho, tão pequeno que ali só cabiam a cama e uma cadeira. Sentou-se e abriu o livro de orações. O vento trouxe-lhe de longe os sons do órgão da igreja. Erguendo o rosto banhado de lágrimas, ela suplicou: — Oh, meu Deus, ajudai-me! Súbito, a luz do dia pareceu dobrar de intensidade, e ela viu diante de si um anjo do Senhor. Era o mesmo que tempos atrás lhe tinha barrado o acesso à igreja. Agora, ao invés da espada, ele trazia nas mãos um ramo verde coberto de rosas. Tocando com esse ramo no teto baixo do cômodo, este se ergueu, deixando ver uma estrela dourada bem no seu centro. Em seguida, o anjo tocou com o ramo nas paredes, transformando o quartinho num amplo salão. À frente de Karen estava o órgão da igreja, o coro, os retratos dos ministros e de suas esposas, todos os fiéis, orando e cantando. A igreja tinha vindo até ela, ou talvez ela é que tivesse sido transportada até lá. Sentada no meio da congregação, juntou suas vozes às deles, no cântico sacro. Quando terminou e todos tiraram os olhos do livro, viram-na e sorriram, dizendo-lhe: — Olá, Karen. Que bom que você veio! Ela respondeu apenas isso: — Deus teve compaixão de mim. O órgão soava, misturando suas notas às vozes suaves dos meninos do coro. A luz do sol coava-se através dos vitrais, cálida e brilhante, tocando em Karen e penetrando em seu coração. Foi tal a sua sensação de paz e felicidade, que ela não resistiu, morrendo com um sorriso nos lábios. Sua alma subiu ao céu, num raio de sol. E ali ninguém lhe perguntou sobre os sapatos vermelhos. **O Soldadinho de Chumbo**. Era uma vez um pelotão de vinte e cinco soldadinhos de chumbo, todos irmãos, pois foi do derretimento de uma velha concha que tinham sido feitos. Formavam um belo conjunto, todos de fuzis ao ombro, olhando altivos para a frente, parados em posição de sentido e ostentando belos uniformes vermelhos e azuis. "Soldadinhos de chumbo!" foram as primeiras palavras que escutaram, exclamadas por um garoto que acabava de recebê-los de presente, no dia de seu aniversário. O menino fitava-os com olhos alegres, depois de aberta a tampa da caixa onde eles se encontravam, e batia palmas de contentamento. Tirando-os dali, apressou-se em organizá-los em fila sobre a mesa. Eram todos iguaizinhos, exceto um, que tinha uma perna só. Como fora fundido por último, faltara chumbo para completar uma de suas pernas, o que não parecia incomodá-lo, pois ele ficava tão firme quando posto de pé como seus outros vinte e quatro irmãos. Pois bem: esse soldadinho perneta é o herói da nossa história. De todos os brinquedos espalhados sobre a mesa, o que chamava imediatamente a atenção era um castelo de papelão, réplica perfeita de um castelo de verdade. Através de suas janelas, podia-se ver o interior dos salões, decorados com belas pinturas. Na frente havia um pequeno lago rodeado por árvores, no qual nadavam cisnes que se refletiam perfeitamente na água, ou melhor, no espelho que imitava a água do lago. Tudo naquele castelo era agradável de se olhar, mas a coisa que ele tinha de mais encantador era

a sua dona, uma pequena boneca de papel, postada junto à porta, trajando roupas de bailarina. O saiote era de musselina branca, e ela trazia sobre os ombros uma faixa azul, de cuja

extremidade pendia uma lantejoula do mesmo tamanho do seu rosto. Seus braços estavam estendidos para a frente, como se ela fosse abraçar alguém, e ela se equilibrava na ponta de

um dos pés, pois era uma bailarina. A outra perna estava toda estendida para trás, de modo que não se podia vê-la, quando se olhava a bailarina de frente. Foi por isso que o soldadinho

de chumbo imaginou que ela tinha uma só perna, como ele. "Ah, que esposa perfeita seria essa moça", ficava imaginando o soldadinho, enquanto contemplava de longe a bailarina.

"Mas receio que ela nem ligue para mim. Não passo de um simples soldadinho de chumbo, que mora numa caixa com outros vinte e quatro irmãos, ao passo que ela vive num castelo.

Se eu a tirasse de lá para ser minha esposa, não teria para onde levá-la... Mas isso não impede que venhamos a ser amigos." Para melhor contemplar a jovem, que continuava equilibran-

do o corpo na ponta de um só pé, o soldadinho deitou-se de comprido atrás de uma caixa de rapé, e ali ficou. À noite, quando chegou a hora de dormir, os outros soldadinhos de

chumbo foram guardados na caixa. Depois que todas as pessoas da casa já se haviam recolhido, dormindo profundamente, os brinquedos começaram a se divertir. Suas brincadeiras

eram de esconde-esconde, pegador e quatro-cantos. Os vinte e quatro soldadinhos agitavam-se dentro de sua caixa, doidos para participarem da farra, mas não conseguiam tirar a

tampa, que era muito justa. O quebra-nozes plantava bananeira, enquanto que o lápis-cera se divertia desenhando na lousa. O barulho era tanto, que o canário acordou, pondo-se a

fazer versos engraçados, mexendo com todos os brinquedos e provocando o riso geral. Os únicos que se mantinham imóveis, sem tomar parte na brincadeira, eram a bailarina e o

soldadinho de chumbo, cada qual se equilibrando numa só perna. Ele não tirava os olhos dela, nem por um momento, sem virar a cabeça ou até mesmo piscar. O relógio bateu meia-

noite. Tlec! — a tampa da caixa de rapé abriu-se de repente, e de dentro dela saltou um duende todo de preto, de cenho franzido e aspecto feroz. — Soldadinho de chumbo — ordenou

ele, como se fosse um capitão, — tire os olhos dela! O soldado permaneceu firme, fingindo não ter escutado a ordem. — É assim, não é? — esbravejou o duende. — Espere até amanhã,

que você vai ver só o que acontece! Depois dessa ameaça, entrou de novo na caixa de rapé e fechou a tampa. Na manhã seguinte, quando as crianças já estavam de pé, o menorzinho

viu o soldado e o colocou no peitoril da janela. Seja devido ao poder mágico do duende, seja por causa de uma rajada de vento, o fato é que, de repente, o soldadinho de chumbo foi

atirado para fora, caindo entre as pedras do calçamento. Foi uma queda de três andares, e ele caiu de cabeça para baixo, enterrando sua baioneta na terra, entre duas pedras. A criada

e o menino logo desceram à sua procura. Andaram para lá e para cá, quase chegaram a pisá-lo, mas não conseguiram encontrá-lo. Se ele tivesse gritado: "Estou aqui!", eles o encon-

trariam, mas o soldadinho era orgulhoso e valente, e preferiu manter-se calado, a fim de manter sua dignidade militar. Por fim, os dois desistiram da busca e voltaram para casa. Come-

çou a chover; de início, devagarinho, depois, mais forte; por fim, desabou uma tempestade. Quando a chuva cessou, passaram por ali dois meninos de rua. — Olha ali — disse um deles,

— um soldadinho de chumbo! Vamos ver se ele é bom marinheiro. Pegando uma folha de jornal, fizeram um barco de papel, puseram dentro dele o soldadinho e o colocaram para

13

navegar na enxurrada. A correnteza era forte, e o barco logo desceu por ela abaixo, seguido pelos dois garotos, que corriam atrás dele, rindo e batendo palmas. As ondas furiosas faziam o barquinho subir e descer. O soldadinho estremeceu de medo, mas permaneceu firme, mantendo seu fuzil ao ombro e olhando direto para a frente. Súbito, o barco entrou num bueiro, tão escuro como a caixa em que ele morava; só que, ali, ele tinha vinte e quatro colegas de escuridão, enquanto que, aqui, estava sozinho num barco desgovernado. "Só quero ver como é que tudo isto vai acabar", pensou ele. "Deve ser arte do duende. Pena que a bailarina não esteja aqui comigo... Se estivéssemos juntos, eu não sentiria medo algum, mesmo que a escuridão fosse mais negra que o piche." Uma ratazana que morava no esgoto viu o barquinho de papel e ordenou ao soldado que parasse, gritando: — Pare! Mostre seu passaporte, pois do contrário não pode passar! O soldadinho nada respondeu, apertando o fuzil junto ao peito. A correnteza tornou-se mais forte, e o barco descia com velocidade cada vez maior. A ratazana nadava atrás dele, rilhando os dentes de raiva. Vendo dois talos de capim e um raminho quebrado que flutuavam ao longe, gritou-lhes: — Parem esse barco! O passageiro não tem passaporte e não quis pagar a taxa! A água descia com impetuosidade cada vez maior. Lá na frente do túnel escuro, o soldadinho avistou uma luz. Era onde o bueiro terminava. Mas também chegou-lhe aos ouvidos um ruído estranho, como se fosse de um ronco surdo, capaz de fazer estremecer até o mais valente dos homens. É que, na extremidade do bueiro, as águas se despejavam num canal, de onde rumavam para o mar. Descer por ali seria a mesma coisa que cair numa cachoeira, para nós. Imaginem a preocupação que o invadia, à medida que o ronco das águas aumentava! Não havia como deter a marcha veloz do barco. E o soldado seguia firme, sem deixar que o medo tomasse conta dele. O barco rodopiou quatro vezes, encheu-se de água até a borda, ameaçava afundar. O papel de jornal estava encharcado, e a água já chegava à altura do pescoço do soldadinho. Pensando na bailarina, e imaginando nunca mais tornar a vê-la, vieram-lhe à mente dois versos de um poema: Prossegue em frente, soldado valente, Mostra que és forte e não temes a morte. Nisto, o papel se desfez, e o soldadinho foi afundando, levado pelas águas. Já estava bem próximo da lama que cobria o fundo do canal, onde imaginava que ficaria enterrado para sempre, quando um peixe voraz o engoliu. Dentro do estômago do peixe era ainda mais escuro e apertado do que no bueiro, mas o soldadinho permaneceu firme, sempre segurando seu fuzil apoiado no ombro. De repente, o peixe começou a se agitar e saltar de maneira desesperada, até que finalmente parou. Passado algum tempo, um raio de luz desceu sobre o rosto do soldadinho, e ele escutou uma voz que dizia: — Olha aqui, gente! O soldadinho de chumbo estava na barriga do peixe! Que coisa incrível: alguém havia pescado o peixe, levando-o para o mercado; ele ali fora vendido para a cozinheira da casa de onde o soldadinho havia saído! Quando a cozinheira o cortara com o facão, a fim de limpá-lo, encontrara ali dentro o soldadinho de chumbo que desaparecera no dia anterior! Pegando-o com dois dedos pela cintura, ela o levou até a sala, onde todos se espantaram com aquela estranha coincidência. A aventura do soldadinho de chumbo que voltara para casa dentro do estômago do peixe foi comentada por todos. Ele, porém, não sentia orgulho algum em relembrar sua aventura. Ah, as voltas que o mundo dá!... Lá estava ele de volta à mesma sala de onde havia saído na véspera, e colocado sobre a mesma mesa, junto com outros brinquedos que já conhecia. Ali estava o castelo de papelão, com a bailarina parada junto à porta, equilibrando-se na ponta de um dos pés, e mantendo a outra perna estendida para trás. Essa visão fez o coração do soldadinho estremecer, e ele quase deixou que uma lágrima de chumbo escorresse de seus olhos, mas soube conter-se, achando que aquilo não seria digno de um militar. Olhou para a bailarina, e ela também olhou para ele, mas os dois não trocaram uma só palavra. Num dado momento, eis que o caçulinha da casa, o mesmo menino levado que tinha posto o soldadinho no peitoril da janela, agarrou-o pela cintura e o atirou no fogo da lareira. Por que fizera aquilo? Nem o menino saberia dizê-lo, mas por certo o duende tinha algo a ver com a coisa. As chamas rodearam o corpo do soldadinho de chumbo. Um calor intenso invadiu seu peito, mas ele não sabia se seria provocado pelo fogo ou pela paixão que ardia no fundo do seu coração. As cores de seu uniforme, que já estavam um tanto desbotadas devido a sua aventura, acabaram por desaparecer. Por entre as chamas, ele ainda conseguiu enxergar a pequena bailarina, e viu que ela também olhava para ele. Sentiu que seu corpo começava a derreter-se, mas continuou firme, como sempre, mantendo o fuzil junto ao ombro, sem tirar os olhos da porta do castelo e da linda bailarina que ali estava. Neste momento, alguém abriu a porta da sala. Uma rajada de vento entrou, carregou a bailarina, e ela voou como uma sílfide, indo cair bem dentro da lareira. Num segundo o fogo a consumiu, e ela se transformou em cinzas, no exato instante em que o soldadinho de chumbo acabava de se derreter. No dia seguinte, quando a criada veio limpar a lareira, encontrou entre as cinzas os restos carbonizados da lantejoula da bailarina, pretos como carvão, bem ao lado de uma peça achatada de chumbo, que tinha o formato exato de um coração. **A Pequena Sereia.** Longe, longe da terra, em alto mar, onde as águas são azuis como as pétalas da centáurea e transparentes como vidro, lá onde as âncoras dos navios não conseguem chegar ao fundo, vive o povo do mar. Tão profunda é essa parte do oceano, que seria preciso empilhar várias torres de igreja, para que finalmente uma delas apontasse na superfície. Mas não vão pensar que no fundo do mar só exista areia branquinha. Não: ali crescem plantas estranhíssimas; suas hastes e folhas são tão leves e delgadas, que o menor movimento da água faz com que elas se agitem de um lado para o outro, como se fossem dotadas de vida. Peixes grandes e pequenos deslizam entre os ramos, como fazem os pássaros da terra, voando através dos galhos das árvores. No lugar mais profundo, foi onde o Rei do Mar construiu seu castelo, de paredes de coral e janelas de âmbar. O telhado é feito de conchas de ostras, que ficam abrindo e fechando o tempo todo. A cada vez que se abrem, pode-se ver, em cada uma dessas conchas, uma pérola leitosa e brilhante, digna de estar engastada na coroa da rainha mais vaidosa. O Rei do Mar havia ficado viúvo muitos anos atrás. Quem cuidava da casa era sua velha mãe, mulher muito inteligente, mas por demais orgulhosa de seu sangue real: ostentava doze ostras na cauda de seu manto, enquanto que as outras nobres só podiam usar seis. Por outro lado, era uma avó excelente, que cuidava com grande desvelo de suas netas, as gentis princesinhas do mar. Eram seis sereiazinhas encantadoras, cada qual mais bonita que a outra. A mais bela de todas, porém, era a caçula, que tinha a pele fina como uma pétala de rosa e os olhos azuis como as águas de um lago profundo. Só que ela não era humana: era uma sereia; em vez de pernas e pés, tinha uma cauda de peixe na extremidade de seu corpo. As jovens sereias gostavam de passar o dia brincando no grande salão do castelo, cujas paredes eram revestidas de flores vivas. As grandes janelas de âmbar ficavam constantemente abertas, de modo que os peixes ali entravam e saíam, como o fazem as andorinhas em nossas casas aqui da terra, quando encontram as janelas abertas. A diferença é que os peixes não são desconfiados como os passarinhos; eles entravam pela janela e, com toda tranquilidade, nadavam até onde estavam as princesinhas, para comer em suas mãos e deixar que elas lhes fizessem carinho. Ao redor do castelo estendia-se um grande parque, onde cresciam árvores vermelhas e azuis. Seus frutos pareciam feitos de ouro; suas flores brilhavam como chamas; seus galhos e folhas não paravam de mover-se. O chão era de areia, mas sua cor não era branca, e sim azulada, lembrando a do fogo que se produz quando se queima enxofre. Azulada, aliás, era a tonalidade de tudo o que havia no fundo do mar. Era como se a gente estivesse no meio do céu, tendo o azul por cima da cabeça e por baixo dos pés. Quando as águas ficavam paradas, o sol aparecia como se fosse uma flor encarnada, da qual se derramasse a luz. Cada princesinha tinha seu pedaço particular de jardim, e ali plantava o que bem entendia. Uma delas cercou seu canteiro com pedras, dando-lhe o formato de uma baleia; outra preferiu organizar o seu como uma silhueta de sereia. O da caçulinha era todo redondo, pois ela quis dar-lhe uma aparência que lembrasse o sol. Ali plantou flores vermelhas e brilhantes, que dizia serem os "filhotes do sol". Ela era uma criança estranha, quieta e pensativa. Enquanto suas irmãs enfeitavam seus canteiros com diversos objetos recolhidos de navios naufragados, ela colocou no meio do seu apenas a estátua de um rapaz. Era uma estátua de mármore branco, quase transparente. Devia estar sendo transportada para alguma ilha, quando o navio que a levava foi a pique. Ao lado da estátua, plantou uma árvore cor de rosa parecida com um salgueiro-chorão, pois seus ramos dobravam-se no alto, descendo até o chão, como se a copa e as raízes estivessem querendo beijar-se. Para as princesinhas não havia coisa melhor que escutar sua avó contando as histórias do mundo lá de cima, habitado pelos homens. Quantas vezes ela teve de repetir pacientemente tudo o que sabia a respeito de navios, cidades, pessoas e animais terrestres! A sereiazinha mais nova achava particularmente interessante e maravilhoso que as flores "lá de cima" tivessem perfume, diferente das flores que cresciam no fundo do mar. Gostava também de escutar a descrição das florestas verdes e dos passarinhos, "peixes que voavam", admirando-se quando a avó dizia que eles sabiam cantar maravilhosamente. E como ela nunca havia visto uma ave, achava que os passarinhos tinham o mesmo formato dos peixes que conhecia. — Quando você fizer quinze anos, poderá nadar até a superfície — prometia a avó. — Ali você poderá sentar-se sobre um rochedo e contemplar os grandes navios que deslizam sobre a água. E, se tiver coragem, poderá nadar até próximo do litoral, de onde enxergará ao longe as cidades e as florestas da terra. No ano seguinte, sua irmã mais velha iria completar quinze anos. De uma sereiazinha para outra, a diferença de idade era mais ou menos de um ano; assim, só daí a cinco anos a caçula teria permissão de subir até a superfície e contemplar as maravilhas de que tanto gostava de ouvir falar. Cada sereia combinava com as outras que, quando chegasse sua vez de subir até à tona, ela voltaria depois do primeiro dia, a fim de contar para todas o que havia visto, e descrever as maravilhas que mais a haviam encantado. E todas ansiavam para que seu dia chegasse, pois os relatos da avó já não eram suficientes para aplacar sua curiosidade. De todas, porém, aquela que mais ansiava por subir à superfície era a mais nova, justamente a que teria de esperar mais tempo, até completar quinze anos! Muitas noites passou a sereiazinha quieta e pensativa postada junto à janela, olhando para cima através da água azul escura, onde os peixes nadavam. Dali podia ver a lua e as estrelas, enxergando-as mais pálidas do que se apresentam aos nossos olhos, porém muito maiores. De vez em quando, uma grande sombra deslizava lá em cima, ocultando o céu, como se fosse uma nuvem; podia ser uma baleia, ou então um navio, com tripulação e passageiros. Talvez algum deles estivesse olhando para o mar naquele momento, mas nem de longe poderia imaginar que lá embaixo estaria uma linda sereiazinha, piscando seus belos olhos azuis e es-

tendendo as mãos pálidas em direção ao casco daquele navio. Finalmente, a irmã mais velha completou quinze anos e teve permissão para nadar até a superfície. Quando regressou,

tinha centenas de coisas para contar. De todas as experiências que teve, a mais encantadora foi descansar sobre um banco de areia, num momento em que o mar estava calmo e a lua

brilhava no céu, e dali contemplar uma grande cidade, que se estendia junto ao litoral. As luzes das casas e das ruas cintilavam como estrelas; podia-se ouvir o barulho das carruagens

e o rumor das vozes dos homens; o mais interessante de tudo, entretanto, era o som da música. Ela havia visto as torres das igrejas e escutado o badalar dos sinos. Como gostaria de

poder chegar até lá! Infelizmente, isso seria impossível para uma sereia. Sua irmãzinha mais nova escutava fascinada o que a outra dizia, podendo lembrar-se depois de cada uma de

suas palavras. Tarde da noite, lá ficou ela junto à janela aberta, olhando para cima e imaginando como seria a cidade e como soariam os sinos que tanto haviam impressionado a irmã

mais velha. No ano seguinte, chegou a vez da segunda de suas irmãs. Sua cabeça aflorou à superfície no instante em que o sol se punha, e essa visão foi a que maior encanto lhe pro-

vocou. De tão bonita, era difícil de descrever. O céu havia ficado cor de ouro, e as nuvens que flutuavam sobre ela pareciam de púrpura, de tão vermelhas! Um bando de cisnes passa-

ra voando ali perto, destacando-se contra o céu como se fosse um véu de maravilhosa brancura. Ela se pôs a nadar na direção do sol, mas ele desapareceu no horizonte, levando

consigo as cores das nuvens, do mar e do céu. No ano seguinte, chegou a vez de sua terceira irmã. Esta era a mais corajosa de todas. Chegando à superfície, avistou a embocadura de

um grande rio, e resolveu nadar por ele acima. Ali ela havia visto colinas verdejantes, revestidas de uma densa floresta, em meio à qual despontavam, aqui e ali, vinhedos, castelos e

plantações. O tempo todo escutara o cantar dos pássaros, exceto quando mergulhava mais fundo, para se refrescar do sol escaldante. Numa curva onde o rio se espraiava, viu algumas

crianças, brincando de espadanar água umas nas outras. Ela também quis entrar na brincadeira, mas as crianças fugiram assustadas, quando a viram. Foi aí que apareceu um animal

estranhíssimo, andando sobre quatro patas e gritando "au! au! au!" para ela. Foi tal o pavor da sereiazinha, que ela voltou às pressas para o mar. O que ela jamais esqueceria, enquan-

to vivesse, era a floresta majestosa, as colinas verdejantes e as maravilhosas crianças que, embora não tivessem rabo de peixe, mesmo assim pareciam saber nadar muito bem. A

quarta irmã era tímida. Com receio de aproximar-se do litoral, deixou-se ficar no alto-mar. Mas que lugar maravilhoso! Podia-se ver ao longe para todos os lados que se olhasse, e o céu,

lá no alto, parecia feito de um vidro azul e transparente. Os navios passavam ao longe, parecendo não serem maiores do que as gaivotas. Vira golfinhos alegres, fazendo piruetas no

mar, e enormes baleias, esguichando água como se fossem repuxos vivos. Foi em pleno inverno que a quinta sereia completou quinze anos. Nenhuma de suas irmãs havia subido à tona

naquela época do ano. Só ela viu o oceano com a coloração verde-acinzentada, pontilhado de "icebergs" enormes, flutuando ao seu redor. Cada um parecia uma pérola gigantesca, tão

grande quanto as torres de igreja que os seres humanos construíam. Tinham as formas mais fantásticas, e rebrilhavam como se fossem diamantes. Ela escalou um deles, o maior que

encontrou, e sentou-se no seu topo, deixando que o vento lhe agitasse os longos cabelos sedosos. Os navios mantiveram-se à distância, receando aproximar-se daquele gigantesco bloco de gelo. Ao entardecer, formou-se uma tempestade. O vento rugia furiosamente, e o céu se cobriu de nuvens escuras e ameaçadoras. Relâmpagos iluminavam o firmamento e trovões roncavam sem cessar. O "iceberg" subia e descia, carregado pelas ondas revoltas. Ao clarão dos relâmpagos, o gelo parecia ter-se tornado vermelho. Os navios recolheram as velas, e o terror se espalhou entre os tripulantes e passageiros. Enquanto isso, a sereia continuava sentada tranquilamente em sua montanha de gelo flutuante, contemplando os raios que cruzavam o céu em ziguezague. Quando da primeira permissão de subir à superfície, cada uma das irmãs havia ficado deslumbrada com tudo o que vira e deliciada com a liberdade que passara a ter. Aos poucos, porém, cada qual foi perdendo o interesse naquilo tudo e sentindo saudade de sua vidinha tranquila de antigamente. Assim, depois de um ou dois meses, regressavam para o castelo do pai, único lugar onde realmente se sentiam em casa, todas concordando que ali era o lugar mais bonito que conheciam. Mesmo assim, às vezes, quando anoitecia, as cinco irmãs costumavam dar-se as mãos e subir à tona. Suas vozes eram extremamente maravilhosas, mais doces que a de qualquer ser humano. Quando o ar se tornava tempestuoso, ameaçando os navios de naufrágio, elas ficavam nadando à frente das embarcações, cantando as maravilhas do fundo do mar e convidando os marinheiros a virem visitá-las. Mas os homens não entendiam que aquele som maravilhoso era o de suas canções; pensavam que era o assovio furioso da ventania. Além disso, nunca poderiam deliciar-se com a visão do maravilhoso mundo submarino, pois, quando o navio naufragava e os homens se afogavam, já chegavam mortos ao castelo do Rei dos Mares. Nessas noites em que as cinco sereias nadavam de mãos dadas até à tona do oceano, a irmãzinha caçula ficava lá embaixo sozinha. Ela as acompanhava com os olhos, tristemente, sentindo vontade de chorar, mas sem saber como, pois as sereias não derramam lágrimas, e isso mais aumentava seu sofrimento. "Ah, se eu já tivesse quinze anos", lamentava-se a princesinha. "Sei que vou amar o mundo lá de cima e os seres humanos que ali vivem!" Por fim, também ela completou quinze anos! — Agora, você já tem a liberdade de ir e vir — disse-lhe a velha rainha-mãe. — Vou arrumá-la, assim como fiz com suas irmãs. A avó colocou-lhe na cabeça uma grinalda de lírios brancos. As pétalas eram formadas por pérolas cortadas ao meio. Em seguida, prendeu-lhe na cauda oito ostras, de maneira que todos vissem que se tratava de uma princesa legítima. — Isso dói — queixou-se a sereiazinha. — A nobreza de sangue exige algum sofrimento — replicou a avó. A pequena sereia teria trocado prazerosamente sua grinalda de pérolas, pesada e desconfortável, por uma só flor vermelha de seu jardim. De fato, ela toda a vida preferira enfeites mais simples e discretos, mas naquele momento teve de se submeter às exigências da cerimônia. — Adeus — despediu-se a sereiazinha de todos, subindo para a superfície, leve como uma bolha. Quando pôs sua cabeça fora da água, o sol acabava de desaparecer atrás da linha dourada do horizonte. As nuvens ainda estavam cor-de-rosa, e no céu pálido surgiu, brilhante e bela, a estrela vespertina. O ar estava tépido, e o mar, calmo. Ela avistou ali perto um navio de três mastros. Apenas uma das velas estava aberta, pendendo imóvel no ar parado. Os marinheiros estavam sentados juntos à verga, voltados para o convés, de onde vinham sons de música. Quando escureceu de todo, acenderam-se centenas de pequenas lâmpadas coloridas. Era como se todas as bandeiras do mundo ali estivessem desfraldadas. A pequena sereia nadou até perto de uma escotilha e, aproveitando o balanço das ondas, espiava para dentro do salão, cada vez que seu corpo se erguia. O lugar estava cheio de gente, vestida com roupas elegantes e esportivas. Quem mais chamava a atenção era um jovem príncipe, de grandes olhos negros. Aparentava ter dezesseis anos, e de fato aquele era o dia em que se comemorava o seu décimo-sexto aniversário. Aquela

reunião era uma festa em sua homenagem. Os marinheiros dançavam no convés, e quando o jovem príncipe veio cumprimentá-los, centenas de foguetes foram disparados, enchendo

o céu de riscos de fogo. A noite ficou brilhante como o dia, causando tamanho susto na pequena sereia, que ela logo mergulhou. Quando novamente pôs a cabeça fora da água, ficou

deslumbrada: era como se todas as estrelas do céu estivessem caindo sobre o mar. Fogos de artifício eram inteiramente desconhecidos para ela. Rodas de fogo giravam no ar, foguetes

explodiam, e seu clarão se refletia no espelho escuro do mar. O convés estava tão iluminado que se podia ver claramente cada corda que ali havia. Oh, e como era formoso o jovem

príncipe! Para todos, ele tinha uma palavra, um sorriso, um aperto de mão. Enquanto isso, a música soava na noite serena. Foi ficando tarde, mas a pequena sereia não conseguia tirar

os olhos do navio e do simpático príncipe. As lâmpadas coloridas foram-se apagando. Cessaram os clarões e os estampidos dos foguetes. Agora só se escutava o ruído soturno das

profundezas do mar. A sereiazinha continuava flutuando sobre as águas como se estivesse numa cadeira de balanço, continuando a ver o salão a cada subida das ondas. O navio co-

meçou a deslizar, navegando cada vez mais depressa, à medida que as velas iam sendo desfraldadas. As ondas começaram a engrossar. Nuvens escuras surgiram no horizonte. Ao

longe, relâmpagos rebrilhavam. Era o prenúncio de um temporal. Os marinheiros recolheram as velas. Ondas enormes começaram a jogar o navio para cá e para lá, erguendo-se como

montanhas negras e ameaçadoras. A embarcação corria o risco de despedaçar-se e naufragar. O grande mastro vergava-se parecendo que a qualquer momento iria quebrar-se. Mas

o navio, como um cisne, flutuava sobre as ondas, subindo e descendo sem parar. A princesinha divertia-se a valer com aquela cena, mas não os marinheiros, que corriam como baratas

tontas pelo tombadilho. A embarcação estalava e rangia, e as grossas pranchas pareciam arquear-se ante as investidas das ondas. Súbito, o mastro rachou como um caniço, e a meta-

de partida caiu no mar. O navio virou de lado e as águas o invadiram. Só então a sereiazinha compreendeu toda a extensão do perigo. Ela própria corria risco, pois podia ser atingida

pelos destroços. Por um breve instante, a escuridão foi total. Não se enxergava coisa alguma. Foi então que o clarão de um relâmpago iluminou a embarcação que naufragava. Entre os

homens apavorados, cada qual procurando salvar-se a si próprio, ela avistou o jovem príncipe. Nesse exato momento, o navio acabava de ir a pique. De início, aquilo deixou-a feliz.

"Agora ele virá ter comigo", pensou. Logo em seguida, porém, lembrou-se de que os humanos não podem viver embaixo da água. O príncipe estaria morto quando chegasse ao caste-

lo de seu pai. "Não deixarei que ele morra", disse para si própria, enquanto nadava por entre os destroços, esquecida do perigo que corria. Bastava que um daqueles caibros a atingis-

se, para que ela morresse esmagada. Por fim, ela o alcançou. Esgotado pelo esforço, o rapaz já não conseguia nadar. Sem forças, fechou os olhos e esperou com resignação a morte

que tão próxima se avizinhava. E de fato teria morrido, se a sereiazinha não viesse em seu socorro, segurando-o e mantendo sua cabeça fora da água, enquanto deixava que as ondas

os arrastassem para bem longe. Quando amanheceu, a tempestade cessou. Não se via o menor sinal do navio naufragado. O sol surgiu, brilhante e rubro, fazendo voltar a cor às faces

pálidas do príncipe. Mas seus olhos permaneciam fechados. A pequena sereia deu-lhe um beijo na testa e afagou-lhe os cabelos molhados. Vendo-o de perto, achou suas feições parecidas com as da estatua de mármore que enfeitava seu jardim. Beijou-o novamente, implorando aos céus que não o deixassem morrer. Ao examinar atentamente a imensidão do

mar, ela avistou ao longe a terra firme. Montanhas azuis erguiam-se à distância, iluminadas pela luz da manhã, tendo o topo recoberto de neve, alva e resplandecente como plumas de

cisne. Ao longe da costa estendia-se uma floresta muito verde, em meio à qual se via o que o parecia ser um convento ou uma igreja — ela não sabia distinguir. Laranjeiras e limoeiros

cresciam no jardim, e uma alta palmeira assinalava o portão da entrada. O mar formava ali perto uma enseada de águas tranquilas. A sereia nadou na direção da praia, levando o prín-

cipe consigo. Saindo da água, arrastou-o pela areia branca e fina, levando-o até um lugar mais alto, onde o deitou com o rosto voltado para o sol. Os sinos repicaram no grande edifício

branco, e um grupo de meninas saiu da edificação, atravessando o jardim. A pequena sereia entrou no mar e nadou até alcançar uns rochedos que se erguiam ali perto. Cobrindo a

cabeça com espuma do mar, para que ninguém a visse, ficou observando o que iria acontecer ao pobre príncipe que acabara de salvar. Não demorou para que uma das meninas o

avistasse. Assustada, ela gritou pedindo ajuda, e logo diversas pessoas acorreram para onde se achava o rapaz. Em pouco, o príncipe abriu os olhos e sorriu para todos os que o ro-

deavam. Só não sorriu em direção ao mar, onde estava aquela a quem devia a vida. E nem poderia fazê-lo, pois não tinha consciência disso. Mesmo assim, a sereiazinha ficou terrivel-

mente magoada. As pessoas ajudaram o príncipe a se levantar, ajudando-o a caminhar até o edifício, e ali entrando com ele. Cheia de pesar, ela mergulhou e nadou até o castelo de seu

pai. Ela sempre fora uma criança calada e pensativa. Daí em diante, tornou-se ainda mais silenciosa. As irmãs vieram perguntar-lhe o que tinha visto lá em cima, mas ela não quis res-

ponder. Durante muitos dias, ora ao amanhecer, ora ao pôr-do-sol, ela nadou até o lugar onde avistara o príncipe pela última vez. Viu os frutos do pomar amadurecerem e serem colhidos,

acompanhou o lento derretimento das neves que cobriam as montanhas, mas nunca mais avistou o príncipe. Cada vez que voltava dessas visitas, mostrava-se ainda mais tristonha do

que antes. Para consolar-se, ia até seu jardim e abraçava a estátua que se parecia com ele. Já não cuidava mais de suas flores, que passaram a crescer desordenadamente, alastrando-

se pelos caminhos, enroscando-se nas árvores e tornando aquele recanto sombrio e desleixado. Um dia, farta de sofrer calada, contou para uma das irmãs a razão de sua melancolia.

Esta logo espalhou o segredo para as outras irmãs e para uma ou duas amigas mais chegadas. Uma destas sabia quem era aquele príncipe e onde era o reino em que ele morava. —

Venha conosco, irmãzinha — chamaram-na. E, passando a mão em seus ombros, subiram com ela até a superfície do oceano. Juntas numa só fileira, nadaram até a costa onde se erguia

o palácio do príncipe, construído de pedras amarelas e lustrosas. Uma escadaria de mármore ia do mar até o palácio. Cúpulas douradas erguiam-se acima do telhado. Arcadas de

mármore rodeavam toda a construção, guarnecendo estátuas tão bem esculpidas, que até pareciam vivas. Através das vidraças das janelas, avistavam-se os belos aposentos e salões,

de cujas paredes pendiam luxuosas cortinas de seda e belos tapetes, exibindo bordados de fino lavor. No salão principal havia uma fonte. A água esguichava para o alto, em direção a

uma cúpula de vidro existente no teto, através da qual se filtravam os raios de sol, fazendo cintilar a água do tanque e as flores que cresciam ao seu redor. Agora que ficara sabendo

onde o príncipe morava, a pequena sereia para ali se dirigia quase toda noite, contemplando de longe o esplêndido palácio. Chegava até bem perto da terra, com coragem maior que a de qualquer outra de suas irmãs. Havia ali uma sacada de mármore que projetava sua sombra sobre um canal estreito. Era onde o príncipe às vezes se punha sozinho, contemplando

a luz do luar, sem saber que ali embaixo estava escondida uma pequena sereia que o amava apaixonadamente. Às vezes, o príncipe saía à noite em seu barco luxuoso, acompanhado

de alguns músicos. Ela ficava atrás das moitas de junco, espiando-o sem que a pudessem ver. Se alguém porventura divisasse seu véu cor de prata, provavelmente iria pensar que se

tratava de um cisne, flutuando na água de asas abertas. Ela também escutava os pescadores conversando entre si à noite. Se acaso falavam do príncipe, era sempre para comentar

sobre a sua bondade e gentileza, e ela ficava feliz por tê-lo salvado da morte, no dia em que ele se debatia semimorto entre as ondas furiosas. Lembrava-se de como ele repousara a

cabeça em seu colo, e da ternura que sentira ao beijá-lo. Mas ele estivera então desacordado, e sequer imaginava que devia a vida àquela linda sereiazinha. A cada dia que passava,

mais crescia seu amor pelos seres humanos. Seu maior desejo era poder deixar as águas e passar a viver entre eles. O mundo deles parecia-lhe mais vasto e interessante que o seu.

Eles podiam navegar através de todos os oceanos, e também escalar as montanhas, chegando até junto das nuvens. Suas terras pareciam extensas e belas, recobertas de campos e

de florestas. Sabia que elas se prolongavam muito além de onde sua vista podia alcançar. Muitas coisas queria saber sobre os homens; havia muitas dúvidas a esclarecer. Suas irmãs

sabiam muito pouco para poder responder-lhe. Assim, resolveu recorrer de novo à velha avó, que parecia conhecer bastante o "mundo superior", como costumava chamar as terras que

ficam acima do nível do mar. — Os homens só morrem quando têm a infelicidade de se afogar? — perguntou a pequena sereia. — Do contrário, vivem eternamente? Não morrem como

nós que vivemos embaixo da água? — Eles também morrem, minha netinha. Sua vida é até mais curta que a nossa. Enquanto vivemos trezentos anos, eles raramente chegam a cem.

Eles enterram seus mortos; nós, não: apenas nos transformamos em espuma do mar. Isso é porque nós não temos uma alma imortal; eles têm. Nossa morte é definitiva. Somos como o

junco verde, que, uma vez cortado, nunca mais recupera sua cor. A morte dos homens só atinge seu corpo, já que suas almas continuam a viver por toda a eternidade. Elas sobem para

o céu, para além das estrelas. Assim como nós subimos à tona do mar para contemplar o mundo dos homens, eles sobem à tona do céu, para contemplar o mundo desconhecido, que

nossos olhos jamais chegarão a ver. — Por que também não temos uma alma imortal? — queixou-se a pequena sereia. — Eu trocaria meus trezentos anos de vida por um só dia como

ser humano, desde que isso me permitisse o acesso à eternidade dos céus! — Você não deve ficar pensando nessas coisas! — repreendeu-a a avó. — Nossa vida aqui embaixo é

muito mais feliz do, que a deles lá no mundo superior. — Então é este o meu destino? Morrer, tornar-me espuma do mar, sem nunca mais escutar a música da ondas, ou admirar as flores

e o brilho do sol? Que posso fazer para ter também uma alma imortal? — Nada! — respondeu-a avó. — Isso só viria a acontecer se um homem se apaixonasse por você, amando-a

tanto, que você se tornaria para ele mais cara que a própria mãe e o próprio pai; tanto, que todos os seus pensamentos lhe fossem dedicados; tanto, que ele não hesitaria em levá-la à

presença de um sacerdote, colocando a mão direita sobre a sua e jurando ser-lhe eternamente fiel. Então, a alma dele entraria em seu corpo, e você também iria partilhar da felicidade

humana. Sim, ele poderia conferir-lhe uma alma, sem que para tanto tivesse de perder a dele. Mas isso é impossível de acontecer, pois o adorno mais belo do nosso corpo, ou seja, a cauda de peixe que temos, é considerada feia e monstruosa lá no mundo superior. Eles nada entendem de beleza! O que acham bonito, lá em cima, são duas escoras grosseiras e feiosas, às quais dão o nome de "pernas"... A pequena sereia suspirou, enquanto fitava tristemente sua cauda de peixe. — Nada de tristeza por aqui! — completou a rainha-mãe. — Vamos aproveitar os trezentos anos de vida que temos, nadando e nos divertindo! É tempo de sobra para se levar uma vida feliz. Hoje à noite vamos dar um grandioso baile aqui no castelo. E o baile foi de fato grandioso. Na terra, jamais se poderia ver esplendor igual. As paredes e o teto de vidro transparente do salão principal estavam revestidos de conchas gigantes, verdes e rosadas, que se estendiam em longas fileiras. Cada concha tinha dentro uma chama azulada. E como havia mais de quatrocentas, o salão estava todo iluminado, bem como toda a água do mar que o rodeava. Um número incontável de peixes grandes e pequenos nadava encostado às paredes de vidro. Alguns tinham escama cor-de-purpura, enquanto outros eram dourados e prateados. Uma suave corrente atravessava o salão, permitindo que ali dançassem tritões e sereias, ao som de lindas canções, entoadas por um coral de sereiazinhas muito afinadas. Vozes lindas como aquelas jamais foram escutadas no mundo dos homens. De todas as que cantavam, porém, a de voz mais doce e bela era a nossa pequena sereia. Quando ela terminou uma das canções em que fazia o solo, todos aplaudiram calorosamente, e por um rápido momento ela se sentiu feliz, sabendo que tinha a mais bela voz da terra e do mar. Mas a satisfação logo passou, e ela voltou a pensar no mundo lá de cima. Não podia esquecer seu belo príncipe, lamentando não ter como ele uma alma imortal. Sem que ninguém visse, escapuliu da festa e foi-se refugiar em seu pequeno jardim. Sentando-se ali, logo lhe chegou aos ouvidos o som de uma música distante, abafado por causa da água. Mas não era o das canções do baile, e sim um toque de trombetas, vindo da superfície do mar."Deve ser ele, navegando aqui em cima", pensou a sereia; "ele, o príncipe a quem amo mais que a meu pai e minha mãe; ele, que não sai de meu pensamento, e em cujas mãos eu de bom grado depositaria todo o meu futuro e a minha esperança de ser feliz. Para conquistá-lo e para obter uma alma imortal, eu teria coragem de fazer qualquer coisa! Enquanto minhas irmãs se divertem lá no baile, vou procurar a Bruxa do Mar, esquecendo o medo que dela tenho, e pedir sua ajuda." A pequena sereia nadou através de um turbulento redemoinho, rumo ao local onde vivia a Bruxa do Mar. Ela nunca estivera antes naquele trecho do oceano. Ali não havia flores ou algas; apenas um fundo de areia cinzenta, de cujo meio brotava o terrível redemoinho. A água, ali, girava e espumava furiosamente, como se movida por gigantescas pás de moinho, atraindo, sugando e triturando tudo o que passava em sua proximidade. A pequena sereia teve de enfrentar os turbilhões, depois arrastar-se sobre uma extensa planície lodosa, para chegar ao refugio da Bruxa do Mar, situado em meio a uma estranha floresta de pólipos, metade plantas e metade animais. Eles pareciam serpentes gigantes, com centenas de cabeças, mas tendo os corpos presos ao fundo. Seus galhos eram uma espécie de braços compridos e pegajosos, e seus dedos eram flexíveis como vermes. Cada um de seus membros movia-se constantemente em toda a sua extensão, da raiz até a extremidade oposta. Enrolavam-se em tudo o que passasse dentro de seu alcance, num abraço mortal do qual nenhuma presa conseguia escapar. Ao deparar com essa floresta, a pequena sereia estacou, morta de medo. Seu coração disparou, e ela esteve prestes a voltar. Mas, pensando no príncipe e na alma que queria possuir, encheu-se de coragem e resolveu prosseguir. Para que os pólipos não pudessem agarrá-la pelos longos cabelos, enrolou-os firmemente ao redor da cabeça. Em seguida, juntando as mãos sobre o peito, deslizou velozmente através da água, como se fosse o mais ligeiro dos peixes. Os horrorosos pólipos estendiam seus braços de polvo tentando agarrá-la. Muitos daqueles braços seguravam apertadamente antigas presas que tinham conseguido capturar: esqueletos de homens e animais, cofres, lemes de navio, e até mesmo uma infeliz sereia, que não fora suficientemente ágil para escapar daquele abraço mortal. A visão de seu corpo esmagado e estrangulado mais aumentou seu pavor. Por fim, alcançou uma enorme clareira de fundo lodoso, no centro da floresta de pólipos. Enguias enormes e achatadas brincavam no lodo, rolando para cá e para lá, e deixando ver suas repelentes barrigas amarelas. Era ali que a Bruxa do Mar havia construído sua casa, toda feita com ossadas de náufragos. Lá estava ela, junto à porta, divertindo-se com um horrendo sapo, deixando que lhe tirasse comida da boca. Chamava esse sapo nojento de "meu canário", e as repelentes enguias de "minhas franguinhas", abraçando-as carinhosamente e apertando-as junto a seu peito esponjoso e muxibento. Ao ver a princesa, deu uma gargalhada que antes parecia um cacarejo e falou: — Já sei o que veio pedir, sereiazinha idiota. Vou realizar seu desejo, e com muito prazer, pois sei que ele há de lhe trazer miséria e desgraça. Você quer perder sua linda cauda de peixe, trocando-a por aqueles deselegantes tocos chamados "pernas", para que o príncipe se apaixone por você! Assim, além de conquistá-lo, você irá possuir uma alma imortal! Hi, hi, hi, hi, hi! Gargalhou tão alto e assustadoramente, que o sapo e as enguias recuaram assustados, caindo de costas no lodo. — Você chegou na hora certa — continuou. — Se só viesse amanhã, seria tarde demais, e teria de esperar um ano para ter seu desejo atendido. Vou preparar-lhe uma poção mágica. Tome-a amanhã de manhã, antes do nascer do sol, sentada na areia da praia. Sua cauda há de dividir-se e encolher, até se transformar naquilo que os humanos chamam de "belas pernas". Vai doer: será como se uma espada estivesse atravessando seu corpo. Mas quem olhar para você dirá que é a criatura humana mais linda jamais vista. Você caminhará mais graciosamente que qualquer dançarina; entretanto, cada vez que um de seus pés tocar o chão, será como se estivesse pisando no gume de uma faca afiada, produzindo dor e sangramento. Se esse sofrimento não lhe causa temor, estou pronta a realizar seu desejo. — Pois é isso mesmo o que eu quero — respondeu a pequena sereia, pensando no príncipe e ansiosa por possuir uma alma imortal. — Mas lembre-se — avisou a bruxa: — uma vez transformada em ser humano, nunca mais você voltará a ser uma sereia! Nunca mais poderá nadar com suas irmãs e visitar o castelo de seu pai! E se não conseguir conquistar o amor do príncipe, a ponto de fazer com que ele, por sua causa, esqueça pai e mãe, tenha todos os pensamentos voltados para você, não hesitando em levá-la até o altar para que se tornem marido e mulher; então, se ele desposar outra mulher, logo na manhã seguinte seu coração há de se desfazer em pedaços, e você terá o fim que toda sereia tem: vai se transformar em espuma do mar!

— Ainda assim, quero tentar — disse a pequena sereia, que se tornara pálida como um cadáver. — Mas isso não sairá de graça para você — disse a bruxa, sorrindo maldosamente.

— Seu capricho vai-lhe sair caro. Você tem a voz mais bela do fundo do mar. Suponho que pensa em fazer uso dela para fascinar o príncipe. Pois este é o meu preço: quero sua voz. Vou ter de usar meu sangue para fazer a poção mágica, a fim de que ela se torne mais poderosa que uma espada de dois gumes. Troco meu sangue precioso pela sua voz, que é a coisa mais preciosa que você tem. — Se eu perder minha voz — replicou a pequena sereia, — que me restará? — Restará seu belo corpo — respondeu a bruxa, — seu andar gracioso e seus

23

lindos olhos. Use-os para conquistar um coração humano. Então, perdeu a coragem? Ponha sua linguinha para fora e deixe-me cortá-la, em pagamento da poção que irei preparar. —

Pois que seja assim — suspirou a princesinha. A bruxa pegou o caldeirão em que iria preparar a poção mágica e, amassando uma enguia até dar-lhe a forma de uma esponja, esfregou-

-a vigorosamente nas bordas e no fundo, enquanto dizia: — A limpeza é uma virtude. Depois de pôr o caldeirão no fogo, deu um corte no próprio peito e deixou gotejar lá dentro seu

sangue. O vapor que subia formava estranhas figuras, horríveis de se verem. A cada momento ela deitava um novo ingrediente à mistura. Quando a fervura começou, o som produzido

lembrava um crocodilo que estivesse chorando. Por fim, o preparo terminou, e a poção havia ficado pura e cristalina como se fosse água. — Pronto — disse a bruxa, enquanto cortava

a língua da pequena sereia, com um golpe rápido e certeiro. A pobrezinha ficou muda. Nunca mais poderia falar ou cantar. — Se algum dos pólipos tentar agarrá-la em seu caminho de

volta — avisou a bruxa, — basta pingar nele uma gota desta mistura, para que seus braços e dedos se desfaçam em mil pedaços. Mas a pequena sereia não teve de se preocupar.

Vendo que ela trazia nas mãos um vidro cheio daquela poção que brilhava como se fossem estrelas líquidas, recuaram assustados, deixando-a passar em paz. Assim, ela foi transpon-

do sem problemas a floresta, o brejo e o redemoinho, chegando às proximidades do palácio de seu pai. No grande salão, as luzes já se tinham apagado. Todos estavam dormindo. A

pequena sereia não quis sequer dar uma última olhadela em suas irmãs. Preferiu que elas não soubessem o que acontecera com ela e o que estava pretendendo fazer. Uma tristeza

imensa invadiu seu coração. Passando pelo jardim, colheu uma flor do canteiro de cada uma de suas irmãs e, depois de atirar com os dedos mil beijos em direção ao castelo, nadou

para cima, através das águas escuras do mar. O sol ainda não tinha surgido quando ela alcançou o palácio do príncipe e se sentou no primeiro degrau da grande escadaria de mármo-

re. A lua ainda brilhava, iluminando a terra. Então, a pequena sereia tomou do vidro que continha a poção e bebeu-a de um só gole. Sentiu como se uma espada estivesse cortando seu

corpo de cima abaixo. Foi tamanha a dor, que ela desmaiou, ficando ali prostrada como se estivesse morta. Quando os raios de sol tocaram a superfície do mar, ela despertou, sentindo

uma dor ardente. Parado a sua frente, o jovem príncipe fitava-a com seus olhos negros como carvão. Ela baixou os olhos, e só então notou que não tinha mais sua antiga cauda de peixe,

mas sim um lindo par de pernas esguias, daquelas que toda jovem gostaria de ter. Como estava sem roupas, enrolou-se em seus longos cabelos. O príncipe perguntou quem era ela e

como tinha chegado ali. Sem poder responder, ela limitou-se a fitá-lo, com um olhar meigo e tristonho. Tomando-a pela mão, ele a levou até o castelo. Era como a bruxa havia previsto:

cada passo produzia uma dor aguda, como se ela estivesse pisando no gume de uma faca. Mas ela suportou aquilo com prazer, pois estava ao lado do seu querido príncipe. Todos que

a viam admiravam-se de seu andar leve e gracioso. No castelo, vestiram-na com roupas luxuosas, de seda e musselina. Ela era a jovem mais linda que ali já haviam visto; pena que era

muda, e não podia falar ou cantar. Belas criadas, vestidas com roupas de seda bordadas de fios de ouro, vinham cantar para o príncipe e para o casal real. Para uma que cantou com

voz mais bela que as outras, o príncipe bateu palmas e sorriu. Aquilo deixou a pequena sereia enciumada, pois ela sabia que poderia ter cantado ainda melhor que aquela jovem. "Ele

certamente iria me amar", pensou ela, "se soubesse que, para estar a seu lado, sacrifiquei para sempre minha linda voz!" As criadas então começaram a dançar. Ao som de uma música suave, elas se moviam graciosamente pelo salão. Nesse instante, a pequena sereia ergueu as mãos acima da cabeça e se pôs nas pontas dos pés, dançando com tal graça e leveza, que parecia estar flutuando. Ninguém jamais dançara tão maravilhosamente como ela! Cada movimento mais realçava seu encanto, e os olhos expressavam seus sentimentos mais eloquentemente que as palavras de uma canção. Todos ficaram extasiados, especialmente o príncipe, que a chamou de "minha enjeitadinha". E ela dançava sem parar, mesmo sentindo dores lancinantes a cada vez que seus delicados pezinhos tocavam o chão. A sensação era mesmo a de que estava pisando sobre facas cortantes. O príncipe declarou que nunca a deixaria partir, ordenando que daí em diante ela dormisse em frente à porta de seu quarto, numa almofada de veludo. Chamando as costureiras do palácio, mandou que fossem feitas roupas de montaria para a jovem, pois queria levá-la junto, durante suas cavalgadas. E os dois passaram a passear a cavalo todo dia pela floresta perfumada, deixando que os ramos verdes que pendiam das árvores acariciassem seus ombros, e escutando o canto dos pássaros ocultos por entre a folhagem. Chamou-a também para acompanhá-lo em suas excursões pelas altas montanhas. Ela o seguia satisfeita, embora seus pés sangrassem tanto, que as outras pessoas até o notaram. Mas ela não dava importância a isso, sorrindo enquanto seguia seu amado pela montanha acima, ultrapassando o nível das nuvens, que se estendiam abaixo deles, como bandos de aves que estivessem migrando para terras distantes. À noite, enquanto todos dormiam, ela descia a escadaria de mármore até chegar ao mar, ali deixando refrescar seus pobres pezinhos ardentes na água fria e marulhante. Nesses momentos, punha-se a pensar nas irmãs, e de como estariam aquela hora, em seu castelo situado nas profundezas do oceano. Numa dessas noites, eis que elas apareceram por ali. De braços dados, surgiram na superfície, entoando uma canção suave e sentida. Ela acenou alegremente, e suas irmãs a reconheceram, chegando até junto de onde ela estava. Ah, como conversaram! As irmãs contaram-lhe da tristeza que ela tinha causado a todos, quando desaparecera de casa, sem dizer para onde iria. Daí em diante, passaram a visitá-la todas as noites. Certa vez, trouxeram consigo a velha avó e seu pai, o Rei dos Mares. Havia muitos anos que eles não subiam até a superfície; foi a saudade que os fez chegar até lá em cima. Os dois não quiseram se aproximar de onde ela estava; ficaram de longe, acenando para ela e conversando através de sinais. A cada dia, mais aumentava o amor do príncipe por ela, mas não era um amor apaixonado, que um homem dedica à mulher amada com a qual pretende se casar, mas sim o amor carinhoso e puro que se dedica a uma criança muito querida. Para conseguir ter sua alma imortal, porém, seria indispensável que ele a tomasse por esposa, e isso nem de longe passava pela cabeça do príncipe. E ela sabia que, se ele desposasse outra mulher, ela iria transformar-se em espuma do mar, logo na manhã seguinte à do seu casamento. Sem poder falar, ela erguia os olhos tristes para ele, como se estivesse dizendo: "Acaso seu amor por mim não é maior do que o que sente por qualquer outra pessoa?" O príncipe parecia adivinhar-lhe o pensamento, pois respondia. — Sim, querida criança, gosto mais de ti que de qualquer outra pessoa. Entre todas, és tu que tens o melhor coração. E vejo que também me dedicas todo o teu amor. Sabes de uma coisa? Tu te pareces com uma jovem que vi muito tempo atrás, e que provavelmente nunca mais tornarei a ver. Isso foi quando o navio em que eu estava naufragou. As ondas carregaram-me até uma praia. Ali perto havia um templo sagrado, onde serviam várias jovens. Uma delas, a mais nova, foi quem me avistou na praia e salvou minha vida. Vi-a apenas duas vezes, mas é a única deste mundo que eu poderia vir algum dia a amar. Tu és parecida com ela, e quase desfizeste a lembrança que dela tenho em meu coração. Só que não poderei desposá-la, pois ela pertence ao

templo sagrado. Foi a boa fortuna que te mandou até aqui. Vendo-te, lembro-me sempre daquela a quem gostaria de amar. Por isso, nunca irei deixar que te separes de mim. Ela voltou

para ele seus olhos, que se entristeceram ainda mais depois daquelas palavras, pensando: "Não, não foi ela quem salvou sua vida — fui eu. Fui eu quem o sustentou à tona do mar en-

capelado, quem o levou até aquela praia próxima ao templo, quem o arrastou até o lugar onde depois o descobriram. Escondi-me atrás de uma rocha, só indo embora depois que o vi a

salvo. Dali pude ver a bela jovem a quem você dedica seu maior amor". Nesse momento, ela suspirou profundamente, pois não sabia chorar. "Ele disse que aquela jovem pertence ao

templo sagrado, de onde nunca haverá de sair. Já está resignado com o fato de que nunca mais poderá encontrá-la. Mas eu estou aqui, estou junto dele, vejo-o todo dia. Hei de cuidar

dele, de amá-lo e de dedicar-lhe toda a minha vida." Correu o boato de que o príncipe estava pensando em casar-se com a filha do soberano de um reino vizinho. Um belo navio estava

sendo equipado para levá-lo até lá, a fim de conhecer a bela princesa que ele iria desposar. Para todos os efeitos, aquela seria apenas uma visita de cortesia ao rei vizinho, que era um

grande amigo de seu pai. Ouvindo isso, as pessoas sorriam e comentavam: "Não é o rei que ele vai visitar, e sim a princesa, para acertar a data do casamento". Escutando esses co-

mentários, a pequena sereia meneava a cabeça e sorria, pois conhecia os pensamentos do príncipe melhor que qualquer outra pessoa. — Terei de viajar — disse-lhe ele um dia. — Meus

pais querem que eu vá conhecer a bela princesa do reino vizinho. Mas não poderão obrigar-me a trazê-la para cá como minha esposa. Não posso amá-la. Ela não se parece com a jovem

do templo. Tu, sim, és parecida com ela. Se eu tiver de casar-me com alguém, já que não posso ter como esposa aquela a quem tanto amo, escolherei a ti, minha enjeitadinha, que só

me fala com os olhos! E, assim dizendo, beijou-lhe os lábios vermelhos, acariciou-lhe os longos cabelos e recostou a cabeça em seus ombros, próximo daquele coração que tanto as-

pirava alcançar a felicidade e possuir uma alma imortal. — Tens medo do mar, criança silenciosa? — perguntou-lhe o príncipe, num dia em que visitaram o magnífico navio, prestes a

zarpar. E contou-lhe que o oceano ora está calmo, ora agitado, e falou-lhe sobre os diversos tipos de peixes que vivem em suas águas, e narrou-lhe o que ouvira dos mergulhadores

sobre as maravilhas do fundo do mar. Ela ficou sorrindo enquanto ele falava, pois quem poderia conhecer melhor do que ela tudo aquilo? O navio partiu. Numa noite enluarada, quando

todos dormiam, a não ser o timoneiro junto ao leme e o vigia na gávea, ela ficou sentada junto à amurada do navio, fitando as águas do mar. Parecia-lhe ver o palácio do pai. No alto da

torre, estava sua velha avó, com a coroa de prata na cabeça, fitando ao longe a quilha do navio. Nisso, suas irmãs surgiram à superfície, olhando-a com ar tristonho e torcendo as mãos

desesperadamente. Ela sorriu e acenou para elas. Queria dizer-lhes que era feliz, mas justamente nesse instante surgiu ali no convés um taifeiro, e as cinco sereias mergulharam, res-

tando apenas uma espuma branca no local onde há pouco estavam. Na manhã seguinte, o navio entrou no porto da capital do reino vizinho. Todos os sinos repicaram, saudando a

chegada do nobre visitante. Do alto das torres, soaram trombetas, e a tropa de soldados postou-se em posição de sentido por onde ele iria passar, desfraldando as bandeiras e osten-

tando cintilantes baionetas nas pontas de seus fuzis. Nos dias que se seguiram, houve uma sucessão de solenidades, banquetes e bailes. Só a princesa não comparecia a essas festas.

Indagado da razão de sua ausência, o rei explicou que ela estava sendo educada num templo sagrado, longe dali, onde lhe eram ensinadas as virtudes da realeza. — Mas já enviei emissários para buscá-la — completou o rei. — A qualquer dia destes, ela deverá chegar. A pequena sereia desejava ardentemente conhecê-la, e ela por fim chegou à capital. Quando a viu, teve de admitir que a princesa era de fato a moça mais bonita que já tinha visto até então. Sua pele era fina e delicada, e, sob seus cílios longos e escuros, sorriam dois olhos meigos, de cor azul-escura. — Já te conheço! — exclamou o príncipe, quando a avistou. — Foste tu que me salvaste da morte, quando as ondas me atiraram semimorto na praia! A jovem enrubesceu, envergonhada, enquanto ele a estreitava em seus braços, cheio de gratidão. — Ah, como estou feliz! — disse ele à pequena sereia. — Aconteceu aquilo que eu julgava impossível! Sei que estás tão feliz como eu, pois és, entre todas as pessoas, aquela que me dedica o maior amor! A pequena sereia beijou-lhe a mão, sentindo o coração desfazer-se em mil pedaços. Restava-lhe apenas esperar que chegasse a manhã que iria seguir-se ao casamento, para transformar-se em espuma do mar. O noivado dos dois foi anunciado em grande estilo. Os sinos repicaram festivamente, e os arautos percorreram todas as ruas, lendo em voz alta os proclamas do casamento que em breve seria realizado. Chegado o dia, em todos os altares foram acesas lâmpadas de prata, dentro das quais ardiam óleos aromáticos. Os padres agitavam turíbulos contendo incenso perfumado. O príncipe e a princesa deram-se as mãos, e o bispo os abençoou. A pequena sereia, vestida de seda e ouro, segurava a cauda do vestido da noiva, mas seus ouvidos não escutavam a música, nem seus olhos acompanhavam a cerimônia. Só pensava no que iria deixar de ver e ouvir daí por diante, pois aquela seria sua última noite de vida. O jovem casal embarcou no navio do príncipe, enquanto salvas de canhão reboavam e milhares de bandeiras eram agitadas. No convés principal fora erguida uma tenda dourada e escarlate, sendo o chão forrado de almofadas maciíssimas. Ali o casal passaria sua noite de núpcias. As velas foram desfraldadas, e uma brisa suave logo as enfunou, fazendo o navio deslizar suavemente sobre as águas transparentes do mar. Quando a noite chegou, foram acesas lâmpadas coloridas, e os marujos puseram-se a dançar no tombadilho. A pequena sereia não pôde deixar de lembrar-se da primeira vez que subira à tona do mar, quando pudera assistir a uma cena semelhante. Ela também quis participar da dança, fazendo-o com a graça e leveza de uma andorinha que esvoaça no ar. Todos pararam para vê-la e aplaudi-la. Ela jamais dançara tão lindamente. Cortes profundos lanhavam seus pés, mas ela não sentia aquela dor, pois muito maior era a que lhe esmagava o coração. Sabia que era a última noite de sua vida, a última vez em que poderia contemplar aquele por cujo amor sacrificara a própria voz e deixara seu lar e sua família. E dizer que ele sequer suspeitava de seu sacrifício! Nunca mais ela iria poder estar a seu lado, respirando o mesmo ar, contemplando juntos o mar imenso e o céu infinito, onde brilhavam as estrelas azuis. Uma noite eterna e sem sonhos esperava por ela, que não fora capaz de conseguir a alma que tanto havia desejado. A festa estendeu-se até a meia noite. A bordo, todos se confraternizavam numa só alegria. A sereiazinha ria e dançava, sem que ninguém soubesse da angústia que trazia em seu coração. A um sinal do príncipe, porém, cessaram as danças, a música e os ruídos. Ele beijou a noiva, ela lhe afagou os cabelos, e ambos saíram de braços dados, dirigindo-se à tenda magnífica onde iriam passar o resto da noite. Recolheram-se todos a suas cabines, e um grande silêncio desceu sobre o navio. Ficaram despertos apenas o timoneiro e a pequena sereia. Descansando os braços sobre a amurada, ela ficou contemplando o mar, com os olhos voltados para o Oriente. Sondava o horizonte, aguardando as primeiras luzes róseas da aurora, pronta para morrer quando o primeiro raio de sol

atravessasse o céu. Suas irmãs surgiram ao longe no mar. O vento já não podia brincar com seus longos cabelos, pois haviam raspado a cabeça. — Entregamos nossas cabeleiras à

Bruxa do Mar, para que ela lhe concedesse a vida novamente. E ela nos deu esta faca: tome-a e veja como é afiada! Antes que o sol apareça, você deve cravá-la no coração do prínci-

pe. Quando o sangue dele molhar seus pés, eles voltarão a transformar-se numa cauda de peixe, e você voltará a ser uma sereia. E aí viverá de novo entre nós, até completar trezentos

anos, quando então morrerá, tornando-se espuma do mar. Depressa! Você tem de matá-lo antes que o sol surja, porque, se isso não acontecer, aí quem vai morrer será você! A vovó

está de luto, e seus cabelos até caíram todos, tamanha a sua aflição. Vamos, mate o príncipe e volte para nós. Não perca tempo! Veja o horizonte: já começa a ficar rosado. Daqui a

pouco o sol surgirá, aí será seu fim! Então, com um estranho e profundo suspiro, as cinco irmãs desapareceram sob as águas, deixando-a sozinha. A pequena sereia caminhou até a

tenda, ergueu o pano escarlate que fechava a entrada e viu lá dentro a bela princesa ressonando tranquilamente, com a cabeça apoiada sobre o peito do príncipe. Ela se inclinou e

beijou-o na testa. Voltando-se para a abertura da tenda, contemplou o céu matinal, que se avermelhava cada vez mais. Depois, olhou de relance para a faca afiada que trazia na mão,

e em seguida para o príncipe, no momento em que este mudava de posição, sorrindo e sussurrando o nome de sua jovem esposa. Até durante o sonho, era ela a única em seu pensa-

mento! A mão que apertava o cabo da faca estremeceu, mas ela em seguida voltou até a amurada e atirou a arma no mar. No lugar onde a faca mergulhou, as ondas ficaram vermelhas,

como se gotas de sangue se desprendessem da lâmina. Fitou o príncipe pela última vez e, sentindo que o embaçamento da morte começava a tomar conta de seus olhos, atirou-se ao

mar, desfazendo-se aos poucos em espuma. O sol surgiu na fímbria do horizonte. Seus raios quentes e suaves despejaram-se sobre a espuma fria que flutuava sobre as ondas. Mas a

pequena sereia não estava morta, pois viu o sol e enxergou, flutuando acima dela, centenas de criaturas etéreas e transparentes, que não soube explicar o que seriam. Ela podia ver

claramente através daqueles seres: lá estavam as velas do navio e as nuvens rubras como sangue. Suas vozes eram melodiosas, soando tão suave e ternamente, que nenhum ouvido

humano poderia escutá-las, enquanto seus corpos eram tão fluidos e frágeis, que nenhum olho humano seria capaz de enxergá-los. Sua leveza era tal, que elas esvoaçavam pelo ar,

embora não tivessem asas. Só então a pequena sereia notou que também flutuava no espaço, igual àquelas criaturas de corpo diáfano e transparente. — Que estou fazendo aqui? Quem

são vocês? — perguntou, admirada do som de sua voz, um sussurro tão suave e melodioso que nenhum instrumento musical conseguiria imitar. — Nós somos as filhas do ar — respon-

deram-lhe. — Éramos sereias, como você. Nós não temos alma imortal, e só poderemos possuir uma se porventura conseguirmos despertar o amor de um ser humano. A possibilidade

de alcançarmos a vida eterna depende dos outros. Por meio de boas ações, poderemos um dia possuir nossa alma imortal. Nós voamos para as terras quentes, bafejadas por ares

pestilentos, e ali sopramos o vento fresco, que refresca o ambiente. Levamos conosco o perfume das flores, que afasta a tristeza e espalha a alegria entre os homens. Se, durante tre-

zentos anos, nos empenharmos apenas em fazer o bem, obteremos nossa alma imortal e poderemos partilhar da felicidade eterna, junto com os humanos. Foi isso, pequena sereia, que você almejou de todo o seu coração. Esse ideal trouxe-lhe sofrimentos, e você soube suportá-los bravamente. Por isso, agora tornou-se uma de nós, um dos espíritos do ar. Continue praticando boas ações, e dentro de trezentos anos poderá realizar seu desejo, ganhando sua alma imortal. A pequena sereia ergueu os braços em direção ao sol que Deus lhe permitia enxergar, e pela primeira vez sentiu que uma lágrima aflorava em seus olhos. Chegaram até ela os ruídos do navio. Observando o convés, viu o príncipe e a princesa procurando aflitos por ela. Os dois fitavam o mar com o coração apertado de dor, adivinhando que ela fora tragada pelas ondas. Sem que a pudessem ver, beijou a princesa na fronte e sorriu para o príncipe. Em seguida, juntando-se às outras criaturas do ar, embarcou numa nuvem rosada que flutuava no espaço. — Dentro de trezentos anos, espero ser admitida no reino de Deus — disse às novas companheiras. — Pode ser que isso aconteça até antes desse prazo — sussurrou uma delas. — Sem que ninguém nos possa ver, entramos nas casas dos seres humanos. Eles não sabem que estamos ali. Quando encontramos uma criança boa, que traz alegria a seus pais e faz por merecer todo o seu amor, nós sorrimos para ela, e Deus tira um ano de nosso tempo de provação. Mas se a criança for egoísta e maldosa, então nós choramos; nesse caso, para cada lágrima derramada, Deus acrescenta um dia aos trezentos anos que temos de cumprir como espíritos do ar. **A Roupa Nova do Imperador.** Há muitos e muitos anos, vivia um imperador que só se preocupava em vestir roupas caras e elegantes, gastando com essa vaidade todo o dinheiro que tinha. Não dava atenção ao seu exército, não frequentava o teatro, não saía a passeio, a não ser que fosse para exibir algum novo traje que acabara de mandar fazer. A cada hora do dia, lá estava ele com uma roupa diferente. Geralmente, quando se vai à procura de um rei, é comum escutar: "Ele está numa reunião do Conselho". No caso daquele imperador, porém, a resposta era sempre outra: "Ele está no quarto de vestir". A capital de seu reino era uma cidade alegre e movimentada. Todo dia, diversos viajantes estavam chegando e saindo. Certa vez, apareceram por ali dois espertalhões, e foram logo espalhando que eram teceloes e alfaiates famosíssimos, sabendo tecer e costurar panos e trajes verdadeiramente maravilhosos. "Não só as cores e padronagens de nossos tecidos são extraordinariamente belas", diziam, "como, além disso, as roupas que fazemos possuem a qualidade incomum de não poderem ser vistas pelos incompetentes e pelos imbecis!" "Que coisa fantástica!", pensou o imperador. "Se eu tivesse uma roupa dessas, poderia saber qual dos meus conselheiros não teria competência para ocupar seu cargo, e logo reconhecer quais seriam meus súditos mais inteligentes. Vou ordenar que esses dois teçam e costurem uma roupa para mim." Chamou os dois espertalhões, entregou-lhes uma boa soma de dinheiro e ordenou que começassem a tecer o pano sem perda de tempo. Os dois armaram um tear e imediatamente começaram a fingir que estavam trabalhando, embora não houvesse fio algum no aparelho. As sedas mais finas e os fios de ouro que o imperador lhes entregou, esconderam-nos em suas mochilas, trabalhando até tarde da noite no tear vazio, como se estivessem de fato tecendo um pano. "Gostaria de saber como é que o trabalho está caminhando", pensou o imperador, sem coragem de ir pessoalmente verificar o serviço, pois sentia um ligeiro receio de não ser capaz de enxergar o tecido. Assim, por via das dúvidas, preferiu mandar alguém para a tarefa da verificação. Desse modo, ficaria sabendo se o seu emissário seria ou não um incompetente ou imbecil. Todos os habitantes da capital tinham ouvido falar da qualidade mágica daquele tecido, e havia uma curiosidade geral em descobrir quais seriam os mais tolos e os menos competentes do reino. "Já sei quem irei mandar até lá: meu primeiro-ministro", pensou o imperador. "Ele poderá trazer-me a informação correta, pois é o sujeito mais sábio e competente que conheço." O velho e simpático

ministro, cumprindo a ordem do imperador, entrou na sala de costura do palácio, e viu os tecelões trabalhando ativamente no tear vazio. "Ai, meu Deus do céu!", pensou , enquanto

piscava os olhos para ver se conseguia enxergar os fios, "não estou vendo coisa alguma!" Mas preferiu ficar de boca fechada. Os dois espertalhões convidaram-no a chegar mais

perto do tear, para que pudesse admirar a bela padronagem e as maravilhosas cores do material que estavam tecendo. O pobre velho aproximou-se, olhou para tudo que eles lhe

apontavam, ora apertando, ora arregalando os olhos, mas continuou nada enxergando. "Devo ser um imbecil", matutava ele, sempre calado. "Não acho que seja: mas, e se for? É melhor

que ninguém venha a saber. Ou então pode ser que eu não seja competente para ocupar o cargo de primeiro-ministro. Se ficarem sabendo disso, estou perdido! Sabe de uma coisa?

Vou fingir que estou vendo os fios e o tecido — é o melhor que tenho a fazer!" — Então, Senhor Ministro? Qual é a opinião de Vossa Excelência? — perguntou um dos falsos tecelões.

— De fato, é um belo tecido, senhores — respondeu o primeiro-ministro, consertando os óculos. — Que padronagem! Que cores! Que bom gosto! Vou relatar ao imperador a excelente

impressão que tive. — Obrigado, Excelência — agradeceram os espertalhões, que em seguida passaram a dar explicações sobre a combinação das cores e a disposição dos desenhos.

O velho ministro ouviu tudo atentamente, a fim de poder repetir todos os detalhes ao imperador, como de fato o fez pouco depois. No dia seguinte, os dois pediram mais dinheiro para

comprar novos materiais. Tão logo receberam a soma, meteram tudo no bolso, sem comprar coisa alguma. Passado um dia, o imperador enviou outro emissário para ver o andamento

do serviço. Dessa vez, escolheu um dos conselheiros de sua maior confiança. Este também, do mesmo modo que o primeiro-ministro, ficou olhando longamente para o tear vazio. Como

ali nada havia para ver, ele nada viu. — Que tal a peça, Senhor Conselheiro? Não é maravilhosa? — perguntou um dos espertalhões, passando a descrever as cores e os desenhos.

Enquanto escutava, o conselheiro refletia: "Imbecil, sei que não sou. Então, devo ser incompetente para fazer parte do Conselho Real. Ai, ai, ai! Melhor não contar isso a ninguém!" Para

disfarçar seu desapontamento, começou a elogiar o trabalho que fingia estar vendo: — Acho que é a peça de tecido mais linda que já vi até hoje! — declarou pouco depois ao imperador.

Por fim, o próprio imperador resolveu examinar a fazenda, antes que ela fosse retirada do tear. Levando consigo um grupo seleto de acompanhantes, entre os quais seu primeiro-minis-

tro e o conselheiro de confiança, entrou no quarto de costura, onde os dois espertalhões fingiam trabalhar com todo empenho, no tear vazio. — Não é magnífico, Majestade? — pergun-

tou o primeiro-ministro. — Veja que cores, Majestade! Que padronagem! — exclamou o conselheiro. E ambos apontavam para o tear vazio, acreditando que todos os presentes

estivessem vendo o que só eles não viam. "Caramba!", pensou o imperador. "Não vejo coisa alguma! Que horror! Que será que me falta: competência ou inteligência? Seja o que for,

ninguém poderá saber!" Isso foi o que ele pensou, mas não o que ele disse. — Mas que maravilha! — exclamou, sacudindo a cabeça. — Tem minha inteira aprovação! Os conselheiros,

ministros e nobres ali presentes miravam embevecidos o tear vazio, fingindo enxergar o que ali não havia. Elogios e conselhos se sucediam: — É uma beleza! — Vossa Majestade bem

poderia mandar fazer uma roupa com este pano, para poder desfilar com ela na parada! — Magnífico! — Uma obra de arte! — Não existe outro igual! Pena que o que saia das bocas não entrava nos olhos. O imperador ordenou ali mesmo que os dois espertalhões fossem condecorados, concedendo-lhes o título de "Reais Cavaleiros do Tear". Na véspera da parada, os espertalhões passaram a noite em claro, dando os arremates finais na roupa do imperador. Dezesseis velas ardiam no quarto de costura. Os dois trabalhavam com afinco. Fizeram de conta que tiravam o pano do tear e passaram a cortá-lo com suas grandes tesouras, costurando-o depois com agulhas sem linha. Por fim, anunciaram: — O traje do imperador está pronto! Transmitido o aviso, ali chegou o imperador, acompanhado de seus camareiros. Os dois, erguendo as mãos como se estivessem segurando alguma coisa, disseram: — Aqui estão as calças. Eis o casaco de Vossa Majestade. E aqui está o manto. São tão finos e leves, que parecem feitos de teias de aranha! Vossa Majestade vai sentir como se não tivesse coisa alguma sobre o corpo. É um tecido muito, muito especial! — Que maravilha! — exclamaram todos, mesmo não vendo coisa alguma, já que nada havia para ser visto. — Poderia Vossa Imperial Majestade fazer o obséquio de experimentar os novos trajes? — pediram cortesmente os dois velhacos. — Vamos até aquele espelho, por gentileza. O imperador tirou as roupas e dirigiu-se para o espelho. Gesticulando como se o estivessem vestindo, enlaçavam-lhe a cintura, pediam-lhe que abaixasse a cabeça e levantasse uma perna, até que finalmente lhe prenderam o que diziam ser o longo manto, chamando dois cortesãos para segurar suas pontas, a fim de que ele não se arrastasse pelo chão. O imperador ficou virando-se diante do espelho, admirando a majestosa roupa que não podia ver. — Oh, como lhe cai bem! — diziam uns. — Um traje à altura da grandeza de Vossa Majestade! — exclamavam outros. — Que cores! Que padronagem! Verdadeiramente magnífico! Nesse momento, chegou o chefe do cerimonial e avisou: — Já está pronto o pálio sob o qual Vossa Majestade irá desfilar. — Também já estou pronto. Esta roupa não me fica bem? — perguntou, enquanto se virava diante do espelho, fingindo acertar algum detalhe do caimento. Os dois camareiros reais tatearam o chão, tentando encontrar a ponta da cauda do manto que teriam de segurar. Jamais ousariam admitir que nada estavam vendo; por isso, fizeram de conta que seguraram o manto e ergueram as mãos para cima, como se o tivessem erguido do chão. O imperador deu início ao desfile, caminhando pomposamente sob o pálio de veludo. O povo, postado nas ruas e nas janelas das casas, tecia os maiores elogios à beleza de seus trajes. — Que manto magnífico! — Veja só a cauda do manto: é comprida e maravilhosa! — E como a roupa cai bem! O imperador jamais desfilou com um traje igual a esse! Ninguém tinha coragem de admitir que nada estava vendo; quem o fizesse, corria o risco de ser considerado incapaz para o seu serviço, ou, o que é pior, um rematado imbecil. E nunca o imperador causara tanto sucesso quanto durante aquele desfile. De repente, porém, escutou-se uma voz infantil saída do meio da multidão: — Uê! Mas ele está sem roupa! — Escutem a voz da inocência! — exclamou o pai, demonstrando surpresa e orgulho. Entre murmúrios, a frase dita pela criança foi sendo repetida de boca em boca. — O imperador está nu! Foi uma criança ali atrás quem disse! — Não está usando roupa alguma! — começou-se a comentar em voz cada vez mais alta. — Ele está nu! Nu em pelo! — gritava-se, por fim, entre gargalhadas. O imperador estremeceu, caindo em si e compreendendo que havia sido logrado. Sem nada dizer, seguiu em frente, pensando: "Tenho de aguentar firme até o final do desfile". E lá se foi ele, caminhando de cabeça erguida, enquanto os dois camareiros reais seguiam atrás, segurando as pontas da cauda do manto que não existia. **A Princesa e o Grão de Ervilha.** Era uma vez um príncipe que queria se casar com uma princesa, mas tinha de ser uma princesa de verdade! Viajou por todo o mundo para encontrá-la, mas todas que via tinham algum defeito. Princesas, havia de sobra, mas nenhuma preenchia suas exigências. Numa faltava isso,

noutra faltava aquilo, e nada de encontrar a princesa "de verdade" que estava procurando. Por fim, desistiu da busca e voltou para casa, triste e abatido, sem saber se um dia haveria

de encontrar aquela com quem pudesse se casar. Uma noite, aquele reino foi abalado por uma terrível tempestade. Relâmpagos brilhavam, rugiam trovões, e a chuva despejava-se do

céu. Em meio ao temporal medonho, alguém bateu à porta do castelo, e o próprio rei se apressou em abri-la. Quem foi que bateu? Uma princesa. Deus do céu, como estava molhada!

A água escorria em cachoeira pelos seus cabelos e suas roupas, entrando-lhe nos sapatos pelo calcanhar e esguichando forte pelos furinhos que havia à altura do peito do pé. E ela se

apresentou, dizendo que era uma princesa de verdade. "Isso é o que vamos ver, e bem depressa", pensou a velha rainha, sem contudo dizer uma palavra. No mesmo instante, subiu até

o quarto de hóspedes e tirou tudo o que havia sobre a cama. Em cima do estrado, colocou um grão de ervilha. Depois, pôs em cima desse grão vinte colchões, e por cima deles vinte

cobertores bem felpudos. E assim foi preparada a cama em que a princesa deveria passar a noite. Pela manhã, quando lhe perguntaram se havia dormido bem, ela respondeu: — Oh,

tive uma péssima noite. Não consegui pregar o olho. Só Deus sabe o que havia naquela cama! Era uma coisa dura, que me deixou manchas roxas por todo o corpo! Agora ninguém tinha

mais dúvidas: ela era uma princesa de verdade, pois sentira o volume e a dureza de um grão de ervilha, mesmo através de vinte colchões e vinte cobertores felpudos. Só uma princesa

de verdade poderia ser tão sensível assim! O príncipe casou-se com ela, e o grão de ervilha passou a ser exibido no museu real, onde por certo vocês poderão contemplá-lo, se alguém

não o roubou de lá. Quanto a esta história, ela aconteceu de verdade! **A Pequena Vendedora de Fósforos.** Estava terrivelmente frio. A neve caía sem parar e já começava a escurecer.

Era a última noite de dezembro, véspera do Ano-Novo. Por entre o frio e a escuridão, caminhava uma garotinha. Tão pobre era ela, que trazia os pés descalços e a cabeça descoberta.

Bem que estava calçada com um par de chinelos quando saíra de casa pela manhã; porém, eram chinelos muito grandes, que pertenciam a sua mãe, e ela os perdera quando teve de

atravessar correndo uma rua, escapando de ser atropelada por duas carruagens que por ali desciam a toda velocidade. Ao voltar para procurá-los, não conseguiu encontrar um deles,

enquanto o outro foi apanhado por um moleque da rua, que ainda por cima teve o desplante de rir-se dela, gritando enquanto se afastava correndo: — Este eu vou guardar para mim!

Vai servir de berço para o meu filho, quando eu tiver um! Assim, lá ia ela descalça, caminhando pelas ruas. Seus pés estavam roxos de frio. Trazia nas mãos um molho de fósforos, e mais

uma boa quantidade no bolso de seu avental. Tentara vendê-los, mas sem sucesso. Ninguém comprara fósforos durante aquele dia, nem lhe dera sequer um tostão. A pobre criaturinha

sentia fome, sentia frio e encarava o futuro com medo e incerteza. Os flocos de neve enfeitavam seus cabelos louros, que escorriam em cachos graciosos pela nuca abaixo; mas disso

ela nem se dava conta. Das janelas iluminadas escapavam aromas apetitosos de perus e gansos assados, pois era a passagem de ano, e era nisso que ela não deixava de pensar. Num

estreito corredor que separava duas casas, ela se sentou encolhidinha, protegendo os pés sob a saia. Além do frio que sentia, tremia de medo pensando na reação do pai, ao saber que

ela não havia vendido sequer um fósforo, durante todo aquele dia. Por isso, receava voltar para casa, onde, além do mais, fazia tanto frio quanto ali fora, na rua. Casa era modo de dizer:

ela morava num sótão que tinha apenas o telhado como cobertura. O vento penetrava pelas fendas que seu pai em vão tentara tapar, enchendo-as de palha e de trapos. Suas mãos estavam dormentes. Quem sabe conseguiria desentorpecê-las, acendendo um fósforo? Pegou um e riscou-o. Ah, que bom! Como era gostoso aquele calorzinho! Passou a mão por cima da chama e fechou os olhos, desfrutando daquele momento de felicidade. Em sua mente, ali não havia apenas um pequeno fósforo, mas sim uma grande lareira, cercada por grades de metal. Dentro dela o fogo crepitava, iluminando e aquecendo o corredor. Tirou de sob a saia os pezinhos, para que também eles se aquecessem, quando de repente a lareira desapareceu, e ela se viu triste e solitária naquele canto escuro, tendo nas mãos um fósforo queimado. Tirou do molho outro fósforo e riscou-o. A chama rebrilhou, iluminando a parede da casa, que se tornou transparente como um véu. Ela podia ver o interior da residência. A mesa estava posta, coberta por uma toalha de linho. No centro, sobre uma bandeja, fumegava um ganso assado, recheado de maçãs e ameixas. Súbito, algo muito estranho aconteceu: sem se importar com o garfo e a faca que lhe estavam fincados nas costas, o ganso saltou da mesa e caminhou em sua direção! Ela estendeu as mãos para pegá-lo, mas só encontrou uma parede sólida, úmida e fria. Acendeu um terceiro fósforo. Ao clarão da chama, enxergou-se sentada sob uma belíssima árvore de Natal, maior e mais bem decorada que aquela que tinha visto poucos dias atrás, através da vidraça da janela da casa de um rico comerciante. Milhares de velinhas acesas brilhavam entre os ramos verdes, e lindas gravuras coloridas pendiam de seus galhos. Contemplou tudo aquilo sorrindo, quando a chama do fósforo se apagou, e as velinhas da árvore se transformaram nas estrelas do céu. Uma delas caiu, deixando atrás de si um rastro de fogo, que custou a desaparecer, engolido pelo negrume do firmamento. — Uma estrela cadente — murmurou a pequena. — Deve ter morrido alguém. Lembrou-se de sua falecida avó, a única pessoa que lhe havia dedicado carinho e amor. Fora ela quem lhe ensinara aquilo: as estrelas cadentes eram as almas dos mortos, voando em direção a Deus. Riscou outro fósforo, e dessa vez viu o semblante doce e risonho de sua avó.

— Oh, Vovó! — exclamou. — Leve-me para onde a senhora está! Sei que irá desaparecer quando o fósforo apagar, do mesmo modo que desapareceram a lareira, o ganso assado e a linda árvore de Natal! Ao ver que a chama do fósforo começava a bruxulear, tomou do molho inteiro e deixou que todos se inflamassem ao mesmo tempo, a fim de que a imagem da avó não desaparecesse. Eles acenderam com fulgor, erguendo para o céu uma chama forte e intensa, clara como a luz do dia. Nunca sua avó lhe pareceu tão linda quanto naquele instante! Sorrindo, ela estreitou a garotinha entre os braços e voou com ela para onde não havia frio, nem fome, nem medo: levou-a para junto de Deus. Pela manhã, os que passaram por ali encontraram a menininha. Suas faces pareciam coradas, e ela sorria. Estava morta. Tinha morrido de frio na última noite do ano. A aurora do Ano-Novo iluminava seu corpinho inerte, sobre o qual se viam inúmeros fósforos queimados. — Coitadinha! Devia estar querendo aquecer-se — comentaram os que rodeavam o pequeno cadáver. Mas ninguém sabia das alegres visões que ela tivera antes de morrer, nem tinham conhecimento da alegria e do deslumbramento com que ela e sua avó haviam comemorado aquela entrada do Ano-Novo. **A Rainha da Neve.** Vamos começar nossa história. Quando ela terminar, estaremos sabendo mais do que agora sabemos. Era uma vez um demônio, o mais maligno de todos os demônios, pois era o próprio diabo. Um dia, ele ficou muito satisfeito consigo mesmo, pois acabara de inventar um espelho que possuía o estranho poder de refletir as coisas boas e bonitas como se fossem péssimas e horripilantes, enquanto que as coisas más e feias nele se refletiam como se fossem excelentes e maravilhosas. Um campo ameno e verdejante, por exemplo, visto por este

espelho, passava a ter a aparência de um panelão cheio de espinafre cozido; um sujeito que era bom, gentil e honrado, ficava parecendo ridículo e repulsivo. Os corpos eram vistos de

cabeça para baixo, sem barriga, e os rostos ficavam tão distorcidos, que nem se podia reconhecê-los. Uma pequena pinta aumentava de tamanho, até cobrir a metade do nariz, ou

mesmo toda a bochecha. — É um espelho muito divertido! — exclamou o diabo. O que mais o alegrava no seu invento era que, se um pensamento bom e generoso passasse pela

mente da pessoa refletida, sua imagem transmitia a impressão de que um sorriso maligno e pavoroso aflorava em sua boca, logo se transformando numa gargalhada debochada e cruel.

Era tal a sua satisfação, que ele deu boas risadas, atraindo a curiosidade de todos os pequenos demônios que frequentavam a Escola Diabólica, da qual ele era o diretor. "É um milagre",

comentavam os outros demônios. "Agora podemos ver o verdadeiro aspecto do mundo e dos homens!" E lá se foram eles pelo mundo afora, levando consigo o espelho e fazendo com

que nele se refletissem todas as paisagens e todas as pessoas. Por fim, não havia coisa alguma cuja imagem ainda não tivesse sido deformada por aquele espelho terrível. Cansados

de distorcer o que havia no mundo, os demônios resolveram subir ao céu para se divertirem com os anjos, senão mesmo com o próprio Deus. Levando o espelho consigo, lá se foram

eles, subindo, subindo cada vez mais. Quanto mais perto do céu iam chegando, mais o espelho refletia suas risadas cruéis, que se foram transformando em gargalhadas horríveis, fa-

zendo-o tremer e sacudir tanto, que eles por fim não conseguiram mais segurá-lo, deixando-o cair de lá de cima. Ao bater no chão, espatifou-se em centenas de milhões de pedacinhos

minúsculos. E foi aí que realmente começaram a surgir problemas bem maiores do que antes. Alguns dos fragmentos eram tão pequenos e leves como grãos de areia, de maneira que

o vento os espalhou por todo o mundo. Quando um desses grãozinhos entrava no olho de alguém, a pessoa passava a enxergar todas as coisas de maneira distorcida, somente obser-

vando os defeitos, nunca as virtudes, daqueles que a rodeavam, já que cada caquinho possuía o mesmo poder maligno do espelho inteiro. E quando o fragmento penetrava no coração

de alguém? Aí é que era mesmo terrível! Aquele coração se endurecia, transformava-se em pedra, em pedra de gelo! Ao lado dos fragmentos minúsculos, havia também os cacos de

tamanho médio, e os grandes o suficiente para servirem como vidraças de janelas. Nesse caso, porém, causava grande desencanto observar os amigos através daquelas vidraças.

Quanto aos cacos de tamanho médio, muitos foram usados para fazer óculos. Dá para imaginar o que acontecia quando alguém pusesse tais óculos para enxergar melhor e julgar os

fatos com isenção e bom senso. Isso tudo fazia o diabo exultar de satisfação, rindo a mais não poder. Alguns fragmentos desse espelho ainda estão flutuando por aí, levados pelo

vento. Falaremos deles em seguida. 2ª história. Que trata de um menininho e de uma menininha Numa grande cidade, onde moravam tantas pessoas e havia tantas casas, que nem toda

família podia dar-se ao luxo de ter seu próprio jardim, tendo muitas de se satisfazerem com ter em casa vasos de plantas, viviam duas crianças pobres: um menininho e uma menininha.

Os dois tinham um jardim, se é que se pode chamar de jardim duas caixas cheias de terra, pouco maiores que dois vasos. Os dois não eram irmãos, mas estimavam-se tanto como se o

fossem. Seus pais moravam em dois pequenos barracões tão próximos um do outro, que seus telhados quase se tocavam. Uma calha larga, que coletava a água de chuva que caía dos telhados, ficava logo abaixo das duas janelas do sotão, permitindo que por ali se passasse, quando alguém de uma casa queria visitar a outra. Cada família colocou uma caixa cheia de terra debaixo daquelas janelas, e ali cultivavam hortaliças. Plantaram também uma roseira em cada caixa. Desse modo, as duas janelas eram ligadas por um pequeno jardim, por onde eles passavam quando queriam ir de uma casa para a outra. Os ramos das ervilhas subiam pelas paredes, emoldurando as janelas, e as duas roseiras entrelaçavam-se uma na outra, formando uma espécie de arco do triunfo verdejante. As caixas eram altas, e as crianças foram advertidas para não subirem nelas; entretanto, era-lhes permitido ficarem sobre a calha, sentadas em seus banquinhos de madeira, conversando à sombra do arco formado pelas roseiras. No inverno, acabava a brincadeira. As janelas ficavam trancadas, e suas vidraças costumavam cobrir-se de gelo. Nessas ocasiões, as crianças gostavam de aquecer moedas de cobre no fogão e encostá-las na janela, fazendo com que o gelo se derretesse em círculos perfeitos, através dos quais cada uma punha o seu olhinho alegre, entrefitando-se os dois durante longo tempo. O menino chamava-se Kai, e o nome dela era Gerda. No verão, bastavam alguns passos para que se encontrassem, mas no inverno tinham de subir e descer muitos degraus, e depois atravessarem um pátio coberto de neve. Enquanto os flocos brancos caíam, a velha avó brincava com eles, dizendo que aquilo era um enxame de "abelhas brancas". — Essas abelhas também têm sua rainha? — perguntava Kai, levando a sério a brincadeira. — Têm, sim — respondia a avó. — Ela fica voando no meio do enxame. É o maior floco de neve. Apesar de grande, nunca cai no chão, como os outros, mas sobe para a nuvem escura de onde veio. Durante as noites mais frias, a rainha voa através das ruas da cidade e espia pelas janelas. O gelo que se formou nas vidraças fica então todo rendilhado, apresentando o aspecto de flores. Vocês já viram essas flores de gelo? — Sim, já vimos! — exclamaram as duas crianças, admiradas do tanto que a avó sabia acerca de tudo que lhe perguntavam. — E a Rainha da Neve pode entrar em nossa casa? — perguntou a menina. — Tomara que entre — disse Kai. — Quero pô-la na chapa do fogão, para ver se ela derrete.

A avó afagou-lhe os cabelos e contou outra história para os dois. Aquela noite, quando Kai já se preparava para dormir, resolveu espiar pela janela, antes de ir para a cama. Subindo numa cadeira, olhou através do círculo de gelo derretido que lá estava. Alguns flocos de neve caíam devagar. Um deles ficou pousado na borda de uma das caixas de madeira. Outros foram caindo naquele mesmo lugar, amontoando-se até tomarem a forma de uma mulher. Seu vestido parecia de gaze branca, e era feito de milhões de floquinhos de neve em formato de estrelas. A mulher estava viva, embora fosse feita de gelo alvíssimo, tão brilhante que até ofuscava a vista. Seus olhos cintilavam como estrelas, fitando Kai com uma expressão tristonha e aflita. Ela acenou-lhe com a cabeça e com as mãos. O garoto levou tanto susto que até pulou da cadeira. Nesse momento, a sombra de um grande pássaro passou voando pela janela. Na manhã seguinte, o chão estava coberto de geada, mas por volta do meio dia o tempo mudou e o degelo começou. Era a volta da primavera, o renascimento das plantas e o retorno das andorinhas. As janelas foram reabertas, e as crianças puderam voltar a sentar-se em seus banquinhos, ao lado das caixas de plantas, de onde podiam contemplar do alto as outras casas da vizinhança. As rosas floresceram maravilhosamente naquele verão. A garotinha havia aprendido um cântico religioso que falava de rosas, e gostava de cantá-lo, para lembrar-se daquelas que estavam plantadas em seu pequeno jardim. Kai também aprendeu o hino e cantava junto com ela: *Entre as rosas do vale banhado de luz Brinca alegre* e *feliz o Menino Jesus*. As duas crianças deram-se as mãos, beijaram as flores e olharam para cima, deixando que o sol iluminasse seus rostos. Como foram agradáveis os dias ensola-

rados que se seguiram! Que bom ficarem ali sentados sob as roseiras, cujas flores não paravam de desabrochar! Ah, era o melhor verão que os dois já tinham passado! Uma tarde, Kai

e Gerda estavam olhando as figuras de um livro ilustrado com flores e animais. Quando o sino da igreja bateu cinco horas, o menino sentiu uma dorzinha no peito e exclamou: — Ai!

Senti uma fincada no coração! Logo em seguida, exclamou de novo: — Ui! Um cisco entrou no meu olho! Passando o braço sobre o seu ombro, Gerda segurou-lhe a nuca e examinou o

olho que ardia, mas nada viu. Mesmo assim, soprou dentro dele para tirar o cisco. — Acho que saiu — disse Kai. Enganava-se. Tanto seu coração como seu olho tinham sido atingidos

por dois minúsculos fragmentos do espelho do diabo, aquela maldita invenção que dava a aparência de mau e ridículo a tudo que fosse bom e decente, e de grandioso e digno a tudo

que fosse infame e errado. Pobre Kai! Logo, seu coração iria tornar-se duro e frio como uma pedra de gelo, e seus olhos nada mais veriam senão defeitos e feiura. Quanto à dor, esta

havia desaparecido. Imaginando que ele estivesse sofrendo, Gerda pôs-se a chorar. — Por que está chorando? — perguntou ele. — Você fica horrível quando chora! Não tenho coisa

alguma, estou bem. Veja! Aquela rosa ali está sendo roída por um verme. E olhe aquela outra: está toda torta! Como são feias! E esses caixotes, também, são horrorosos! Dizendo isso,

chutou as caixas de plantas e arrancou as duas rosas. Gerda recuou, assustada. — Que é isso, Kai? Que está fazendo? Vendo o espanto da menina, ele arrancou outra flor, e em segui-

da entrou pela janela de sua casa, deixando-a sozinha ali fora. Mais tarde, quando a viu com o livro de gravuras nas mãos, debochou dela, dizendo que aquilo era para criancinhas de

colo. E quando a avó começou a contar-lhes suas histórias, disse que tudo aquilo era mentira. E fez pior: pôs um par de óculos sobre o nariz e começou a imitar a pobre velha! Era uma

imitação grosseira, mas muito engraçada, atraindo assistentes e fazendo com que todos rissem a valer. Satisfeito com o sucesso daquela brincadeira maldosa, passou a arremedar

todos os vizinhos, demonstrando grande habilidade em captar e reproduzir as características e os trejeitos de cada um. Todos que o viam fazendo essas imitações comentavam: — Puxa!

Esse menino é danado! O que não sabiam era que tudo aquilo não passava de efeito dos fragmentos de espelho que se tinham cravado em seu olho e no seu coração. Sua vítima pre-

dileta era a pobre Gerda, que ele atormentava sem parar — logo ela, que o amava de todo o coração! Kai perdeu o gosto pelas antigas brincadeiras infantis. Agora só queria participar

de brinquedos próprios de meninos mais velhos. Num dia de inverno, quando a neve estava caindo, ele tomou de uma lente e pôs-se a a observar os flocos presos em seu casaco. — Olhe

através da lente, Gerda. Ela obedeceu, notando que cada floco de neve se assemelhava a uma flor ou a uma estrela de dez pontas. — Não são maravilhosos? — perguntou. — Cada

qual é mais perfeito que o outro. São mais bonitos de se ver que as flores de verdade. São perfeitos, pelo menos até que se derretam. Pouco depois, apareceu de novo por ali, de casa-

co, luvas e gorro de lã, carregando nas costas um trenó. Fingindo que ia segredar alguma coisa no ouvido de Gerda, gritou o mais alto que pôde: — Vou brincar de trenó com os outros

meninos, lá na praça! E lá se foi ele, rindo da maldade que acabara de fazer. Na praça coberta de neve, a meninada divertia-se com seus trenós. Os mais afoitos amarravam-nos às

carroças dos camponeses, sendo desse modo arrastados por um bom pedaço de chão. No meio da brincadeira, surgiu na praça um grande trenó branco, dirigido por uma pessoa toda vestida de branco, da cabeça aos pés. O trenó deu duas voltas completas pela praça. Quando passou perto de Kai pela segunda vez, ele conseguiu amarrar o seu na traseira do outro, passando a ser puxado pelo maior. O trenó branco disparou, saiu da praça e entrou por uma rua. Vendo que sua velocidade aumentava, e receando afastar-se demais de sua casa, Kai tentou soltar seu trenó, mas toda vez que estendia a mão para a corda, o condutor desconhecido voltava-se para ele e o saudava gentilmente, como se já o conhecesse. Isso fazia com que ele desistisse do seu intento. Lá se foram os dois trenós pelas ruas, até sair da cidade, entrando pelo campo. A neve começou a cair forte, impedindo inteiramente a visão. Aproveitando-se disso, Kai desamarrou a corda que o prendia a outro trenó, mas de nada valeu: o seu continuou sendo puxado do mesmo jeito, como se preso ao outro por fios invisíveis. Eles agora corriam com a velocidade do vento. Kai começou a gritar desesperadamente, mas ninguém o escutava. A neve não parava de cair, e o pequeno trenó ia tão rápido que parecia voar. De vez em quando, um solavanco indicava que estavam passando por cima de uma cerca, e Kai tinha de segurar-se bem para não ser atirado para fora. Tentou dizer uma oração, mas não conseguiu lembrar-se de uma sequer. Tudo o que lhe vinha à mente era a recitação da tabuada. Os flocos de neve foram se tornando maiores, até se parecerem com galinhas brancas que os estivessem perseguindo. Por fim, o grande trenó branco parou e seu condutor levantou-se, voltando o rosto para Kai. Só então o menino viu que se tratava de uma mulher, alta e bonita, vestida de neve dos pés a cabeça: era a Rainha da Neve! — Fizemos uma corrida e tanto — disse ela. — Você parece estar sentindo frio. Venha, agasalhe-se aqui no meu capote de pele. Kai foi até o outro trenó, sentando-se ao lado da Rainha da Neve. Ela passou o capote em torno de seus ombros, fazendo-o sentir-se como se estivesse afundando num monte de neve. — Ainda está com frio? — perguntou ela, beijando-lhe a testa. Seu beijo, mais frio do que o gelo, penetrou-lhe pelo corpo, indo até o coração, que desse modo acabou de se congelar inteiramente. Invadiu-o uma sensação dolorosa de morte iminente, mas que foi passando rapidamente, até desaparecer de todo. Ele então sentiu-se confortável, deixando até mesmo de reparar na frialdade do ar. — Meu trenó! Não se esqueça do meu trenó! — gritou, enquanto a Rainha da Neve o levava consigo pelo campo de neve. Uma das galinhas brancas carregou seu pequeno trenó, seguindo atrás deles. A Rainha da Neve beijou-o mais uma vez, e esse beijo fez com que fossem varridas de sua memória as derradeiras recordações que ainda trazia de Gerda, da velha avó e de sua casa. — Não vou beijá-lo mais, pois meus beijos acabariam por causar-lhe a morte. Kai fitou o rosto da Rainha da Neve, achando que era o mais lindo e simpático que jamais tinha visto até então. Ela não parecia ser feita de gelo, como ele tivera a impressão, no dia em que a havia avistado através da vidraça da janela. Achava agora que ela era perfeita, e não mais sentia qualquer medo em sua companhia. Contou-lhe que sabia de cor a tabuada, que podia multiplicar e dividir frações, que conhecia a área e a população de todos os países da Europa. A Rainha da Neve sorriu ao escutá-lo, deixando-o envergonhado do pouco que sabia. Só então notou que estavam voando acima das nuvens, rodeados pela escuridão da noite. A tempestade desencadeava ventos furiosos, que assoviavam suas velhas e eternas canções. Os dois sobrevoavam oceanos, florestas e lagos, contemplando as paisagens que se sucediam abaixo, varridas pelo vendaval. De vez em quando chegavam-lhe os sons dos uivos dos lobos e do crocitar dos corvos. A lua surgiu no céu, e dentro do seu disco enorme e pálido, Kai contemplou a longa noite de inverno. Quando a luz do dia enfim surgiu, ele dormia tranquilamente aos pés da Rainha da Neve. 3ª história. O jardim da mulher que praticava magia. Que fez Gerda ao ver que Kai não mais voltava para casa? Saiu perguntando a todo mundo aonde ele teria ido, mas ninguém sabia responder. Os meninos que tinham estado com ele na praça apenas puderam informar que o haviam visto em seu pequeno trenó, seguindo a reboque atrás de um outro maior, em direção aos confins da cidade. Ninguém sabia de seu paradeiro, e a pequena Gerda chorou amargamente. Depois de algum tempo, as pessoas começaram a dizer que ele devia ter morrido, e que provavelmente havia caído e afundado no rio escuro e profundo que corria junto aos muros da cidade. Aquele foi um inverno longo e melancólico. A primavera custou a chegar, trazendo consigo o calor do sol. — Kai foi-se embora para sempre! Morreu! — soluçou a menina. — Hum... acho que não — murmurou um raiozinho de sol. — Pois eu acho que sim. Que me dizem, andorinhas? — Nós também achamos que ele não morreu. Essas palavras reacenderam a esperança da pequena Gerda. "Vou calçar meus sapatos vermelhos", pensou ela, "que Kai ainda não conhece, e seguir até à margem do rio, para indagar de seu paradeiro." Bem de manhãzinha, antes que a avó despertasse, Gerda beijou-a, calçou seus sapatos novos, caminhou até o fim da cidade e chegou à margem do rio. Olhando para suas águas escuras e profundas, perguntou: — É verdade que vocês levaram meu amiguinho? Devolvam-no para mim, e lhes darei estes sapatos vermelhos, que estão novinhos. Pareceu-lhe que as águas ondularam de maneira diferente, como se concordando com sua proposta. Assim, tirou dos pés o par de sapatos vermelhos, de que tanto gostava, atirando-os no rio. Eles caíram não longe da margem, e as ondinhas trouxeram-nos de volta para ela. Era como se o rio não quisesse aceitar o presente, já que não tinha carregado Kai. A pequena Gerda não entendeu assim, achando que era necessário atirá-los mais longe, bem no meio da correnteza. Assim, entrou num bote que estava parado entre os caniços da margem, caminhou até a proa e atirou os sapatos novamente, dessa vez no meio do rio. O bote não estava amarrado, mas apenas com a popa afundada na areia da margem. Com o peso de Gerda, ele se desprendeu e começou a flutuar livremente. Quando ela o percebeu e quis sair, não havia mais jeito — o bote deslizava pelas águas, acompanhando a correnteza. Pobre Gerda, como ficou assustada! O bote descia cada vez mais rápido. Tudo o que podia fazer era sentar e chorar. Só os pardais escutaram, e eles não tinham como levá-la de volta para a margem. Preocupados com sua situação, foram acompanhando o bote e piando: — Tô aqui! Tô aqui! Esperavam com isso levar-lhe pelo menos algum conforto. O bote seguia rio abaixo, levando para longe a pequena Gerda, calçada apenas com meias. Os sapatos flutuavam logo atrás, sem conseguirem alcançá-la. Lindas paisagens estendiam-se ao longo das duas margens. Viam-se aqui e ali campinas semeadas de flores, pastos verdejantes, vacas e ovelhas. A única coisa que não se via era gente. "Talvez o rio me leve até onde está Kai", pensou Gerda, tranquilizando-se com essa ideia. Sentindo-se mais confortada, começou a apreciar as belas paisagens que se sucediam a sua volta. Num dado momento, avistou ao longe um pomar, no qual só havia cerejeiras. No meio dele havia uma estranha casinha com teto de palha, de janelas verdes e azuis. À frente da casa, dois soldados de madeira montavam guarda, apresentando armas a todas as embarcações que desciam o rio. Pensando que estivessem vivos, a pequena Gerda acenou e gritou, mas evidentemente não recebeu resposta. O rio, ali, fazia uma curva, e a correnteza acabou atirando o bote sobre a margem, onde ele parou.

Ela começou a gritar, pedindo socorro. Uma velha apareceu na porta da casa. Trazia na cabeça um chapéu de abas largas, lindamente pintado de flores. — Pobre criança! — exclamou, ao ver Gerda. — Que está fazendo nesse rio, sozinha, tão longe de casa? A velha caminhou até a margem e puxou o barco com seu cajado, até sentir que ele já estava firme na terra, sem perigo de escapar. Gerda saiu e atirou-se nos seus braços, embora sentisse algum medo daquela velha de aparência tão estranha. — Quem é você? — perguntou-lhe a velha. — E como se meteu nessa aventura? Gerda contou-lhe tudo, e a velha escutou calada, fazendo que sim com a cabeça. Gerda perguntou-lhe então se havia visto Kai, e ela disse que não, mas que provavelmente ele mais cedo ou mais tarde deveria passar por ali. Em seguida, consolou a menina, convidando-a a comer algumas cerejas e a conhecer as flores do seu jardim. Eram flores lindas, disse ela; mais bonitas que as dos livros de figuras, e cada uma sabia contar uma linda história. Depois, levando Gerda pela mão, entrou em casa com ela. As janelas eram muito altas e tinham vidraças coloridas, que deixavam passar a luz do sol, iluminando estranhamente a sala. Sobre a mesa havia uma tigela cheia de deliciosas cerejas, que ela comeu o quanto pôde. Enquanto Gerda matava a fome com as cerejas, a velha penteou-lhe os cabelos com um lindo pente de ouro, arranjando-os em cachos que pendiam graciosa-mente sobre suas faces coradas. — Há quanto tempo estou esperando que uma garotinha como você aparecesse por aqui — disse-lhe a velha. — Vamos ser boas amigas, vai ver. À medida que seus cabelos eram penteados, Gerda ia-se esquecendo cada vez mais o companheiro Kai. A velha entendia de magia e, embora não fosse uma feiticeira malvada, gostava de praticar um pouco, apenas para seu próprio entretenimento. Depois de conhecer Gerda, ficou desejando ardentemente que a menina resolvesse morar com ela. Para conseguir seu objetivo, foi até o jardim e, sem que Gerda visse o que ela fazia, apontou o cajado para as roseiras, que imediatamente perderam todas as suas flores. Seu receio era o de que a menina, vendo as rosas, acabaria por lembrar-se de Kai, desistindo de ficar ali e saindo de novo à procura do amiguinho. Agora que já havia realizado a magica, não havia nem sinal de rosas naquele jardim. Só então ela chamou Gerda para mostrar-lhe o jardim. Oh, como era lindo! Havia ali todas as flores que se pudessem imaginar, abertas e viçosas, como se estivessem na estação do ano favorável a cada uma delas. Nem mesmo as flores que aparecem nos livros ilustrados eram tão belas quanto as daquele jardim. Gerda pulou de contentamento, e ficou brincando entre elas até que o sol se pôs por detrás das cerejeiras. Depois desse dia agitado, ela foi deitar. Como era encantadora a cama que a velha lhe arrumou, forrada com um gostoso cobertor acolchoado de vermelho, recheado de pétalas secas de violetas. Ali ela dormiu confortavelmente, tendo sonhos mais agradáveis que os de uma rainha na noite de núpcias. No dia seguinte, lá foi ela de novo brincar entre as flores, sob os raios tépidos do sol. E assim, foram-se passando os dias. Por fim, Gerda já conhecia cada flor daquele jardim; entretanto, embora fossem tantas e tão diferentes, parecia-lhe que faltava uma. Qual seria? Certa vez em que conversava com a velha, reparou nas flores pintadas em seu chapelão de abas largas, notando que entre elas havia uma rosa. Ela fizera desaparecer todas as rosas do jardim mas se esquecera daquela. Vejam só que distração... — Veja! Uma rosa! — exclamou a menina. — É a flor que falta em seu jardim. Por quê? Ela voltou a examinar todas as flores, constatando que de fato não havia entre elas uma rosa sequer. Sentiu-se extremamente triste, e até chorou, derramando lágrimas sentidas sobre a terra, exatamente num lugar onde antes havia uma roseira. Isso fez com que logo surgisse do chão, crescendo e desabro-chando-se em flores maravilhosas, a roseira que a mulher fizera desaparecer. Gerda beijou aquelas flores lindas, lembrando-se imediatamente das rosas que havia em sua casa e de suas brincadeiras com o pequeno Kai. — Deus do céu, há quanto tempo estou aqui! — lamentou-se. — Tenho de encontrar Kai. Ó rosas lindas, sabem onde ele está? Será que morreu?

— Se ele estivesse morto, nós saberíamos — responderam as rosas. — Estivemos por longo tempo sob a terra, para onde vão os mortos, e ele não estava ali. — Obrigada, minhas

queridas. Em seguida, saiu perguntando as outras flores se sabiam onde estaria o seu amigo. Felizes por estarem aquecendo-se ao sol, as flores contaram-lhe muitas histórias, mas

nenhuma sabia coisa alguma a respeito de Kai. Vejam, por exemplo, a história que a flor-tigre lhe contou: — Ouça o som do grande tambor: buum-bum! Buum-bum! São apenas duas

batidas, uma longa e uma curta: buum-bum! Escute o canto fúnebre das mulheres, ouça o cantochão dos brâmanes. A viúva do hindu está parada diante da pira funerária, vestida com

uma longa túnica vermelha. Em breve, as chamas haverão de devorar o corpo do marido e o seu próprio. Ela pensa em alguém que está ali perto, entre aqueles que lamentam a morte

de seu marido. Seus olhos ardem mais fortemente que as chamas que já lambem seus pés, e os olhos desse alguém fazem o seu coração incendiar-se, mais do que o fariam as chamas

que estão prestes a reduzir seu corpo a cinzas. Pode o fogo da pira funerária extinguir a chama que arde no coração? — Que história esquisita! Não entendi nada! — estranhou Gerda.

— Que posso fazer? É a história que eu sei — desculpou-se a flor-tigre. Gerda voltou-se então para a madressilva e repetiu-lhe a pergunta. Eis o que a flor respondeu: — Lá no alto, onde

termina a trilha da montanha, o velho castelo debruça-se sobre a encosta alcantilada. Suas antigas muralhas são cobertas pela hera verde, e os ramos de videira estendem-se sobre a

sacada, onde se encontra uma bela jovem. Nem os botões de rosa têm mais frescor, nem a flor da macieira, carregada pelo vento, consegue ser mais leve ou dançar mais delicadamen-

te que ela. Escute o farfalhar de seu vestido de seda. Será que ele vem? — Ele, quem? — atalhou Gerda. — Está falando de Kai? — Estou apenas contando minha história, meu sonho

— respondeu a madressilva. Depois foi a vez da margarida: — Entre duas árvores, oscila uma gangorra. Duas meninas delicadas, usando vestidos brancos como a neve, e de cujos

chapéus pendem fitas verdes, balançam-se preguiçosamente, para a frente e para trás. Seu irmão mais velho está de pé na gangorra, segurando-se às cordas para não cair. Numa das

mãos ele traz uma tigela, e na outra um canudo. Está brincando de soprar bolhas de sabão. Enquanto a gangorra vai e vem, as bolhas se espalham pelo ar, mudando de cor o tempo

todo. Sai por fim a última bolha, e o vento a carrega consigo. Um cãozinho preto ergue-se sobre as patas traseiras, tentando pegar a bolha; não consegue; late para ela, que logo se

desfaz. Eis o meu conto: um balanço e um mundo de espuma borbulhante. — Seu conto pode ser bonito — comentou Gerda, — mas tem um quê tristonho; além disso, não há nele a

menor menção a Kai... Acho que vou conversar com o jacinto. — Era uma vez três lindas irmãs — começou o jacinto, — tão suaves e delicadas, que eram quase transparentes. A primei-

ra vestia-se de vermelho; a segunda, de azul; a terceira, de branco. Dando-se as mãos, as três dançavam à beira do lago. Não eram fadas, eram três crianças de verdade. Uma doce

fragrância chegou-lhes da floresta, e elas se dirigiram para lá. O perfume tornou-se mais doce e mais intenso. Eis que surgem três esquifes, tendo dentro as três belas irmãs. Deslizaram

para o lago e flutuaram, rodeados por vagalumes, que piscavam como pequenas lanternas aladas. Que aconteceu com as jovens bailarinas? Estão mortas, ou apenas adormecidas? O

perfume das flores diz que elas morreram, e os sinos tangem o dobre de finados. — Ah, como você me fez ficar triste! — disse a pequena Gerda. — E o perfume de suas flores é tão forte, que não me deixa esquecer as pobres menininhas mortas. Será que Kai também está morto? As rosas estiveram no fundo da terra e me disseram que ele não morreu. As flores em

forma de sino dos jacintos bimbalharam: — Blim, blão! Não estamos tocando para Kai. Não o conhecemos. Estamos apenas cantando a única cantiga que sabemos. Gerda aproximou-

se de um botão-de-ouro, que se destacava, amarelo, entre folhas verdes. — Diga-me, pequenino sol: sabe onde está meu companheiro? O botão-de-ouro voltou para ela sua face ra-

diante, mas também tinha sua própria canção, e ela não falava de Kai. Num pátio pequeno e estreito — começou o botão-de-ouro — brilhava o sol do Senhor: era o primeiro dia da

primavera. Os raios de sol faziam rebrilhar o muro caiado da casa vizinha, junto ao qual se via uma pequenina flor amarela, a primeira que desabrochou. Seu colorido acentuava-se à luz

do sol, tornando-se dourado. A velha avó trouxe sua cadeira para fora, a fim de se esquentar. Chegou ali para visitá-la uma jovem criada — era sua neta. Ao ver a avó no pátio, beijou-a.

Havia ouro no seu beijo, o ouro do coração. Ouro na boca, ouro no chão, ouro nos tépidos e alegres raios de sol. Esta é a minha pequena história. — Oh, minha pobre vovozinha! —

suspirou a pequena Gerda. — Deve estar sentindo saudades de mim, na maior aflição, como ficou quando Kai desapareceu. Mas hei de voltar para casa em breve, levando-o comigo

para lá. É perda de tempo indagar das flores seu paradeiro, pois cada qual só sabe ficar contando sua própria história. Para poder correr mais depressa, prendeu a barra de sua saia

comprida na cintura e pôs-se a caminho. Quando passou pelos narcisos, um deles roçou-lhe a perna delicadamente, e ela parou para fazer mais uma tentativa de encontrar o compa-

nheiro. — Sabe de alguma coisa, narciso? — perguntou, inclinando-se para a flor. — Só vejo a mim mesmo! Só vejo a mim mesmo! — disse o narciso. — No sótão daquela casinha vive

a bailarina. Parada na ponta de um dos pés, ela estende a outra perna, desferindo um pontapé no mundo, que não passa de uma miragem. Inclinando a chaleira, derrama um pouco de

água numa pequena peça de roupa: é o seu corpete, que ela está lavando. A limpeza é vizinha da pureza. Pende da parede seu saiote branco, que também foi lavado com água da

chaleira e depois estendido no telhado para secar. Agora ela o veste, e amarra no pescoço um lenço amarelo, cor de açafrão. O contraste do lenço faz o saiote parecer ainda mais

branco. Ergue a perna bem alto e dobra o corpo bem devagar. Só vejo a mim mesmo! Só vejo a mim mesmo! — Pois eu não quero vê-lo, e nem me interessa escutá-lo — zangou-se

Gerda. — Que história mais boba! Prosseguiu seu caminho, correndo até a outra extremidade do jardim. O portão estava fechado. Ela sacudiu a tranca enferrujada, até que ele se abriu.

Gerda saiu dali e se pôs a caminhar descalça pelo vasto mundo afora. Três vezes olhou para trás, mas ninguém parecia ter notado sua fuga. Por fim, cansada de tanto caminhar, sentou-

se sobre uma pedra. Olhando ao seu redor, viu que o verão já havia acabado, e que o outono já caminhava para o fim. No jardim da velha, não se notava a mudança das estações, pois

ali reinava o eterno verão e vicejavam as flores de todas as épocas do ano. — Misericórdia! Quanto tempo perdi! — lamentou-se. — Já estamos no outono! Não posso me dar ao luxo de

descansar. Dizendo isso, levantou-se e seguiu em frente. Seus pés doíam e ela se sentia fatigada. As folhas do salgueiro haviam amarelecido, e muitas já tinham caído no chão. Gotas

frias de orvalho desprendiam-se delas uma a uma, sem pressa. Só se viam frutos nos abrunheiros, mas estavam muito amargos. Oh, como o mundo parecia triste e sombrio... 4ª história.

Na qual aparecem um príncipe e uma princesa. Muitas e muitas vezes teve Gerda de parar para descansar. O chão agora estava recoberto de neve. Um corvo pousou ali perto e ficou olhando para ela durante longo tempo. De vez em quando, torcia a cabeça e dizia: — Cro... Cro... Isso, na linguagem dos corvos, queria dizer: "Bom dia!" Era um corvo gentil. Quando

a menina por fim lhe deu atenção, ele perguntou por que ela estava ali sozinha, naquele lugar frio e desolado. Gerda não entendeu direito o que ele estava tentando perguntar, apenas

compreendeu a palavra "sozinha", pois esta ela conhecia muito bem. Assim, contou ao corvo sua história e indagou dele se havia visto Kai. Com ar pensativo, a ave meneou a cabeça e

respondeu: — Talvez... Talvez... — Oh, ele está vivo! — exclamou a pequena Gerda, quase esmagando o corvo, de tanto abraçá-lo e beijá-lo. — Devagar! Devagar! — reclamou o corvo.

— Pode ser que eu o tenha visto; entretanto, se era ele mesmo, então receio que não mais se lembre de você, pois ele agora só pensa na princesa. — Ele vive com uma princesa? —

estranhou a menina. — Sim, senhora — respondeu o corvo. — Eu prefiro falar em língua de corvo. Será que você entende? — Não, não cheguei a aprender. Minha avó sabe. Pena que

ela não me ensinou. — Já que é assim, vamos em frente — suspirou o corvo. — Vou contar-lhe tudo o que sei, da melhor maneira que puder, coisa que os humanos não gostam muito de

fazer. E o corvo contou sua história, que era assim: Neste reino em que estamos vive uma princesa inteligentíssima. Ela lê todos os jornais editados no mundo, e esquece depressa tudo

o que leu, o que prova o quanto ela é inteligente. Não faz muito tempo, estava ela sentada em seu trono — assento no qual ninguém descansa, conforme afirma o povo — e começou a

cantarolar uma cantiga que tinha o seguinte refrão: "Por que, então, não casar?" "É verdade", pensou a princesa, "por que não? Mas eu só gostaria de casar com um homem que sou-

besse o que diz, um sujeito de personalidade forte". Ela não queria alguém que só se preocupasse com a aparência, pois esse tipo de pessoa é muito maçante. Com essa ideia na ca-

beça, chamou suas damas de companhia e perguntou-lhes o que pensavam daquilo. Todas aprovaram seu intento sem restrições. Uma delas comentou: — É uma ideia maravilhosa! Eu

mesma pensei nisso outro dia... Pode estar certa, menina, de que tudo isso é verdade. Quem me contou foi minha noiva, que é domesticada e vive lá no castelo. (A noiva dele, como

vocês devem ter imaginado, era um corvo-fêmea, pois as aves não gostam de namorar quem não seja de sua própria espécie). No dia seguinte, saiu nos jornais uma proclamação real,

tomando toda a primeira página. Emoldurada por corações entrelaçados, e tendo em letras maiúsculas o nome da princesa, trazia o seguinte aviso: "Todo rapaz bem-apessoado, inde-

pendente de berço, que queira casar-se com a princesa, pode dirigir-se ao palácio e marcar entrevista com ela. O que se mostrar mais desembaraçado e falar melhor, será o escolhido".

Você precisava ver a quantidade de gente que daí a pouco fazia fila diante dos portões do castelo! Nunca se viu tanto rapaz junto! Chegavam de todo lado, correndo esbaforidos. Um

a um, foram entrando e se apresentando. Passou o primeiro dia, passou o segundo, e nada de aparecer um que agradasse à princesa. Todos eles, enquanto estavam na rua, conversa-

vam muito bem; tão logo transpunham os portões do castelo e deparavam com a guarda real em seu uniforme prateado, ficavam como quem perdeu a língua. À medida que subiam as

escadarias de mármore e cruzavam com lacaios vestidos com librés douradas, mais desapontados se sentiam. Quando por fim entravam no grande salão, passavam por baixo daque-

les lustres caríssimos e se detinham diante do trono onde estava a princesa, aí é que perdiam de vez o resto de sua autoconfiança, ficando feito bobos, sem saberem o que dizer,

quando muito repetindo as últimas palavras que ela lhes dirigia. Era como se tivessem engolido uma barrica de rapé e ficado estuporados. A princesa despachava-os, aborrecida; tão logo chegavam de novo às ruas, recuperavam a fala e não paravam mais de conversar. A fila dos pretendentes era tão comprida, que ia dos portões do castelo até além da porta da cidade. Sei disso, porque eu mesmo voei até lá e pude verificar. Quase todos os rapazes passavam fome e sede, mas a princesa não lhes mandava oferecer sequer um copo de água morna. Os mais espertos tinham trazido sanduíches, e faziam questão de não oferecê-los aos vizinhos, para que a fome os fizesse saírem-se mal na entrevista. — E Kai? Que me diz dele? — interrompeu Gerda. — Também estava esperando lá na fila? — Tenha paciência. Daqui a pouco ele entra na história. No terceiro dia, apareceu na cidade um baixinho. Chegou ali sem carruagem ou cavalo, e sim a pé, encaminhando-se diretamente ao castelo. Trajava-se modestamente, mas tinha os olhos vivos e brilhantes como os seus, além de uma linda e basta cabeleira. — É o Kai! — gritou Gerda, batendo palmas de contentamento. — Trazia às costas uma pequena mochila — prosseguiu o corvo. — Não era mochila — protestou Gerda, — era o seu trenó. — Trenó ou mochila, tanto faz; não parei para examinar. O resto, quem me contou foi minha noiva: quando ele entrou no castelo e deparou com os guardas e lacaios, não se amedrontou nem um pouco. Saudou-os com uma inclinação de cabeça e comentou: "Deve ser bem aborrecido passar a vida parado nesta escadaria. Lá dentro deve ser melhor. E é para lá que eu vou". O salão principal, cheio de candelabros e lustres acesos, de criados carregando bandejas de ouro, de nobres trajando roupas luxuosas, era suntuoso o bastante para intimidar até os mais corajosos; além disso, as botinas do rapazinho rangiam a cada passo que ele dava — pois acha que ele ficou acanhado? Nem um pouco! — Só pode ser o Kai — comentou Gerda. — Suas botinas eram novas, e eu mesma escutei o rangido delas. — E as dele rangiam para valer! — assentiu o corvo. — Mas ele caminhou direto para onde a princesa o aguardava, sentada numa pérola do tamanho de uma roda de roca de fiar. Atrás dela estavam as damas de companhia com suas criadas e as criadas das criadas, e todos os fidalgos da corte, com seus valetes e os criados dos valetes, cada qual, por sua vez, tendo atrás de si um menino, que era o aprendiz de criado de valete. O mais modesto desses meninos, que era o aprendiz do criado do porteiro, sempre usava chinelos felpudos e tinha um ar tão arrogante que nenhuma pessoa que ali entrava se atrevia a encará-lo de frente. — Deve ter sido terrível! — disse Gerda, meneando a cabeça. — Seja como for. Kai desposou a princesa? — Se eu não fosse um corvo, quem ia casar-se com ela era eu, e olhe que eu sou noivo! Pois bem: minha noiva me disse que ele falava tão desembaraçadamente quanto eu, quando estou falando em língua de corvo. Ele disse à princesa que não tinha vindo ali propor-lhe casamento, mas apenas para tirar a limpo se ela era de fato inteligente como se dizia. Conversaram, e ele ficou satisfeito ao ver que ela merecia a fama que tinha, enquanto que também a princesa gostou muito dele. — Não tenho mais dúvidas: era o Kai mesmo! Ele é danado de inteligente! Sabe até multiplicar e dividir frações. Será que você pode me levar até ao castelo? — Prometer é fácil, fazer é que são elas... — disse o corvo, olhando pensativo para Gerda. — Vou consultar minha noiva; talvez ela encontre um modo de entrarmos lá. Mas não será nada fácil conseguir permissão de entrada para uma garotinha como você... — Mas eu hei de entrar lá — retrucou Gerda. — Basta que Kai saiba que estou aqui, para que ele próprio venha buscar-me. — Espere aqui junto desta pedra — ordenou o corvo. Em seguida, torceu a cabeça e saiu voando. Quando voltou, já era de noite. — Cró! Cró! — fez ele, pousando na pedra. — Minha noiva envia lembranças, e também este pedaço de pão, que ela pegou na cozinha. Ali o que não falta é pão, e você deve estar com fome. Quanto a entrar no castelo, é impossível. Você está descalça, e os guardas não permitem que se entre ali sem que se esteja calçado. Mas não chore, que vamos dar um jeito. Minha noiva sabe onde se

guarda a chave da porta dos fundos. Dali, subindo-se por uma escada, chega-se diretamente ao quarto de dormir da princesa. Entraram os dois no jardim real e ficaram esperando que

as luzes do castelo fossem apagadas. Quando a última se apagou, o corvo guiou-a até uma portinha nos fundos, que estava entreaberta. O coraçãozinho de Gerda batia forte, de

medo e ansiedade. Sentia como se estivesse prestes a cometer uma ação errada, embora tudo o que quisesse fosse apenas verificar se era mesmo Kai quem estava ali com a princesa.

E ela quase não tinha dúvidas quanto a isso. Na imaginação, até enxergava seus olhos vivos e inteligentes, sua cabeleira basta, o sorriso que lhe aflorava aos lábios quando eles se

sentavam debaixo das roseiras, lá onde moravam. Ele ficaria feliz quando a visse, e ela lhe contaria a longa jornada que empreendera por sua causa. Falaria também da aflição que

todos sentiram quando ele desapareceu. Um misto de alegria e preocupação tomava conta da pequena Gerda. Chegaram à escada. Dentro de um nicho ardia uma pequena lâmpada.

No último lance da escada, a noiva do corvo, balançando a cabeça, fitou-a com curiosidade. Gerda cumprimentou-a inclinando o corpo, do modo como sua avó lhe havia ensinado a

fazer. — Meu noivo contou-me coisas lindas a seu respeito. Achei sua história muito comovente. Pegue aquela lâmpada e siga-me. Vou mostrar-lhe o caminho. — Acho que alguém se

aproxima — sussurrou Gerda, escutando alguma coisa que zunia ali perto. Sombras estranhas deslizavam sobre as paredes. Eram cavalos com crinas esvoaçantes, cães, falcões,

cervos e caçadores. — Não ligue, são apenas sonhos — tranquilizou-a a ave.— Vieram para alegrar o sono dos nobres. Para nós, é uma sorte, pois assim poderemos contemplá-los

enquanto estão dormindo. Lembre-se: se você alcançar honrarias e posições, não deixe de demonstrar sua gratidão para com aqueles que a ajodaram nesta oportunidade. — Não

precisa dizer isso — repreendeu o outro corvo. Entraram no primeiro salão. As paredes eram revestidas de cetim cor de rosa e decoradas com flores artificiais. As sombras dos sonhos

reapareceram, mas deslizaram tão rapidamente pelas paredes, que Gerda não conseguiu divisar se um daqueles cavaleiros seria Kai. Atravessaram outros salões, cada qual mais

magnífico que o anterior. Por fim, chegaram ao quarto de dormir. O teto parecia a copa de uma palmeira, com folhas de vidro. Do meio, pendiam oito cordas douradas, que sustentavam

dois lindos leitos, nos quais dormia o casal real. Os leitos tinham o formato de lírios. No branco, dormia a princesa; no vermelho, o rapaz que conquistara seu coração. Gerda chegou

perto deste último, espiou e enxergou uma basta cabeleira castanha, saindo de debaixo das cobertas. — É Kai! — gritou, não conseguindo conter seu entusiasmo. Os sonhos saíram

do quarto rápidos como o vento, e o rapazinho acordou. Não era Kai! Seus cabelos, de fato, lembravam os de Kai, mas sua fisionomia era bem diferente, embora ele também fosse bo-

nito e simpático. De seu leito branco em forma de lírio, a princesa ergueu a cabeça e perguntou que confusão era aquela. A pobre Gerda começou a chorar, contando entre soluços toda

a sua história, sem se esquecer de mencionar a ajuda que o casal de corvos lhe havia prestado. — Coitadinha! — disseram o príncipe e a princesa. Em seguida, voltando-se para os

corvos, não os repreenderam, mas antes elogiaram sua atitude, embora ordenando que nunca mais repetissem aquilo. Pelo que acabavam de fazer, mereciam ser recompensados. —

Que prêmio preferem: a liberdade de voar para onde bem entenderem, ou o título de Casal de Corvos Reais, com o direito de comerem todas as sobras da cozinha? — perguntou a princesa. Os dois corvos curvaram-se reverentemente e optaram pela segunda proposta. Afinal de contas, era preciso pensar no futuro. — Antes seguros onde se come, que livres passando fome — justificaram. O príncipe levantou-se e cedeu seu leito para Gerda. No momento, era o que ele podia fazer. Ela juntou as mãozinhas e pensou: "Como são bondosos os animais e os seres humanos!" Em seguida, fechou os olhos e dormiu. Os sonhos retornaram, agora sob a forma de anjinhos. Um deles vinha puxando um trenó, dentro do qual estava Kai, que lhe fez um aceno. Pena que era apenas um sonho, e que se tenha ido embora no instante em que ela despertou. Pela manhã, Gerda foi vestida de veludo e seda da cabeça aos pés. O príncipe e a princesa convidaram-na a morar ali com eles, mas ela agradeceu, pedindo apenas que lhe cedessem uma carroça, um cavalo e um par de botas, pois queria continuar sua viagem pelo vasto mundo, à procura de Kai. Deram-lhe não só um par de botas novas, como também um par de luvas e grossos agasalhos. Quando ela já se preparava para sair, uma linda carruagem dourada parou à frente do castelo, tendo na porta o brasão da princesa. Ao lado da carruagem, que era toda de ouro finíssimo, aguardavam o cocheiro, um criado e dois soldados. O casalzinho real ajudou-a a subir, desejando-lhe boa sorte. Seu amigo corvo acompanhou-a durante as primeiras duas milhas, sentando-se ao seu lado, pois não suportava viajar sentado de costas. Sua noiva não pôde acompanhá-los, pois vivia com dor de cabeça, desde que fora promovida à sua nova posição. Além disso, estava empanzinada, de tanto que havia comido. Da porta do castelo, acenou-lhes com as asas. O chão da carruagem estava forrado de doces, e uma cesta cheia de frutas fora posta no banco defronte ao de Gerda. — Adeus! Adeus! — gritaram ao longe o príncipe e a princesa. Gerda chorou, pois tinha gostado muito dos dois. Daí a pouco, também o corvo se despediu, e sua tristeza ainda mais aumentou. Ele voou, pousou no alto de uma árvore e ficou acenando com suas asas negras, até que não mais enxergou a carruagem, que faiscava como se fosse feita de raios de sol. 5ª história. Que trata de uma pequena ladra. Através de uma densa e escura floresta seguia a carruagem, brilhando como se estivesse em chamas, o que logo atraiu os olhares de um bando de salteadores. — Ouro! Ouro! — gritaram eles, saindo de seu esconderijo. Num instante detiveram os cavalos e mataram o cocheiro, o criado e os soldados. Quanto a Gerda, ordenaram que saísse da carruagem. — Vejam só que menina bonita! — disse uma velha do bando, olhando-a de cima abaixo. — E como está gordinha! Deve estar sendo alimentada com nozes. A velha ladra era horrorosa: tinha pelos no queixo, e sua sobrancelha era tão espessa que quase lhe tapava os olhos. Arrancando do cinto uma faca longa e afiada, caminhou em direção à menina, ameaçando: — Você parece ser tão apetitosa quanto um cordeirinho! De repente, fazendo uma cara de dor, a megera parou, soltando a faca e levando a mão à orelha. — Aaaí! — gritou. — Por que me mordeu? A pergunta era feita à filhinha que ela carregava nas costas, e que acabava de lhe cravar os dentes na orelha direita, com toda a força. Era uma menininha bruta e mal-educada que só vendo! Notando que a velha se abaixava para pegar a faca de novo, deu-lhe uma mordida na outra orelha, seguida de um outro "aaaí", ainda mais alto que o primeiro. — Quero essa menina para mim! — gritou a filha da salteadora. — Quero brincar com ela! Vou ficar com as roupas dela, com as luvas e com tudo o mais. Ela vai dormir comigo na minha caminha. E tornou a morder a mãe com toda força, fazendo-a pular de dor. Os outros salteadores riram a valer, comentando entre si:

— A diabinha está ensinando a mãe a dançar! — Quero viajar na carruagem! — gritou a pequena ladra. Antes que ela lhe aplicasse outra mordida, a velha colocou-a junto com Gerda no assento da carruagem, e um dos ladrões tomou o lugar do cocheiro, levando-as através de uma trilha que se embrenhava na floresta. A pequena ladra era da mesma idade e do

mesmo tamanho de Gerda, porém muito mais forte e de pele tostada pelo sol. Seus olhos, muito escuros, pareciam tristes. Passando o braço sobre os ombros de Gerda, ela disse: — Não

deixarei que eles a matem, a não ser que você me aborreça. Você é uma princesa, não é? — Não — respondeu Gerda, contando-lhe toda a sua história e revelando o amor que sentia

por Kai. A pequena ladra encarou-a com fisionomia séria, meneou a cabeça e disse: — Agora não vou deixar que a matem, mesmo que você me aborreça. Se isso acontecer, sou eu

quem irá matá-la. Com as luvas que agora estava usando, secou os olhos de Gerda. Por fim a carruagem parou. Tinham chegado ao esconderijo dos salteadores, um velho castelo

abandonado, de muros rachados e janelas quebradas. Gralhas e corvos entravam e saíam dos buracos existentes nas muralhas. Cães de aspecto selvagem erravam pelo pátio. Eram

tão ferozes, que provavelmente até apreciariam se tivessem a oportunidade de devorar um ser humano. Ao verem os donos que regressavam, abanaram as caudas e deram pulos no ar,

mas nenhum latiu, pois isso era absolutamente proibido ali naquele esconderijo. No meio do grande salão ardia uma fogueira. Os caibros do teto estavam enegrecidos pela fumaça, que

subia sem parar, não se sabendo como que ela saía dali — provavelmente pelas frinchas e gretas das paredes. Sobre o fogo estava um grande caldeirão cheio de sopa, além de vários

espetos, nos quais se assavam lebres e coelhos. — Daqui a pouco você vai dormir comigo e com meus animais de estimação — disse a pequena ladra, levando Gerda até um dos

cantos do salão, onde havia montes de palha e algumas cobertas. Em cima, empoleiradas, estavam cerca de cem pombas, dormindo tranquilamente. Uma ou duas abriram os olhos e

voltaram as cabeças, ao verem chegar as duas meninas. — São todas minhas — disse a pequena ladra, segurando uma das pombas pelas pernas. A ave debateu-se, aflita, mas ela a

subjugou e, encostando seu bico na face de Gerda, ordenou: — Dê um beijinho nela! Depois, apontando para um buraco na parede, cercado por tábuas, explicou: — Naquela gaiola

estão duas pombas silvestres. Elas bem que gostariam de voltar para a mata, mas não podem. Depois, segurando pelos chifres uma rena que estava amarrada ali perto, deu-lhe um

forte puxão, dizendo ao assustado animal: — Vem cá, meu namorado! Deixa de timidez! Esse aí também tem de ficar preso — dirigiu-se a Gerda, — senão dá o fora. Toda noite eu faço

cócegas no pescoço dele, com minha faca afiada. Ele morre de medo! Dizendo isso, tirou de uma fenda na parede uma faca, encostando sua ponta no pescoço da pobre rena, que

recuou apavorada. A menina riu, satisfeita, soltando-a em seguida e puxando Gerda para a cama. — Você dorme com essa faca por perto? — perguntou Gerda, assustada. — Claro!

Nunca se sabe o que pode acontecer. Conte-me de novo a história do pequeno Kai e de como você saiu pelo mundo atrás dele. Gerda repetiu toda a história, enquanto as pombas sil-

vestres arrulhavam e as outras dormiam nos poleiros. A pequena ladra passou um dos braços em torno de Gerda e, sem largar a faca que empunhava com a outra mão, logo adormeceu.

Pobre Gerda, não conseguiu pregar o olho. A seu lado, a pequena ladra roncava como um adulto; dentro de seu coração, o receio de ser assassinada deixava-a angustiada e ofegante;

perto dali, junto à fogueira, os salteadores bebiam, cantavam e davam gargalhadas estrondosas. Algum tempo depois, a mãe da pequena ladra ficou tão embriagada, que começou a

dar cambalhotas pelo chão. Para uma menininha suave e delicada como era ela, que cena terrível de se assistir! A certa altura, um dos pombos silvestres arrulhou: — Rrru! Rrru! Nós vimos o pequeno Kai. Uma galinha branca estava carregando seu trenó, enquanto ele seguia junto com a Rainha da Neve para o interior da floresta. Tínhamos acabado de romper as

cascas de nossos ovos, quando ela passou voando e soprou em cima de nós. Os filhotes que estavam dentro dos ovos morreram instantaneamente. Só nós dois conseguimos sobrevi-

ver. Rrru! Rrru! — Quê? — assustou-se Gerda. — Têm certeza? Sabem para onde estava indo a Rainha da Neve? — Provavelmente seguia em direção da Lapônia, onde sempre há neve

e gelo. Quem talvez saiba responder é essa rena que está amarrada aí perto. — Ah, a Lapônia... — suspirou a rena. — Que lugar abençoado... Tem neve e gelo por todo lado... A gente

ali pode pular e correr à vontade! Não há cercas, nem muros... A Rainha da Neve tem uma casa de verão lá, mas seu castelo fica bem mais ao Norte, nas proximidades do Polo, numa

ilha chamada Spitzberg. — Pobre Kai! — murmurou Gerda. — Fique quieta! — resmungou a pequena ladra. — Quer que lhe enfie a faca na barriga? Pela manhã, Gerda contou-lhe o

que os pombos silvestres lhe haviam dito. A pequena ladra escutou atentamente, meneou a cabeça e disse: — Então é ele mesmo. Depois, voltando-se para a rena, perguntou-lhe se

sabia onde era a Lapônia. — Quem poderia saber melhor do que eu? — suspirou o pobre animal. — Foi lá que nasci e me criei, correndo através das extensas planícies de neve... Os

olhos da rena brilharam com a lembrança daqueles tempos felizes. — Ouça — segredou a pequena ladra para Gerda, — todos os homens saíram. Só Mamãe está aqui, e ela não pre-

tende sair. Mas daqui a pouco ela vai tomar um gole da bebida que está naquele garrafão, e depois vai tirar um cochilo. Nessa hora, conte comigo. Ela pulou da cama, correu para a

mãe, abraçou-a, puxou-lhe os pelos do queixo e brincou: — Olha a barbicha do bode! Do meu bode bonitinho! Bom dia, bodinho! A mãe fez-lhe um carinho, beliscando-lhe o nariz até

deixá-lo vermelho e azulado, mas tudo com o maior amor. Pouco depois, foi até ao garrafão, tomou uma boa talagada e se deitou para a soneca da manhã. Então, a filha voltou-se para

a rena e disse: — Eu gostaria de pinicar seu pescoço com a ponta de minha faca ainda por muitos dias, pois você fica tão engraçado quando eu faço isso... Mas vou deixar para lá. Vou

soltá-lo para que você possa regressar à Lapônia, com a condição de que leve esta garota ao palácio da Rainha da Neve, onde está o companheiro dela. Sei que ouviu tudo o que ela

me contou, sua abelhuda! A rena deu pinotes de alegria. A pequena ladra ajudou Gerda a montar, amarrando-a as costas do animal para não cair, e até lhe deu uma almofada para ficar

mais confortável. — Tome de volta suas botas; não me fazem falta, mas farão para você, porque a Lapônia é muito fria. Quanto às luvas, ficam comigo, pois são lindas e macias. Para

que não sinta frio nos braços, leve essas meias-luvas de minha mãe; cobrem seus braços até o cotovelo. Vamos, calce-as; quero ver como ficam em você. Isso! Agora suas mãos pare-

cem tão feias quanto as de minha mãe. Gerda chorou de alívio e alegria. — Lá vem você com suas lágrimas! Não gosto disso — repreendeu a pequena ladra. — Mostre-se alegre, vamos.

E tome aqui dois pães e um presunto, para o caso de sentir fome no caminho. Depois de prender essa pequena bagagem nas costas da rena, abriu a porta, prendeu os cachorros,

cortou a corda que prendia o animal e deu-lhe um tapa nas ancas, recomendando: — Vai embora, bicho feio! Cuida bem da garota, hein? Vê lá... Gerda ergueu o braço coberto com a

meia-luva e acenou adeus. A rena partiu em disparada, através da floresta. Ao longe ecoavam os uivos dos lobos e o crocitar dos corvos. Subitamente, o céu encheu-se de reflexos

coloridos. — Olhe! — disse a rena. — São as luzes da aurora boreal! Veja como brilham! E lá se foram, correndo para o Norte, quase sem parar, durante dias e noites. Quando começam o último naco de pão e o último pedaço de presunto, tinham chegado à Lapônia. 6ª história. A mulher lapônia e a mulher finesa. Pararam diante de uma pequena e pobre choupana, cujo

telhado descia até o chão. Nela havia uma porta tão baixa, que era preciso engatinhar para entrar ou sair. A única pessoa que estava ali era uma velha lapônia, fritando peixes sobre a

chama de um pequeno fogareiro de azeite. A rena contou-lhe a história de Gerda; antes, porém, fez questão de contar a sua própria, que achava bem mais interessante. A pobre Gerda

sentia tanto frio que nem conseguia falar. — Ah, pobres criaturas — disse a lapônia. — vocês ainda têm de caminhar muito... Ainda faltam mais de cem milhas até o lugar onde a Rainha

da Neve armou sua barraca. Sua diversão é queimar fogos de artifício todas as noites. Vou escrever uma carta de apresentação dirigida a uma mulher finesa que mora lá perto. Ela sabe

mais do que eu acerca dessas coisas, e certamente haverá de ajudá-las. Como não tenho papel, vou escrever nesta posta de bacalhau seco. Depois de se assegurar que Gerda já

estava reanimada e alimentada, a mulher escreveu umas palavras numa lasca de bacalhau seco e recomendou-lhe que não perdesse aquela carta de apresentação. Gerda amarrou o

pedaço de peixe nas costas da rena, que de novo partiu a galope. Pxxx... pxxx... ouvia-se no céu, enquanto as luzes da aurora boreal refulgiam e tremeluziam; eram os fogos de artifício

da Rainha da Neve. Deslumbradas com esse espetáculo, elas prosseguiram até que finalmente chegaram à casa da mulher finesa para a qual levavam a carta de apresentação. A

porta era tão pequena, que não conseguiram encontrá-la; assim, tiveram de bater no cano da chaminé para serem atendidas. Deus do céu, que calor fazia lá dentro! A finesa andava

pela casa quase despida. Foi logo tirando as botas e as meias-luvas de Gerda, para que ela não assasse de tanto calor. A rena suava tanto, que até pôs um pedaço de gelo na cabeça.

Só então a finesa leu a carta que lhe entregaram, escrita numa lasca de bacalhau. Leu-a três vezes, até guardá-la de cor, e depois jogou a carta na panela, que estava no fogo. Já que

a carta era comestível, não havia por que desperdiçá-la. A rena falou primeiro e, como sempre, contou antes sua história, deixando para o final a narrativa das aventuras de Gerda. A

mulher finesa piscou seus olhos inteligentes, mas nada disse. — Vejo que a senhora possui talento e arte — disse a rena, ao terminar seu relato. — Sei que é capaz de amarrar todos os

ventos do mundo com quatro laçadas num único fio. Se o marinheiro desatar o primeiro nó, terá uma brisa suave; se desatar o segundo, terá ventos fortes; mas se desatar o terceiro e o

quarto nós, desencadeará um tal furacão, que as árvores da floresta serão arrancadas de suas raízes. Por que não prepara para essa menina uma poção mágica que lhe proporcione

a força de doze homens, a fim de que ela possa derrotar a Rainha da Neve? — Ora, ora; a força de doze homens... — riu-se a mulher. — É, penso que deve ser suficiente. Dizendo isso,

foi até a prateleira e tirou de lá uma pele enrolada, estendendo-a sobre a mesa. Nela estavam escritas umas palavras estranhas. A mulher finesa leu-as atentamente e estudou-as com

cuidado, até que sua testa ficou porejada de suor. A rena insistiu com ela para que ajudasse Gerda, que nada disse, limitando-se a fitar a mulher com os olhos cheios de súplica e de

lágrimas. A finesa pestanejou, depois levou a rena para um canto da casa, onde se pôs a segredar-lhe alguma coisa, enquanto lhe dava outro pedaço de gelo para pôr na cabeça. — O

pequeno Kai está de fato no palácio da Rainha da Neve — sussurrou no ouvido da rena, — muito satisfeito por se achar ali. Ele acha que aquele é o melhor lugar que existe no mundo.

Sabe por quê? Porque tem um estilhaço de vidro cravado no coração, e dois minúsculos fragmentos do mesmo vidro cravados nos olhos. Enquanto estiverem ali, ele continuará sendo um ser desumano, inteiramente dominado pelo poder da Rainha da Neve. — Mas a senhora não pode dotar a menina de algum tipo de poder mágico que a torne capaz de extrair esses fragmentos? — sussurrou a rena. — Não posso dar-lhe poder maior do que aquele que ela já tem! É um poder imenso, sabia? Não vê como ela conseguiu que pessoas e animais a ajudassem? Como conseguiu percorrer distâncias incomensuráveis, sozinha e descalça? Mas ela não deve saber a extensão desse poder. Ele está dentro do seu coração de criança inocente e bondosa. Se ela própria não souber como haverá de entrar no palácio da Rainha da Neve e libertar Kai de sua influência maligna, arrancando os estilhaços de vidro cravados em seus olhos e no seu coração, aí, minha filha, adeus; ninguém poderá ajudá-la. O jardim do palácio está a dez minutos daqui. Leve-a até lá e deixe-a junto de um arbusto carregado de morangos vermelhos. Volte imediatamente, sem perder tempo com conversa fiada. A mulher ergueu Gerda, colocou-a nas costas da rena, e esta saiu em disparada. — Oh, volte! — pediu Gerda. — Deixei na choupana minhas botas e as meias-luvas. Estou sentindo frio nos braços e nos pés. Mas a rena não lhe deu ouvidos, e prosseguiu até que chegou ao pe de morangos silvestres. Ali, mandou que Gerda apeasse e, com os olhos marejados de lágrimas, beijou os lábios da menina, retornando depressa para a casa da mulher finesa. Ali ficou a pobre Gerda, descalça e com os braços descobertos, sob o frio cortante das terras árticas. Vendo que a rena se afastava, correu através do jardim, em direção ao palácio. Uma tropa de flocos de neve avançou contra ela. Não eram flocos caídos do céu, já que este estava sem nuvens, iluminado pelas luzes da aurora boreal. Vinham rolando pelo chão, aumentando de tamanho à medida que avançavam. Gerda lembrou-se do aspecto dos flocos de neve, quando vistos através de uma lente de aumento, mas aqueles eram ainda maiores e mais terríveis: eram os guardiães do palácio da Rainha da Neve. Como eram estranhos os seus formatos! Alguns pareciam pequenos porcos-espinhos, de carantonha horrenda; outros lembravam víboras que se tivessem enrolado umas nas outras, formando um bolo; outros ainda tinham a aparência de ursos ferozes, de pelo arrepiado. E, embora fossem de neve alvíssima e brilhante, estavam todos vivos, terrivelmente vivos. A pequena Gerda estacou, pondo-se a rezar. O frio fazia com que sua respiração saísse da boca em forma de uma névoa esbranquiçada. Essa névoa foi-se adensando à medida que descia, transformando-se numa nuvem, depois tornando-se sólida ao pousar no chão, tomando a forma de anjos protegidos por capacetes e armados de lanças e escudos. Quando Gerda acabou de rezar e abriu os olhos, viu-se rodeada por uma legião de anjos guerreiros, que logo investiram com as lanças em riste contra os monstros de neve, desfazendo-os em pedaços. Ela então prosseguiu, confiante, enquanto os anjos esfregavam-lhe as mãos e os pés, tirando dela qualquer sensação de frio. Mas agora vamos saber o que aconteceu ao pequeno Kai, que naquele momento nem pensava em Gerda. E, mesmo que se lembrasse dela, jamais poderia imaginar que a menina estivesse ali perto, caminhando em sua direção. 7ª história. O que houve no palácio da Rainha da Neve e o que aconteceu depois disso. As paredes do palácio eram feitas de neve; as portas e janelas, de ventos cortantes. Era um palácio enorme, de milhas e milhas de extensão, contendo mais de uma centena de salões. A iluminação desses salões era deslumbrante, pois provinha dos brilhantes clarões da aurora boreal, mas todos eram desertos e terrivelmente frios. Ali ninguém brincava, ninguém se divertia; não havia lugar sequer para o entretenimento mais inocente, como uma dança de ursos polares, por exemplo, já que eles vagavam por perto, caminhando sobre duas patas, de modo parecido com o dos humanos, e gingando o corpo quando o zunido do vento lembrava o som de música. Não, nada de diversões! Ninguém jamais havia sido convidado para um joguinho de cartas, ou para uma reuniãozinha de

comes e bebes, com uma pitada de mexericos e fofocas. As raposas brancas que por ali perambulavam bem que gostariam de ser convidadas para um chá das cinco, mas nunca o

foram. Assim, aqueles imensos salões estavam sempre desertos, silenciosos e frios. As luzes da aurora boreal acendiam-se e se apagavam com tal exatidão de tempo que se poderia

prever o segundo em que estariam no máximo ou no mínimo de seu fulgor. No centro do enorme salão principal havia um lago congelado. A capa de gelo estava estilhaçada em milhares

de pedaços, todos do mesmo tamanho e formato. No meio do lago ficava o trono da Rainha da Neve. Era ali que ela gostava de ficar quando se encontrava em seu palácio. Ela dera

àquele lago o nome de Espelho da Razão, e afirmava ser aquele o melhor espelho do mundo, o único que refletia de fato a verdade de tudo o que existia. O pequeno Kai estava azul de

frio — azul coisa nenhuma, estava era quase preto —, mas não se importava com isso, pois o beijo que a Rainha da Neve lhe dera havia espantado todo o seu sentimento de frialdade.

Seu coração tinha se transformado num bloco maciço de gelo. Naquele momento, ele se divertia montando blocos de gelo para montar figuras. Chamava essa brincadeira de Jogo da

Razão. Devido aos caquinhos de vidro que estavam cravados em seus olhos, acreditava que aquela atividade fosse de grande importância, sem cogitar de que era a mesma coisa que

brincar com toquinhos de madeira, como ele costumava fazer quando ainda usava fraldas. Estava empenhado em dispor os blocos de gelo de modo a formar uma certa palavra, mas

não conseguia lembrar-se de qual seria ela. A palavra que lhe tinha fugido da memória era ETERNIDADE. A Rainha da Neve tinha lhe dito que, se ele conseguisse compor essa palavra,

seria dono de seu próprio nariz, merecendo por isso ganhar todo o mundo, além de um novo par de patins. Porém, por mais que tentasse, não era capaz de superar aquele desafio. Pela

manhã, a Rainha da Neve havia dito: — Vou passar uns tempos nos países quentes. Quero dar uma olhada nos panelões pretos que estão fervendo. "Panelões pretos" era a maneira

que ela usava para se referir aos vulcões Vesúvio e Etna. — Vou esfregar esses panelões com um pouco de gelo. Eles vão apreciar esse refresco. A boca de um vulcão gosta tanto de

gelo como a nossa gosta de doce, depois de chupar laranjas e limões. Ela saiu voando, enquanto Kai ficou sozinho naquele vasto salão. Fitando atentamente os blocos de gelo, dava

tratos à bola sobre como faria para dispô-los de modo a formar a palavra esquecida. Quem o visse ali, quieto, imóvel, poderia pensar que ele estivesse morto e congelado. A pequena

Gerda entrou no castelo. Os ventos começaram a açoitar-lhe o rosto. Teriam chegado a cortá-lo, não fosse ela rezar, fazendo com isso que eles se amainassem, até sossegarem de todo.

Ela então entrou no salão, passou os olhos pela imensidão gelada e por fim avistou Kai. Reconhecendo-o imediatamente, correu em sua direção, abraçou-o e exclamou, tomada de jú-

bilo: — Achei! Enfim achei meu querido e doce Kai! Mas Kai estava quieto, rijo e frio. Julgando-o morto, Gerda chorou, e suas lágrimas quentes caíram sobre o peito do menino, pene-

trando até seu coração, derretendo o gelo e levando para longe o estilhaço de vidro. Ele olhou para ela, espantado, e Gerda então cantou o hino que eles um dia haviam entoado juntos:

Entre as rosas do vale banhado de luz, Brinca alegre e feliz o Menino Jesus. Como a rosa florida que nunca fenece, A inocência do meu coração de criança Eu jamais perderia, se

acaso pudesse Contemplar Seu semblante de paz e esperança. Kai prorrompeu num pranto sentido, e foram tantas as lágrimas que verteu, que elas acabaram expulsando de seus olhos os fragmentos de vidro que ali se encontravam. So então conseguiu enxergar sem distorções tudo aquilo que o rodeava. Tomado de exultação, gritou: — Gerda! Minha doce e

bondosa Gerda! Onde esteve você durante todo este tempo? E eu, onde foi que estive? Olhou ao redor de si, tentando entender o que estava acontecendo. — Que lugar é este? Como

e frio! Quanta desolação! Abraçou-se a Gerda, que chorava e ria ao mesmo tempo, de tão feliz que estava. A felicidade que ambos sentiam era tão grandiosa, que contagiou os blocos

de gelo, fazendo-os pular e dançar. Quando por fim se cansaram de tanta agitação, eles retornaram a sua imobilidade anterior, dispondo-se de tal modo que formaram aquela palavra

que Kai tanto se esforçara por compor, na esperança de com isso tornar-se senhor de seu nariz, ganhando de presente todo o mundo e, de quebra, um novo par de patins. Gerda beijou-

lhe as faces, que logo readquiriram a cor que haviam perdido. Depois beijou-lhe os olhos, que voltaram a brilhar como antigamente. Beijou-lhe as mãos e os pés, que logo perderam a

coloração azulada, voltando o sangue a pulsar com força dentro de suas veias. Ele sentiu-se de novo forte e sadio. Agora, pouco lhe importava se a Rainha da Neve voltasse àquele

lugar: seu direito à liberdade estava garantido por escrito, nos blocos de gelo dispostos a seus pés. Dando-se as mãos, caminharam para fora do palácio. Assunto era o que não faltava

para os dois: falaram da velha avó, das rosas que floresciam junto aos telhados de suas casas, falaram de tudo. O vento soprava brandamente, e o sol começou a aparecer por detrás

das nuvens. Quando chegaram ao pé de morangos silvestres, a rena ali estava, esperando por eles. Trouxera consigo uma companheira que há pouco tivera filhotes, e que por isso

estava com os úberes repletos de leite. O animal ficou emocionado ao ver as duas crianças, beijando-as carinhosamente e insistindo para que tomassem do leite quente e forte da

companheira. Depois disso, montaram nelas e seguiram até a casa da mulher finesa, que os agasalhou, alimentou e lhes ensinou o melhor caminho que deviam tomar em sua viagem de

volta. Dali, seguiram até a choupana da mulher lapônia, que os acolheu hospitaleiramente, forneceu-lhes novas roupas e consertou o trenó de Kai. As duas renas fizeram questão de

acompanhá-los até a fronteira da Lapônia. Ali, a relva verde já começava a despontar sob a camada de neve, e eles já podiam caminhar, sem terem de usar o trenó. Depois de se des-

pedirem de suas amigas, seguiram em frente, e pouco depois escutaram os trinados dos primeiros pássaros da primavera e avistaram as árvores da floresta, cujas folhas começavam

a rebrotar. Viram ao longe uma menina de chapéu vermelho, cavalgando um magnífico corcel. Gerda reconheceu o animal: era um dos cavalos que puxavam a carruagem dourada. A

menina tinha duas pistolas enfiadas no cinto. Era a pequena ladra, que se cansara de ficar em casa, tendo saído pelo mundo em busca de aventuras. Reconheceu Gerda imediatamen-

te, e ambas demonstraram grande alegria pelo seu reencontro. — Mas você, hein? — disse ela, dirigindo-se a Kai, — saindo pelo mundo afora, deixando todos preocupados! Será que

merece que uma pessoa vá até o fim do mundo atrás de você? Gerda afagou-lhe o rosto e perguntou-lhe se tinha notícias do príncipe e da princesa. — Estão viajando pelo estrangeiro

— respondeu ela. — E quanto ao casal de corvos? — O corvo macho morreu, deixando a fêmea viúva. Ela agora anda com um pano preto enrolado na perna, em sinal de luto. Acha que

o pano preto combina com a cor de suas penas — grande idiota que é! Mas conte-me tudo o que lhe sucedeu, e como foi que conseguiu encontrar o fujão. Gerda e Kai relataram suas

aventuras. — Começou bem, acabou bem — antes isso. A pequena ladra tomou-lhes as mãos e despediu-se, prometendo visitá-los um dia, caso passasse pela cidade onde eles moravam. Em seguida, montou no cavalo e saiu pelo mundo, enquanto Kai e Gerda retomaram seu caminho. A primavera mostrava-se em todo o seu esplendor. Nas várzeas, as peque-

nas flores silvestres acabavam de desabrochar. Os dois ouviram ao longe os sons dos sinos, e pouco depois avistavam as torres das igrejas de sua cidade natal. Em breve, estariam em

casa. Não custou para que estivessem subindo os degraus gastos da escada que levava até seus barracões. Entraram. Nada havia mudado. O relógio fazia tique-taque, e suas rodas

não paravam de girar. Só eles já não eram os mesmos: ao transporem a porta, notaram que tinham crescido e já não eram mais crianças. As rosas floresciam nas caixas de madeira, e

as janelas do sótão estavam abertas. Ali estavam os mesmos banquinhos em que eles costumavam ficar. Sorrindo, os dois sentaram-se ali e se deram as mãos. Nesse instante, desa-

pareceu de suas mentes toda a lembrança do palácio da Rainha da Neve e de seu falso esplendor. Sentada ao sol, a avó lia em voz alta a sua Bíblia. Naquele momento, ela estava lendo

o trecho que dizia: "Aquele que não receber o Reino do Céu como uma criança, nele não será admitido." Kai e Gerda fitaram-se nos olhos e então compreenderam em sua essência as

palavras do hino que gostavam de cantar: *Como a rosa florida que nunca fenece, A inocência do meu coração de criança Eu jamais perderia, se acaso pudesse Contemplar Seu*

semblante de paz e esperança. Ali estavam eles, sentados, dois adultos; nos corações, contudo, duas crianças, e era um dia de verão, um dia ensolarado, quente e glorioso de verão.

O Jardim do Éden. Era uma vez um príncipe, dono da maior biblioteca que alguém até hoje já teve. Seus livros, ilustrados com belíssimas gravuras, eram muito bem cuidados, e continham

o relato de todas as coisas acontecidas em todos os lugares deste mundo. Não havia pessoa ou país a respeito dos quais ele ali não encontrasse as informações que desejava. Só uma

coisa — e justamente a que ele mais queria saber — seus livros não informavam: a localização do Jardim do Éden. Sim, o Paraíso Terrestre — onde e que ficava? Os livros não diziam,

e isso o deixava extremamente triste. Quando era garotinho e acabara de entrar para a escola, sua avó lhe disse que, no Jardim do Éden, nasciam bolos no lugar de flores. Sobre as

cascas desses bolos estava escrito, com glacê feito de açúcar finíssimo: História, Geografia, Adição, Subtração, Tabuada de Multiplicação, etc. Tudo o que as crianças tinham a fazer

era comer os bolos, e imediatamente estava aprendida a lição daquele dia. Assim, quem comia mais bolos sabia mais coisas do que quem comesse menos. Ele então achara aquilo a

coisa mais maravilhosa que havia, acreditando piamente nas palavras da avó. Depois que cresceu, porém, e foi adquirindo conhecimentos e educação, compreendeu que a beleza do

Paraíso residia em coisas mais elevadas e difíceis de conceber. — Por que Eva tinha de inventar a ideia de colher o fruto proibido? — perguntou certa vez à velha avó. — E por que Adão

não resistiu à tentação e acabou comendo daquele fruto? Se eu fosse ele, o homem não teria caído em pecado, e este não teria conquistado o mundo. Agora, que já tinha dezessete

anos, ainda continuava a pensar desse modo, e sua mente continuava sempre voltada para o Jardim do Éden. Seu passatempo predileto era caminhar sozinho pelas florestas. Certa vez,

quando se aventurou por uma trilha onde nunca passara antes, foi surpreendido por uma tempestade. Embora ainda fosse de tarde, nuvens negras escureceram o céu, como se esti-

vesse de noite, e a chuva caiu torrencialmente. Sem enxergar direito por onde andava, o príncipe se perdeu. Escorregando na relva molhada e resvalando nas rochas, ele prosseguiu

em frente, molhado até os ossos. Deparando com um rochedo escarpado, revestido de musgo, resolveu galgá-lo, para ver se enxergava algum refúgio. No meio da escalada, sentindo-se extenuado, já se preparava para desistir da empresa e voltar para baixo, quando escutou uma espécie de zunido que vinha dali de perto. Dirigindo-se para aquele lado, alcançou a boca

de uma caverna. Olhou para dentro dela e viu uma fogueira enorme, tão grande que daria para assar um veado inteiro em suas chamas. E era exatamente isso que alguém estava fazen-

do naquele momento. Um belo cervo, com chifres em forma de galhos, estava enfiado num espeto, e quem o girava sobre as chamas era uma mulher alta e forte. Se não fosse pelo

vestido que ela usava, dir-se-ia tratar-se de um homem. A mulher atirou uma pesada acha de lenha para alimentar o fogo, e depois, voltando-se para o príncipe, disse-lhe: — Vamos, entre!

Sente-se perto do fogo, para secar suas roupas. — Está ventando aqui dentro — comentou o príncipe, sentindo arrepios pelo corpo, enquanto se sentava no chão. — Pois vai ventar

muito mais quando meus filhos chegarem — disse a mulher. — Você está na Caverna dos Ventos. Sabe quem são os meus filhos? São os Quatro Ventos do mundo. — E onde estão eles

neste momento? — perguntou o príncipe. — Ai, ai, ai, que pergunta cretina... E eu la posso saber? — grunhiu a mulher. — Estão por aí, cada qual num lugar, brincando de atirar bolas

de nuvens, lá por cima, no céu. Apontou a mão para a entrada da caverna e girou-a numa meia volta, como se abarcando o extenso céu. — Estou vendo — observou o príncipe — que

a senhora não tem papas na língua. Fala rude e direto, algo diferente das outras mulheres com quem costumo conversar. — Ah, mas elas não são mães de filhos como os meus — repli-

cou a mulher. — Tenho de ser durona, se quiser mantê-los na linha. Mas eu dou conta deles, por mais cabeças duras que sejam. Está vendo aqueles quatro sacos de couro pendurados

na parede? Meus filhos têm tanto medo deles quanto o que você devia ter da vara de marmelo de sua mãe. Comigo é na disciplina. Quando um deles fica malcriado, agarro-o pelo

pescoço e o enfio num desses sacos, sem conversa. E ele ali fica até que o deixe sair. Olhe lá: um deles está chegando. Era o Vento Norte. Estava vestido com um casaco de pelo de

urso, e trazia na cabeça um gorro de pele de foca com as abas repuxadas para baixo, de maneira a tapar-lhe as orelhas. Neve e granizo entraram com ele na caverna, e das pontas de

suas barbas pendiam pontas de gelo. — Espere um pouco antes de ir para perto do fogo — aconselhou o príncipe, — pois o calor súbito poderá produzir-lhe inchaço nas mãos e no

rosto. — Inchaço! — zombou o Vento Norte, estourando em gargalhadas. — Como se eu não entendesse de frio! Não só entendo, como adoro! E como foi que um fracote como você

conseguiu chegar até a Caverna dos Ventos? — Ele é meu hóspede — disse a mulher, com aspereza, — e isso basta. Se esta explicação não for de seu agrado, quem sabe você prefe-

re ir para dentro do saco? Fique calado e não se meta com o que não é de sua conta. Com essa ameaça, o Vento Norte sossegou, passando a narrar o que lhe tinha acontecido durante

o mês em que estivera fora. — Acabo de chegar do Oceano Ártico. Estive no Mar de Barents, com os baleeiros russos. Dormi junto ao leme de seu barco, quando contornaram o Cabo

Norte. Uma das aves chamadas "fulmaros", voavam ao redor de minhas pernas. Têm um modo estranho de voar: batem as asas apenas uma ou duas vezes, para pegarem

impulso, durante horas inteiras, deslizando velozmente no espaço. — Deixe-as voando por lá — atalhou a mulher, — e fale sobre o Mar de Barents. Como é esse lugar?

 uma beleza! Plano como uma pista de dança. A neve estava começando a derreter, deixando ver o musgo verdinho por baixo dela. Esqueletos de morsas e de ursos polares

jaziam espalhados entre pedras agudas. Pareciam braços e pernas de gigantes, revestidos de limo esverdeado. Tinha-se a impressão de que o sol jamais derramara seus raios sobre essas ossadas. Dissipei o nevoeiro para enxergá-los melhor. Alguém construíra ali um abrigo, com restos de navios naufragados, cobertos de pele de morsa. Elas estavam ressequidas,

apresentando estranha coloração verde e vermelha. Sentado sobre o teto desse abrigo, um urso polar grunhia. Desci à praia e me pus a contemplar os ninhos de aves que ali havia.

Dentro deles piavam filhotes, ainda sem penas, reclamando a comida que custava a chegar. Soprei em suas goelas abertas, ensinando-lhes a se manterem de bico fechado. Nas águas

do mar, um bando de morsas nadava placidamente. Que bichos feios: pareciam larvas gigantes, com cabeças de porco e dentes enormes, de mais de uma jarda de comprimento! — Boa

descrição! Gostei — comentou a mãe. — Fiquei com água na boca, só de ouvi-lo falar a respeito desses animais de carne deliciosa. — Os russos chegaram ali e começaram a caçar as

morsas. Os arpões cravavam-se em seus corpos, e o sangue jorrava para o ar, como um repuxo, tingindo o gelo de manchas vermelhas. Resolvi divertir-me um pouco com eles. Soprei

na direção dos barcos as montanhas de gelo que flutuavam por ali. Elas começaram a esmagá-los por todos os lados. Precisava ver como os homens bradavam e gemiam! Mas eu as-

soviei ainda mais alto que eles. Meu torno de gelo apertava e espremia suas embarcações, e eles tiveram de descarregar as morsas e as focas que tinham caçado, nos bancos gelados

que os rodeavam. Foi então que lhes mandei uma tempestade de neve e os impeli para o sul, onde as águas são mais salgadas. Ah, aqueles lá nunca mais haverão de atrever-se a

chegar ao Mar de Barents! — Você praticou uma ação muito má! — repreendeu-o a mãe. — Também pratiquei boas ações; estas, porém, prefiro que os outros venham contá-las — re-

trucou o Vento Norte, abrindo os lábios num largo sorriso. Logo em seguida, olhando para a entrada da caverna, exclamou: — Vejam quem está chegando! Meu irmão, o Vento Oeste! É

o irmão de quem gosto mais. Ele traz consigo o cheiro de sal e o frescor bendito do frio. — Será aquele que chamam de "o suave zéfiro"? — indagou o príncipe. — É ele mesmo — con-

cordou a velha mulher, — só que isso são coisas do passado. De fato, antigamente, ele era um menino de temperamento doce e bondoso; hoje em dia, porém, já não o é mais. O Vento

Oeste parecia um selvagem. Trazia a cabeça coberta com uma touca de pele, e segurava na mão um grosso porrete de mogno, feito com a madeira de uma árvore das florestas ameri-

canas. — De onde vem você? — perguntou-lhe a mãe. — Da floresta primitiva e majestosa — respondeu ele, — onde os grossos cipós e as lianas espinhosas se estendem entre as ár-

vores, onde vive a cobra d'água e o homem jamais pôs os pés. — E que fez por lá? — Contemplei o rio profundo que se despenca das montanhas com fragor de trovão, e depois corre

placidamente pelo vale. Na enorme catarata forma-se uma névoa tão espessa, que se vê ali um eterno arco-íris. Acima da cachoeira, vi um búfalo selvagem nadando nas águas, rode-

ado por um bando de patos. A correnteza arrastou-os para as corredeiras. Quando chegaram perto da catarata, os patos alçaram voo, mas o búfalo nada pôde fazer, precipitando-se

no turbilhão das águas. Essa visão deixou-me tão alegre, que logo desencadeei uma terrível tempestade, tão forte que derrubou ao chão árvores milenares, reduzindo-as a gravetos.

— Foi tudo o que fez? — perguntou a mãe. — Não, fiz muita coisa! Formei redemoinhos na savana, açoitei os cavalos selvagens e fiz despencar dos altos coqueiros dois ou três cocos,

que se espatifaram no chão. Tenho duas ou três histórias interessantes para contar, mas prefiro guardar segredo por enquanto. Já falei demais por hoje, minha velha! E, avançando para

a mãe, pespegou-lhe um beijo na testa, com tal ímpeto que quase a derrubou no chão. Ele era de fato um meninão carinhoso, mas um tanto bruto! Chegou o Vento Sul, vestido como um beduíno, de turbante e albornoz. — Está fazendo frio aqui dentro — disse ele, atirando mais lenha à fogueira. — Vê-se que o Vento Norte chegou aqui primeiro... — Como pode sentir

frio aqui? — resmungou o Vento Norte. — Está tão quente, que daria para assar um urso polar... — Em outras palavras: daria para assar você... — replicou o Vento Sul. — Tenha modos!

Está querendo ser posto no saco? — ameaçou a mãe, de cenho franzido. — Vamos, sente-se e conte-nos sobre os lugares por onde esteve. — Estive na África, mãe — respondeu o

Vento Sul, perdendo toda a arrogância inicial. — Passei pela terra dos cafres, onde acompanhei os hotentotes, numa caçada aos leões; as planícies extensas estavam verdes, cor de

azeitona; antílopes saltavam, como se dançassem; apostei corrida com as avestruzes, que são muito velozes, mas não tanto como eu. Depois, visitei o deserto, soprando suas areias

amarelas, que lembram a paisagem do fundo do mar. Ali deparei com uma caravana que se havia extraviado. Os homens acabavam de abater o último de seus camelos, na esperança

de obter alguma água. Por cima, o sol tórrido ardia; por baixo, a areia ardente torrava; para todos os lados que se olhasse, estendia-se o deserto sem fim. Eu então rodopiei por sobre a

areia, fazendo-a elevar-se em colunas para o céu. Oh, como dancei! Só vendo o semblante apavorado do guia! Tentando proteger-se, puxou seu cafetã sobre a cabeça, prostrando-se

de joelhos a minha frente, como se eu fosse Alá, que é o nome que dão a Deus. Enterrei-o, junto com toda a sua caravana, debaixo de uma pirâmide de areia. Da próxima vez que por

ali passar, soprarei sobre ela, desfazendo-a, para que seus ossos sejam alvejados pelo sol. Se porventura outros viajantes passarem por ali, poderão comprovar algo que é difícil de se

acreditar quando se percorre o deserto: que outros homens já trilharam aquele mesmo caminho antes deles. — Você só praticou maldades! — ralhou a mãe. — Passe para dentro do

saco! Segurando-o pela cintura, dobrou-o ao meio e o enfiou num dos sacos de couro. O Vento Sul começou a espernear e a se retorcer lá dentro, até que o saco caiu da parede;

mesmo assim, ele não parou de se debater. A mãe então sentou-se em cima dele, como se fosse um tamborete, e desse modo o rebelde por fim sossegou. — Seus filhos são irrequietos!

— disse o príncipe. — São um tanto rebeldes, mas consigo trazê-los na linha — respondeu a mulher. — Veja: está chegando o quarto filho. Era o Vento Leste, que entrou na caverna

vestido como um chinês. — Posso adivinhar de onde você está vindo — disse-lhe a mãe. — Eu achei que você estivesse no Jardim do Éden. — Não, estou planejando ir lá amanhã —

respondeu o Vento Leste. — Vai fazer cem anos que estive lá da última vez. Estou chegando da China. Rodopiei tão velozmente ao redor da Torre de Porcelana, que fiz soar todos os

seus sinos. Embaixo, na rua, os funcionários públicos estavam recebendo o castigo oficial. Quantas varadas de bambu recebiam no lombo! Todos apanhavam, desde os mais modestos

até os de grau mais elevado. A cada varada que levavam, agradeciam: "Obrigado, meu pai; obrigado por me proteger!" No fundo, gostariam de dizer outra coisa, mas esse é o costume.

Enquanto isso, eu soprava nos sinos da torre, que repicavam em chinês: tsing, tsang, tsu! — Você está ficando muito levado — riu a mãe. — Estou contente de saber que vai visitar o

Paraíso amanhã. Sempre que vai lá, volta mais bem-educado. Lembre-se de beber da Fonte da Sabedoria, e de trazer de lá uma garrafa cheia daquela água para sua velha mãe. — Não

vou esquecer — respondeu o Vento Leste. — Mas o que fez meu irmão Sul para estar de castigo no saco? Deixe-o sair. Quero que ele me conte o que sabe acerca da Ave Fênix. A

princesa que mora no Jardim do Éden sempre me pergunta a respeito dela. Vamos, mãezinha, deixe-o sair, e lhe darei duas mãozadas de chá, que acabei de colher, e que esta verde e novinho. — Já que vou receber essa porção de chá, e porque você é o meu filho favorito, vou tirá-lo do saco — concordou a mãe, deixando o Vento Sul sair de sua prisão. Ele saiu

constrangido, especialmente porque o príncipe desconhecido havia presenciado sua punição. — Vou-lhe dar esta folha de palmeira — disse ele ao Vento Leste, evitando olhar para o

lado do príncipe, enquanto falava. — Entregue-a à princesa e diga-lhe que foi a própria Ave Fênix quem nela gravou, com seu bico, a história de sua vida, e tudo o que lhe aconteceu

durante os cem anos de sua existência. A própria princesa poderá ler o relato. Vi quando a Fênix ateou fogo ao seu ninho e ali dentro morreu, como se fosse a viúva de um hindu. Os

ramos secos crepitavam, e a fumaça desprendia uma estranha fragrância. Por fim, a Fênix foi reduzida a cinzas, mas seu ovo ficou intacto entre as brasas, vermelho como um ferro in-

candescente. A casca rompeu-se com um estouro alto como o de um tiro de canhão, e de dentro do ovo saiu o filhote da Ave Fênix, logo alçando voo para longe. Hoje, ele é o rei de

todas as aves, e a única Fênix existente no mundo. Ele deu uma bicada na folha de palmeira, deixando ali uma marca. É essa sua maneira de enviar uma saudação à princesa. — Chega

de conversa e vamos comer — disse a Mãe dos Ventos, cravando os dentes na carne de veado. O príncipe sentou-se ao lado do Vento Leste, e os dois logo se tornaram bons amigos.

— Diga-me — pediu o príncipe, — quem é essa tal princesa do Jardim do Éden, da qual vocês falaram, e onde ele fica? — Ha, ha! — riu o Vento Leste. — Gostaria de ir lá amanhã?

Lembre-se de que nenhuma pessoa esteve ali, desde que Adão e Eva foram expulsos do Paraíso. Presumo que você já tenha lido esse episódio na Bíblia. — Claro que li — respondeu

o príncipe. — Pois bem: depois que o primeiro casal foi banido do Paraíso, o lugar afundou pela terra adentro, mas sem perder sua beleza, seu calor e seu ar ameno. Vive ali a Rainha

das Fadas, e é lá que fica a Ilha da Bem-Aventurança, onde não existe a morte. Se você agarrar-se amanhã às minhas costas, levo-o até lá. E chega de conversa por esta noite — estou

cansado. Pouco depois, todos foram dormir. Só de manhãzinha o príncipe acordou, surpreso por se ver voando entre as nuvens. O Vento Leste tinha-o posto nas costas e o segurava

bem, para não deixá-lo cair. Voavam tão alto que as florestas e os campos que se estendiam abaixo pareciam compor um mapa colorido. — Bom dia — saudou o Vento Leste, ao notar

que o príncipe havia acordado. — Você poderia dormir ainda mais um pouco, pois não há muito que ver lá embaixo: apenas a extensão plana de terra. Se quiser passar o tempo, conte

as igrejas que for vendo pelo caminho. Elas parecem tocos de giz fincados no quadro verde da paisagem. — É verdade, os campos e as plantações lembram um quadro verde dos que

se usam nas escolas. Mas há uma coisa que me desgosta: não pude despedir-me de sua mãe e de seus irmãos. Devem achar que sou mal agradecido. — Não se preocupe com isso.

Quem dorme está desculpado — respondeu o Vento Leste, aumentando de velocidade. Quando passavam sobre as copas das árvores, os ramos e as folhas farfalhavam. Quando so-

brevoavam o mar, as ondas se erguiam a grandes alturas, e os navios subiam e desciam como cisnes, em meio às águas revoltas. Ao cair da noite, sobrevoaram uma grande cidade. As

luzes que brilhavam lá embaixo aos milhares lembraram ao príncipe as fagulhas que se desprendem de uma folha de papel queimado. Era uma visão tão magnífica, que o príncipe não

se conteve e bateu palmas. O Vento Leste repreendeu-o, mandando que ele se segurasse bem nas suas costas, pois do contrário poderia cair e acabar espetado numa torre de igreja.

A águia solitária voa graciosamente sobre as florestas densas, mas o voo do Vento Leste é ainda mais gracioso. Os cossacos russos cruzam as planícies em seus velozes corcéis, mas o Vento Leste é ainda mais veloz do que eles. — Lá está o Himalaia — disse ele ao príncipe, apontando para uma massa escura que se erguia ao longe. — É a mais alta cordilheira da Ásia. Falta pouco para chegarmos ao Jardim do Éden. O vento mudou de direção, rumando para sudeste, e o príncipe pouco depois começou a sentir o aroma de flores exóticas e de especiarias. Figos e romãs cresciam em estado nativo, assim como a videira, que ostentava belos cachos de uvas vermelhas e azuis. Descendo ao chão, os dois descansaram por algum tempo, estendendo-se na relva macia. As flores curvavam-se em cumprimentos, como se estivessem dizendo: "Estamos felizes em vê-lo de volta". — Já estamos no Jardim do Éden? — perguntou o príncipe. — Ainda não — respondeu o vento, — mas em breve estaremos chegando. Vê aquela caverna no flanco daquele rochedo? Observe bem, pois as videiras silvestres quase a escondem completamente. Temos de atravessá-la. Enrole-se bem em sua manta. Aqui fora, o sol está escaldante, mas lá dentro é frio como gelo. As aves que voam ao longo da entrada da caverna têm uma asa no verão tórrido e a outra no inverno mais rigoroso. "Então ali deve ser a entrada do Paraíso", pensou o príncipe, enquanto se envolvia na capa. Entraram, e que frio fazia lá dentro! Por sorte, o percurso era curto. O Vento Leste abriu suas asas, que rebrilharam como chamas, iluminando o interior da caverna, à medida que iam atravessando seus salões. Grandes blocos de pedra pendiam do teto e se erguiam do chão, constantemente umedecidos pelas gotas de água que não paravam de escorrer por eles. Tinham formatos bizarros, apresentando-se ora como se fossem tubos de órgão, ora como hastes de bandeiras. Alguns salões eram tão amplos, que seu teto se perdia na escuridão; por outro lado, havia corredores tão baixos e estreitos, que eles tinham de se arrastar de gatinhas para atravessá-los. Vistos de longe, na penumbra, pareciam câmaras mortuárias. — Seguimos pela estrada da morte para chegar ao Paraíso? — perguntou o príncipe, sem que o Vento Leste lhe desse resposta. De repente, ainda sem dizer coisa alguma, ele apontou para a frente, na direção de uma luz azul ofuscante. As rochas foram-se desfazendo em névoa, até que finalmente se transformaram numa espécie de nuvem, com tonalidade de luar. Já não fazia frio. O ar era fresco e ameno como o das montanhas, trazendo até eles o perfume das rosas que cresciam no vale à sua frente. Chegaram à beira de um rio, de águas transparentes como o ar. Peixes dourados e prateados nadavam na superfície, enquanto enguias de cor escarlate se arrastavam na areia clara do fundo. Os movimentos de seus corpos faziam agitarem-se as águas, enchendo-as de cintilações azuladas. Grupos de nenúfares flutuavam junto à margem. Suas folhas tinham todas as cores do arco-íris, e a flor era uma chama ardente, que tirava da água sua substância brilhante, assim como a lamparina, cujo pavio se mantém aceso por causa do óleo que a embebe. Uma ponte de mármore, com entalhes tão delicados que pareciam feitos sobre o marfim, conduzia à Ilha da Bem-Aventurança, dentro da qual ficava o Jardim do Paraíso. O Vento Leste tomou o príncipe nos braços e atravessou o rio, depositando-o na ilha, entre uma infinidade de flores. Das pétalas e das folhas saía um som de vozes de extrema doçura, entoando as canções que ele escutava em seu tempo de criança. Nenhuma voz humana poderia soar mais suave e melodiosamente. As árvores que ali se erguiam eram completamente diferentes das que o príncipe conhecia. Os troncos lembravam palmeiras, mas as folhagens se pareciam com as das plantas aquáticas. Ele nunca havia visto árvores assim tão altas e exuberantes. Lindas lianas, em longos festões, como os que ornamentam as letras maiúsculas iniciais dos livros antigos, pendiam dessas árvores, entrecruzando-se no ar. Animais e plantas misturavam-se estranhamente ao seu redor. Pavões de caudas abertas e multicoloridas estavam parados na relva. Ele aproximou-se e tocou-os. Não eram aves de verdade, e sim bardanas, cujas folhas em leque lembravam as caudas dos pavões. Leões e tigres saltavam juntos entre os arbustos, mansos como se fossem animais domésticos. Pombos brancos como pérolas voejavam por perto, batendo suas asas tão próximo de onde estavam os leões, que estas chegavam a tocar em suas jubas. Não longe dali, os antílopes ariscos, de olhos escuros e profundos como um poço, meneavam as cabeças, como se querendo participar da brincadeira. E lá estava a fada-princesa do Jardim do Éden. Suas roupas eram cintilantes como o sol, e seu rosto irradiava a mesma felicidade que o semblante de uma mãe a contemplar o filhinho que dorme. Era jovem e belíssima. Um séquito de moças encantadoras seguia atrás dela, cada qual portando uma estrela nos cabelos. O Vento Leste entregou-lhe a folha de palmeira, presente da Ave Fênix, e seus olhos rebrilharam de alegria. Tomando o príncipe pela mão, ela o conduziu ao interior de seu palácio. As paredes eram feitas de um material tão diáfano, que lembrava uma pétala de tulipa voltada contra a luz do sol. O teto parecia uma flor resplandecente. Quanto mais se olhava para ele, mais magnífico era o seu aspecto. O príncipe chegou junto de uma janela e olhou para fora. Que viu? A Árvore do Conhecimento, a serpente, Adão e Eva. Intrigado com essa visão, voltou-se para a fada-princesa e perguntou: — Mas eles não foram banidos do Paraíso? Ela sorriu e explicou que eram apenas pinturas, que o próprio Tempo gravara nos vidros da janela. A diferença daqueles quadros para os normais é que eles eram vivos: as folhas das árvores agitavam-se de um lado para o outro, e as pessoas iam e vinham, como se no fundo de um espelho. Ele deteve-se ante outra janela e ali viu a escada de Jacó, subindo até o céu. Anjos de asas abertas voavam acima dela. Todos os acontecimentos que tiveram lugar no mundo estavam representados naquelas gravuras vivas. Obras de arte perfeitas como aquelas, só mesmo o Tempo poderia criar. A fada sorriu do espanto do príncipe e levou-o para outro salão. Neste, as paredes eram decoradas com pinturas em tintas transparentes, mostrando milhões de rostos felizes, uns rindo, outros cantando. As risadas e os cantos misturavam-se num único som melodioso, que era o próprio hino à felicidade. Os rostos iam se diminuindo à medida que se olhava para cima. Na parte alta da parede, eram do tamanho de pequenos botões de rosa; junto ao teto eram tão minúsculos como um ponto feito com a ponta bem afiada de um lápis. No meio do salão erguia-se uma grande árvore de densa folhagem verde, entre a qual se divisavam lindos frutos dourados, da cor de laranjas bem maduras. Era a Árvore do Conhecimento, da ciência do Bem e do Mal, cujo fruto Eva colhera e Adão havia comido. De suas folhas gotejava orvalho vermelho, como se a árvore vertesse lágrimas de sangue. — Venha navegar comigo em meu barquinho — convidou a fada.

— Ele joga como se estivesse sulcando as ondas do mar, mas isso não passa de impressão, pois na verdade ele não sai do lugar. E quando olhamos para fora, todos os países do mundo desfilam ante os nossos olhos. O príncipe interessou-se e subiu com ela no barquinho, tendo a sensação agradável de subir e descer, enquanto divisava as mais lindas paisagens.

Ante seus olhos desfilaram primeiramente as montanhas dos Alpes, com seus topos cobertos de neve, e os flancos revestidos de florestas de pinheiros, calmas e sombrias. Flocos de nuvens deslizavam pelo céu, encobrindo de vez em quando a visão dos picos mais elevados. Ele escutou ao longe o som dos cornos de caça e os cânticos curiosos dos pastores tiroleses, alternando notas graves e agudas. De repente, todo o cenário modificou-se, e surgiram bananeiras de folhas enormes, que quase tocavam seus rostos, enquanto cisnes negros nadavam ao seu redor. Junto às margens, viam-se flores exóticas, de cores e aspectos fantásticos. Era uma visão das Índias Orientais Holandesas, o quinto continente. Ouviram-se as

canções dos pajés e viram-se os selvagens tomando parte em danças primitivas. Em seguida, desapareceram as ilhas e suas montanhas azuladas, substituídas pela visão do extenso

deserto, em meio ao qual surgiam as pirâmides do Egito, a estátua da Esfinge e as ruínas de antigos templos, semienterrados na areia amarela. Por fim, a aurora boreal incendiou o céu,

como se fosse um espetáculo pirotécnico da natureza, mais feérico e esplêndido que qualquer um realizado pelo homem. O que descrevemos foi apenas uma parcela de todas as ma-

ravilhas que o príncipe teve a oportunidade de contemplar, extasiado ante aquelas cenas deslumbrantes. Sua felicidade era tal, que ele não se conteve e perguntou: — Posso viver aqui

para sempre? — Isso depende apenas de você — respondeu a fada. — Se não se deixar cair em tentação, se conseguir resistir ao fascínio do proibido, diferente do modo como proce-

deu Adão, então você poderá viver aqui eternamente. — Não tocarei nos frutos da Árvore do Bem e do Mal — afirmou o príncipe com veemência. — Para quê? Há tantos outros frutos

tão saborosos e atraentes quanto aqueles! — Analise seu próprio coração. Se encontrar nele coragem suficiente, fique. Mas, se notar que ele abriga a dúvida e a irresolução, peça ao

Vento Leste que o leve de volta para o lugar de onde veio. Eis que ele está indo embora, e só deverá voltar aqui dentro de um século. Com efeito, os anos aqui transcorrem rápidos como

as horas; mas uma centena de horas é tempo bastante para se cair em tentação e pecado. Toda noite, deverei deixá-lo, mas sempre convidando-o a me seguir, acenando-lhe com a mão

para que me acompanhe. Não o faça! Não venha atrás de mim. A cada passo que der, aumentará a tentação de me seguir, enquanto sua força de vontade irá diminuindo, dificultando-lhe

dar meia-volta. Se me acompanhar, chegará até o salão onde se acha a Árvore do Conhecimento. É ali que eu durmo, debaixo de seus ramos de doce fragrância. Caso você se aproxi-

me de mim e se incline em minha direção, não irei repeli-lo; ao contrário, sorrirei para você, mostrar-me-ei atraente e desejável. E se sua resistência falhar e você não conseguir deter a

tentação de beijar-me na boca, então o Jardim do Éden se afundará ainda mais pela terra adentro, e você haverá de perdê-lo para sempre. Depois disso, o vento do deserto açoitará

seu corpo, a chuva fria o enregelará, e sua herança haverá de resumir-se em mágoa e desolação. — Quero ficar — confirmou o príncipe. O Vento Leste despediu-se dele, beijando-o na

testa, e disse: — Seja forte. Dentro de cem anos, quero reencontrá-lo aqui. Adeus! Em seguida, abriu suas grandes asas, que brilharam como a luz dos dias claros de verão, cintilando

como a aurora boreal do inverno, e logo desapareceu. — Agora, vamos dançar — disse a fada num sussurro. — Quando o sol se puser, vou-me recolher, e nesse momento convidarei

você a me seguir. Vou gritar, chamando-o; vou implorar que me acompanhe. Resista! Não venha! Essa cena haverá de se repetir todas as noites, durante cem anos seguidos, se tanto

tempo durar sua força de vontade. Cada recusa sua irá facilitar a próxima, tornando-a menos dolorosa. Ao fim de cem anos, você dirá não ao meu convite, sem que isso lhe cause

qualquer sentimento de mágoa ou de dor. Hoje será a primeira noite e a única vez em que lhe dou este aviso. A fada levou-o a uma sala adornada de lírios brancos e transparentes. Os

estames das flores tinham o formato de pequenas harpas douradas, das quais se desprendia a mais deliciosa música. Donzelas leves e belíssimas dançavam graciosamente, deixando

ver seus corpos esbeltos através de trajes de gaze esvoaçantes e transparentes. Enquanto dançavam, entoavam uma linda canção, que falava da ventura que desfrutavam de viver eternamente no Paraíso. O dia transcorreu ligeiro. O sol começou a descambar no horizonte. O céu tornou-se dourado, e os lírios adquiriram uma suave tonalidade cor de rosa. As donzelas trouxeram para o príncipe um cálice de vinho. Ele o tomou, sentindo-se invadir por um sentimento de felicidade total, igual jamais havia experimentado antes. A parede do fundo da sala foi-se desvanecendo, e ele pôde ver o cômodo vizinho, em meio ao qual se erguia a Árvore do Bem e do Mal. Sua beleza era tal, que os olhos do príncipe até se sentiram ofuscados. Os rostos alegres pintados nas paredes cantavam uma música ingênua e sedutora, que lhe fez recordar sua mãe, quando o embalava junto ao colo, cantando para ele: "Dorme, neném, querido da mamãe". A fada dirigiu-se para o quarto ao lado, chamando-o graciosamente com a mão. Parando junto à porta, sorriu e sussurrou: — Venha comigo, venha! Ele não resistiu ao apelo. Esquecendo sua promessa, correu em sua direção. O aroma de todas as flores do mundo enchia o ar, e a música que saía das harpas era cada vez mais linda. Entrando no aposento, pareceu-lhe ver todos os rostos alegres que decoravam as paredes sorrindo para ele, apoiando sua decisão, meneando a cabeça e cantando: "Tudo temos de saber; tudo temos de experimentar; o homem é o dono de tudo: do céu, da terra e de todo lugar". As gotas rubras de orvalho que brotavam das folhas da Árvore não mais lembravam sangue, mas sim estrelas vermelhas e brilhantes. — Venha comigo, venha! O doce murmúrio era irresistível. A cada passo que dava, o príncipe sentia o rosto arder ainda mais, e o sangue pulsar-lhe nas veias cada vez mais rápido. — Tenho de ir! — murmurou para si próprio. — Não pode haver pecado em desejar alcançar a beleza e a felicidade. Só desejo ver o lugar onde ela dorme. Resistirei à tentação de beijá-la. Nada estará perdido se eu me limitar a contemplá-la, e é o que farei. Sou dono de minha vontade. A fada despiu-se e, afastando os ramos que desciam até o chão, desapareceu atrás deles. — Ainda não pequei — murmurou o príncipe, — e nem pretendo pecar. Só desejo vê-la. Afastou os ramos e pôs-se a contemplá-la. Ela já estava dormindo, e era tão bela como só mesmo uma fada no Jardim do Éden poderia ser. No sonho, sorria. Curvando-se sobre ela, o príncipe viu uma lágrima tremulando entre seus longos cílios. — Será por causa de mim que você está chorando? — sussurrou ele. — Não quero ver lágrimas nos olhos da mulher mais encantadora e bela que existe! Só agora compreendo o que é a felicidade paradisíaca. Ela flui através de minhas veias, correndo junto com o sangue e invadindo todos os meus pensamentos. Sinto a força da vida eterna dos anjos dentro de meu corpo mortal. Que venha a noite sem fim, pois o esplendor de um momento como este é suficiente para mim. E, enxugando a lágrima com os lábios, beijou-lhe os olhos, deixando que sua boca se unisse à dela. Ouviu-se o estrondo de um trovão, surdo e assustador como o príncipe jamais escutara outro igual. A fada desapareceu e o Jardim do Éden precipitou-se pela terra abaixo, indo para o fundo mais profundo. Foi como se a escuridão da noite estivesse afogando o brilho de uma estrela distante. O príncipe sentiu um frio mortal invadir-lhe os membros; seus olhos se fecharam e ele desabou no chão, como se estivesse sem vida. Rajadas cortantes de vento fustigaram seu rosto, e a chuva fria encharcou-lhe o corpo, fazendo-o despertar. — Oh, que fui fazer? — soluçou o príncipe. — Pequei, como Adão. Com isso, o Paraíso afundou-se ainda mais pela terra adentro. Abriu os olhos e viu uma estrela cintilando ao longe, com a mesma luz tênue que emanava do Jardim do Éden, perdido nas profundezas da terra. Era a estrela matutina. Levantou-se e viu que estava na floresta, perto da Caverna dos Ventos. Sentada num tronco de árvore, a Mãe dos Ventos olhava para ele, com ar de tristeza e desgosto. — Mas já na primeira noite? — disse-lhe em tom de repreensão. — Era de se esperar. Se você fosse meu filho, enfiava-o agora mesmo no saco. — Pois é isso mesmo que vou fazer com ele — intrometeu-se o Emissário da Morte, parado ali perto, à sombra de uma grande árvore. Era um velho forte, dotado de um par de asas negras, trazendo nas mãos uma foice. — Não vou enfiá-lo num saco — prosseguiu o velho, — mas sim num caixão. Só que não será agora. Ele antes terá de perambular pelo mundo, expiando seus pecados e esforçando-se por fazer o bem. Um dia, quando menos esperar, chegarei de repente e o porei num esquife negro. Depois, erguê-lo-ei sobre a cabeça e voarei com ele na direção das estrelas, onde também floresce o Jardim do Éden. Se ele tiver sido caridoso e bom, ali viverá para sempre. Mas se seu coração e seus pensamentos estiverem tomados pelo pecado, então ele afundará pela terra adentro com seu caixão, do mesmo modo que aconteceu ao Jardim do Éden. A cada mil anos, virei visitá-lo, e aí ficarei sabendo se ele fez por merecer afundar-se na terra ainda mais, ou se terá alcançado o perdão, podendo então ser erguido até as alturas, lá onde se encontra aquela estrela luminosa e cintilante. **O Baú Voador.** Era uma vez um mercador tão rico, que poderia tranquilamente calçar uma rua inteira com moedas de prata, e ainda sobrariam muitas, o suficiente para calçar mais um bequinho estreito. Só que ele não era bobo de fazer isso, e sabia achar emprego melhor para a fortuna que possuía. Se gastava uma moeda de cobre, é porque teria uma de prata como lucro. Como se vê, era um bom mercador, sabia comerciar com habilidade. Mas os bons mercadores também morrem, e foi isso que um dia lhe aconteceu. O filho herdou toda a sua fortuna. Diferente do pai, ele era melhor em gastar do que em economizar. Toda noite, lá estava ele numa festa ou num baile de máscaras, ora em sua casa, ora na dos outros. Gostava de empinar pipas e papagaios, mas não os fazia de papel de seda, e sim de notas de dinheiro! E quando parava junto à beira de um lago, não ficava, como todo mundo faz, atirando pedras rasantes na superfície da água, para vê-las ricochetear duas ou três vezes, até que afundassem. Não: ele fazia isso com moedas de ouro! Como se vê, não dava valor algum ao dinheiro. Dessa maneira, sua fortuna foi diminuindo, diminuindo, até que por fim acabou, e ele se viu com apenas quatro moedas de cobre no bolso, um par de chinelos bem gastos, uma camisola de dormir e nada mais! Os amigos sumiram: não queriam ser vistos ao lado de uma pessoa vestida de maneira tão exótica. Um deles, porém, compadecido da situação do jovem imprudente, deu-lhe de presente um baú velho e lhe disse: — Guarde aí seus perten-ces e trate de arrumar sua vida. Até aí tudo bem; só que ele não tinha pertence algum, a não ser sua própria pessoa. Assim, que fez? Entrou no baú e guardou-se a si próprio ali dentro. Esse baú era muito estranho. Se a pessoa fizesse pressão sobre a fechadura, ele começava a voar! O filho do mercador logo descobriu isso; assim, lá se foi ele pelos ares. Em pouco, já sobrevoava as chaminés das casas; apertando a fechadura com mais força, viu-se pairando acima das nuvens. Achando aquilo tudo muito divertido, continuou voando, cada vez para mais longe. Notou, porém, que o baú começava a estalar e a ranger, já que, afinal de contas, estava bem velho e usado. Veio-lhe o receio de que o fundo cedesse, fazendo-o despencar de lá de cima e esborrachar-se no chão. Mas o fundo não cedeu, e o baú continuou a voar, até que, chegando à altura da terra onde vivem os turcos, foi perdendo altura, pouco a pouco, até que por fim aterrissou suavemente. Olhando em volta, o rapaz viu que estava perto de uma floresta. Tratou de esconder o baú atrás de uns arbustos e pôs-se a caminhar para o lado onde imaginava haver alguma cidade. Ninguém reparou nele, pois na Turquia quase todo mundo anda pelas ruas de chinelo e camisola; assim, sua roupa não causou a menor estranheza.

Chegando perto de uma cidade, cruzou com uma jovem que carregava uma criança nos braços. Parecia ser uma babá. Parando à frente da moça, perguntou: — Ei, babá turca, por favor: que castelo é aquele que vejo lá longe, perto da cidade, e que tem janelas tão altas que só mesmo um gigante poderia olhar para fora através delas? — É o castelo onde vive a princesa — respondeu a moça. — Os adivinhos previram que um rapaz iria causar-lhe grande dor e sofrimento; por isso, ninguém pode visitá-la quando ela está sozinha, mas apenas quando o rei e a rainha estão presentes e vigilantes ao seu lado. — Hum, sei. Muito interessante. Obrigado, babá turca. No mesmo instante, o filho do mercador voltou à floresta onde havia escondido o baú, entrou dentro dele e voou até o teto do castelo. Com agilidade, entrou por uma janela e se viu dentro do quarto da princesa. Ela ali estava, dormindo sobre um divã, como é costume entre os turcos. Fascinado por sua beleza, o filho do mercador deu-lhe um beijo. Ela acordou e, ao ver aquele sujeito estranho a seu lado, apavorou-se, mas ele a tranquilizou, dizendo-lhe que era o "deus dos turcos", e que tinha voado até lá apenas para visitá-la. Ouvindo isso, a princesa ficou inchada de orgulho. Sentaram-se os dois lado a lado no divã, e ele se pôs a contar-lhe histórias, e a fazer-lhe galanteios. Disse-lhe que seus olhos eram como dois lagos de uma floresta escura, nos quais os pensamentos nadavam como sereias; que sua fronte era a encosta nevada de uma montanha, em meio à qual se divisavam esplêndidos salões, de paredes adornadas de telas maravilhosas; contou-lhe histórias sobre as cegonhas que carregam os bebês presos ao bico, depositando-os nas casas em que eles estão sendo esperados, e tudo com palavras tão doces e bonitas, que ela não cabia em si de enlevo e satisfação. Por fim, pediu-a em casamento, e ela aceitou, convidando-o: Volte aqui no próximo sábado, a fim de oficializarmos nosso noivado. O rei e a rainha estarão presentes, à hora do chá. Ficarão felizes em saber que irei desposar o deus dos turcos. E não deixe de contar-lhes algumas belas histórias de fadas, pois eles adoram escutá-las. Minha mãe prefere as que contêm lições de moral, relatando gestos nobres e grandiosos, enquanto que meu pai prefere aquelas aventuras mais cheias de ação, rindo satisfeito sempre que escuta uma dessas. — Está certo. Histórias são o único presente de casamento que lhe posso dar — disse o filho do mercador, sorrindo insinuantemente. Antes que ele fosse embora, a princesa deu-lhe uma bela espada, tendo incrustadas no cabo lindas e cintilantes moedas de ouro. Da espada, até que ele não precisava muito; as moedas, porém, chegaram num bom momento. Saindo dali, o filho do mercador dirigiu-se à cidade e comprou uma camisola nova. Voltando para a floresta, começou a imaginar a história que iria contar ao casal real no seguinte sábado. Não foi fácil inventá-la. Por fim, ele o conseguiu, e tratou de esperar que o sábado chegasse. E o sábado chegou. O rei, a rainha e toda a corte estavam no castelo, tomando chá com a princesa. O filho do mercador foi recebido gentilmente por todos. — Queremos que nos conte um conto de fadas — disse a rainha. — Espero que seja uma história instrutiva e edificante. — E ao mesmo tempo divertida — acrescentou o rei. — Tentarei atender a ambos os pedidos — respondeu ele. — Escutai-a com atenção, Majestades, para que possais entendê-la. E começou sua história, que era assim: Era uma vez uma caixa de fósforos cheia de palitos de fósforos. Não era uma caixa comum, dessas que se guardam no bolso, mas sim uma caixa especial, de tamanho maior, para servir na cozinha. Os palitos eram tão bem feitos que pareciam cortados à mão. Eram de madeira clara e brilhante, madeira de pinho, e se orgulhavam muito de sua origem. A árvore de onde haviam saído tinha sido o pinheiro mais alto da floresta. A caixa ficava numa prateleira, entre um isqueiro e uma velha panela de ferro. Certa vez, os palitos de fosforo resolveram contar a historia de sua vida para os dois objetos vizinhos. Falando todos juntos, como se formassem um coro, disseram: —

Viviamos nos últimos andares, por assim dizer. Pela manhã e pela tarde, serviam-nos chá de diamantes, que algumas pessoas costumam chamar de "orvalho". Lá em cima, o sol brilha-

va o dia inteiro. Os passarinhos gostavam de aninhar-se por ali. Quantas histórias eles nos contavam! Éramos ricos, pois enquanto os pobres carvalhos e faias perdiam suas folhas e

passavam o inverno despidos, tiritando de frio, nós ostentávamos nossa bela roupagem verde durante todo o ano. Mas foi aí que chegou o lenhador, e uma verdadeira revolução se

operou em nossa vida. A familia foi toda desfeita em pedaços. O tronco foi servir como mastro principal de uma galera, e hoje está navegando pelo mar afora. Não temos noticia do

paradeiro dos galhos; quanto a nós, transformamo-nos em fósforos, e estamos destinados a acender fogo para as pessoas. Assim é que, embora nobres e aristocráticos, hoje aqui es-

tamos, guardados entre os objetos da cozinha. — Pois minha história é inteiramente diversa — disse a panela de ferro. — Desde que nasci, minha vida é só receber fogo por baixo,

depois água e escova por dentro e por fora. Já até perdi a conta de quantas vezes tive de passar por esta provação. Aqui nesta cozinha, o trabalho que executo é o mais importante, e

posso me gabar de ser o principal objeto desta prateleira. Minha única diversão é ficar aqui em cima, depois que me lavam e secam, palestrando cordialmente com meus amigos de

infortúnio. Somos todos objetos domésticos por excelência, pois nunca saímos de casa. As unicas exceções são o balde, que está sempre dando uma voltinha lá fora, para buscar água

na cisterna, e a cesta de compras, que de vez em quando faz uma excursão ao mercado. É ela que nos traz as novidades da rua, que, aliás, quase sempre são desagradáveis. Tudo que

ela vem contar é que o Governo fez isso ou aquilo, e que o povo anda reclamando por esse ou aquele motivo. Às vezes as noticias são tão alarmantes, que outro dia uma panela de

barro se assustou, perdeu o equilibrio, caiu no chão e se despedaçou toda! Eu até pedi à cesta de compras que parasse de falar de politica, mas ela não se emenda. Parece que só

aprecia esse tipo de assunto... — Você só sabe reclamar! — interrompeu o isqueiro. — Vamos alegrar a noite. E, dizendo isso, acionou seu mecanismo, soltando uma faísca brilhante.

— Vamos propor uma discussão — disseram os fósforos. — Quem será o mais importante aqui nesta cozinha? — Não, isso aí acaba resultando em brigas e ressentimentos — disse uma

velha e sensata panela de barro. — Além disso, não gosto de falar de mim mesma. Por que não contamos historias? Eu começo. Vou contar uma história do dia a dia, relatando algo que

poderia acontecer a qualquer um de nós. No meu modo de ver, essas são as histórias mais interessantes. Vamos lá: *"No Mar Báltico, onde as praias da Dinamarca espelham sua*

brancura..." — Que beleza de inicio! — exclamaram os pratos. — Já vimos que vamos adorar essa história! — Foi ali que passei minha juventude, num lar tranquilo — prosseguiu a pa-

nela de barro. — Os móveis eram polidos toda semana, o chão lavado dia sim dia não, e as cortinas eram limpas e passadas a ferro duas vezes por mês.— Estou achando muito interes-

sante sua maneira de descrever as coisas — interrompeu o espanador. — Vê-se que quem está falando é do sexo feminino. A gente até sente a limpeza à qual você se refere! — É

verdade! É isso mesmo! — concordou o balde, manifestando sua alegria com um salto seguido de uma pirueta. E a panela de barro continuou a desfiar sua história, tão interessante no

meio e no final quanto o fora no inicio. Todos os pratos chocalharam em unissono, aplaudindo-a. O espanador arrancou algumas salsas de um molho e compôs uma guirlanda, para com ela coroar a panela de barro. Ele sabia que, fazendo isso, talvez provocasse ciúme e irritação nos outros objetos, mas foi em frente, pensando: "Vamos glorificá-la hoje, para que ela me glorifique amanhã". — Vamos dançar — propôs uma tenaz negra, logo dando o exemplo. E como dançou! Suas pernas se abriam e se fechavam rapidamente, num ritmo alucinante. A capa da velha cadeira que ficava encostada no canto até se rasgou ao meio, de tanto que ela tentava segui-la com os olhos. Quando a dança terminou, a tenaz encarou a assistência e perguntou: — Eu também não mereço ser coroada? Claro que merecia; assim, o espanador apressou-se a lhe colocar uma guirlanda de salsas. — Que gentalha! — sussurraram os fósforos, sem coragem de deixar que os outros escutassem esse comentário. Solicitaram então à chaleira que lhes cantasse uma música, mas ela se recusou, dizendo que havia apanhado um resfriado. Foi o que alegou, mas não era verdade. Primeiro, ela não gostava de que a chamassem de "chaleira"; dizia que era um "samovar"; segundo, era muito orgulhosa, e só gostava de cantar na sala de jantar, quando o patrão e a patroa estivessem presentes assistindo sua exibição. No peitoril da janela estava uma velha pena de escrever que a patroa de vez em quando usava para fazer alguma anotação. A única coisa especial que havia nela era uma marca de tinta na madeira de seu cabo, resultado de um esquecimento da patroa, que certa vez a deixara toda uma noite dormindo dentro do tinteiro. Para ela, aquela crosta negra era uma espécie de condecoração, que a deixava inchada de orgulho. — Se o samovar não quer cantar — observou a pena, — respeitemos sua decisão. Do lado de fora desta janela há uma gaiola, com um rouxinol. Garanto que ele gostaria de cantar para nós. É bem verdade que ele não tem voz educada, nem muito traquejo social, mas seu canto possui uma agradável simplicidade ingênua. Então, que me dizem? — Voto contra — protestou a chaleira grande, que era meia-irmã do samovar. — Acho que ele não tem coisa alguma a ver conosco. Lembremo-nos de que se trata de uma ave estrangeira; convidá-lo seria falta de patriotismo. E quem entende disso é a cesta de compras; assim, deixemos que seja ela o juiz desta questão. — Tudo isso está me deixando aborrecida e irritada — disse a cesta de compras. — Ora, minha gente, que maneira de passar uma noite! Está tudo errado, tudo fora do lugar. Vamos pôr ordem nessa bagunça! Façam o que eu disser, e verão como tudo será bem diferente por aqui. — Nada disso! Vamos fazer zoeira! O que queremos é barulho! — exclamaram os outros objetos. Nesse instante, a porta se abriu e a dona da casa entrou na cozinha. Fez-se um silêncio geral, e todos se aquietaram, cada qual mergulhado em seus próprios pensamentos. Mas até mesmo a mais insignificante panelinha de barro cismava naquele momento: "Aqui nesta cozinha, o objeto mais importante sou eu. Se quisesse, teria tornado esta noite de fato divertida e alegre". A patroa pegou um fósforo, riscou-o e acendeu o fogo. "Agora todos irão ver", pensou o fósforo aceso, "que somos nós, os fósforos, os mais aristocráticos dentre os que aqui estão. Nós é que trazemos o fogo e a luz gloriosa para todos!"

Foi só pensar nisso, e a patroa o sacudiu, dando cabo de sua vida. — Que história encantadora! — comentou a rainha. — Senti como se estivesse ali naquela cozinha, junto com os fósforos. Você merece nossa filha. — Concordo — disse o rei. — Marco a cerimônia do casamento para segunda-feira. Dizendo isso, deu tapinhas amistosos nas costas do filho do mercador, considerando-o já como membro da família. Domingo à noite, toda a cidade estava iluminada, festejando o casamento que se realizaria no dia seguinte. Houve farta distribuição de bons-bocados e rosquinhas, e os meninos de rua, pondo dois dedos na boca, assoviavam a toda altura. Era bonito ver a animação que tomava conta de todos. O filho do mercador é que não iria deixar de participar daquela festa. Assim, foi às lojas e comprou uma quantidade enorme de fogos de artifício, levou-os até o baú e saiu voando com eles. Ah, que espetáculo! O baú sobrevoava a cidade, e de dentro dele saíam rojões e foguetes que iluminavam o céu, explodindo em seguida! Os turcos saltavam de alegria, erguendo os pés bem alto no ar. Foi assim que muitos deles perderam seus chinelos. Também pudera: sua querida princesa iria desposar o deus turco no dia seguinte! Ao regressar para a floresta a fim de esconder o baú, o filho do mercador resolveu ir até a cidade, para escutar os comentários que o povo devia estar fazendo a respeito de sua exibição. Estava orgulhoso, e é fácil compreender e desculpar sua curiosidade a esse respeito. As coisas que o povo disse! Cada qual comentava o espetáculo a sua maneira, mas numa coisa todos concordavam: tinha sido maravilhoso! — Eu vi o deus em pessoa! — dizia um sujeito. — Seus olhos eram como estrelas, e sua barba revolta como o oceano! — Enquanto ele voava — comentava um outro, — sua capa de fogo ondulava ao vento, e vários anjinhos mimosos piscavam sob as dobras de seu manto! Ele divertiu-se enormemente ao escutar aquilo. Voltou para a floresta contente, esfregando as mãos, enquanto pensava: "Amanhã será o dia do meu casamento! Oba!" Dirigiu-se à moita onde o baú estava escondido. Chegando lá, porém, que decepção! O baú estava reduzido a cinzas. Uma pequena brasa desprendida de um dos foguetes tinha caído em seu fundo, e ele se incendiara completamente. Adeus, baú voador, e adeus casamento... Agora, ele não tinha mais condição de voar até o castelo, para encontrar-se com sua noiva... Ela ficou no telhado do castelo, esperando por ele durante toda a segunda-feira. E parece que continua esperando até hoje. Quanto ao rapaz, saiu perambulando pelo mundo, contando suas histórias. Mas nunca mais conseguiu contar uma história tão interessante e divertida como aquela dos fósforos falantes. **O Rouxinol.** Na China, como você sabe, não só o imperador é chinês, como são chineses todos os cortesãos e as pessoas do povo. A história que vou contar aconteceu há muito, muito tempo, e é por isso mesmo que ela deve ser contada, antes que caia no esquecimento. O palácio do imperador era o mais bonito que havia no mundo. Feito de porcelana, sua construção tinha sido caríssima. Era tão frágil, que todos tinham de tomar o maior cuidado para não tocar em coisa alguma que ali houvesse, o que, convenhamos, não era fácil. Os jardins eram recobertos de flores maravilhosas. Nas mais belas, tinham sido penduradas campainhas de prata, que tilintavam quando alguém passava por perto, fazendo com que a pessoa olhasse obrigatoriamente para elas. Tudo nesses jardins era arranjado com extremo capricho e cuidado. Eram tão extensos, que nem mesmo o jardineiro-mor sabia onde terminavam. Se alguém se pusesse a caminhar através deles, andava, andava, até entrar numa floresta cheia de árvores altas, que se espelhavam nos numerosos e profundos lagos que ali havia. Essa floresta estendia-se até junto ao mar, tão azul e profundo naquele litoral, que até mesmo os maiores navios podiam costear a terra sob a sombra das copas daquelas árvores. Nessa floresta vivia um rouxinol. Seu canto era tão mavioso, que até mesmo o pescador, quando passava por ali à noite, a fim de recolher suas redes, parava para escutá-lo, e sempre comentava: — Como canta bonito! Benza-o Deus! O pobre homem bem que gostaria de ficar por ali mais tempo, apreciando aquele canto, mas o trabalho não podia esperar, e ele logo esquecia a ave. Na noite seguinte, porém, ao escutá-la mais uma vez, ficava de novo embevecido, repetindo aquela mesma frase: — Como canta bonito! Benza-o Deus! Turistas chegavam de todos os cantos do mundo à capital do império, admirando-se da suntuosidade do palácio e da beleza dos jardins do imperador.

Aqueles que tinham a oportunidade de escutar o rouxinol, porém, não tinham dúvidas: de todas as maravilhas do império, aquela era a maior. Quando regressavam a suas terras, escreviam livros e livros sobre aquele país, descrevendo o palácio e elogiando os jardins, e nunca se esqueciam de mencionar o rouxinol. Ao contrário, costumavam falar dele já no primeiro capítulo do seu livro! E quando o viajante era poeta, que belos sonetos e que longos poemas dedicava à ave de doce cantar, que vivia na floresta, à beira do mar azul e profundo. Esses livros eram lidos por todo o mundo. Um dia, alguém lembrou-se de dar um deles de presente ao imperador. Curioso de conhecer a opinião dos estrangeiros sobre seu país, ele sentou-se em seu trono de ouro e começou a ler o volume. De vez em quando, sacudia a cabeça satisfeito, ao deparar com os elogios feitos à beleza de sua capital, à suntuosidade de seu palácio e à magnificência de seus jardins. De repente, recuou assustado, ao ler a frase que dizia: *"A maior de todas as maravilhas, contudo, é o canto do rouxinol."* — Quê? — espantou-se. — Que rouxinol é esse? Nunca ouvi falar dele! E essa ave vive aqui, no meu próprio jardim! Só mesmo lendo livros é que se toma conhecimento desse tipo de coisas! O imperador mandou chamar seu cortesão-mor, personagem tão nobre que, quando alguém de categoria inferior ousava dirigir-lhe uma pergunta, ele apenas respondia "P!", o que equivalia nada responder, visto que "P!" nada significava. — Ouvi dizer que a coisa mais maravilhosa existente em meu reino — disse-lhe o imperador — e um pássaro extraordinário chamado rouxinol. Por que nunca me falaram dele? O cortesão-mor bem que gostaria de responder apenas "P!", mas ai dele se agisse assim com o imperador! Portanto, depois de pensar um pouco, disse: — Nunca ouvi falar desse pássaro. Ele nunca foi apresentado à corte. — Pois ordeno que ele esteja aqui no palácio hoje à noite. Quero escutar seu canto — disse o imperador. — Todo o mundo sabe de sua existência, e eu mesmo nunca o vi. — A mim também jamais falaram sobre esse tal de rouxinol — concordou o cortesão-mor, inclinando-se respeitosamente, — mas Vossa Majestade pode estar certo de que haverei de encontrá-lo e trazê-lo até aqui. Só que uma coisa é prometer, e outra bem diferente cumprir o prometido. Ele correu todo o palácio, subiu e desceu escadas, atravessou galerias e corredores, indagou de todos quanto encontrava, mas ninguém tinha ouvido falar do rouxinol. Voltando à presença do imperador, assegurou que toda aquela história não passava de uma fábula, inventada pelos escritores de livros. — Vossa Majestade não deve acreditar em tudo o que se escreve. Muita coisa escrita não passa de ficção, de imaginação artística, de invencionice. — O livro que acabo de ler — replicou o imperador — foi-me presenteado pelo imperador do Japão. Não creio que ele fosse dar-me alguma coisa falsa e inverídica. Portanto, o rouxinol existe, e eu quero escutar seu canto! E hoje à noite, sem falta! Se ele aqui não estiver, todos os cortesãos levarão um bom soco na barriga, logo depois que tiverem comido! — *Tsingpe!* — disse o cortesão-mor, voltando a percorrer o palácio para cima e para baixo, agora acompanhado por metade da corte, já que ninguém gostou daquela ideia de levar um soco na barriga. Continuaram as perguntas sobre o rouxinol, sempre seguidas da mesma resposta: ninguém da corte jamais ouvira falar naquela ave. Por fim, alguém se lembrou de pedir informações ao pessoal da cozinha. Uma criada jovem, que cuidava de arear panelas e frigideiras, ao ser indagada sobre o pássaro, respondeu: — Claro que conheço o rouxinol! Como canta bonito! Costumo vê-lo à noite, quando vou levar as sobras de comida para minha mãe doente, que mora à beira do mar. Como é muito longe, costumo cortar caminho seguindo através da floresta. É lá que escuto o canto do rouxinol. Só duas coisas no mundo me fazem chorar: os beijos que minha mãe me dá e o som mavioso daquele canto. — Minha pequena areadora de panelas — disse o cortesão-mor, sob o olhar espantado de todos, ao vê-lo dirigir-se a uma

pessoa de qualidade tão inferior, — você será promovida a copeira do palácio, além de receber permissão para assistir às refeições do imperador, se nos levar até esse rouxinol, que

está convocado para apresentar-se aqui esta noite! No mesmo instante a criada rumou para a floresta, acompanhada por metade da corte. No caminho, escutaram uma vaca a mugir.

— Oh! — exclamaram os cortesãos. — É ele, sem dúvida! Como pode um animalzinho tão pequeno ter uma voz assim tão poderosa! Parece-me já ter ouvido esse canto antes... — Não,

senhores, isso é apenas o mugido de uma vaca. Ainda falta muito para chegarmos até onde mora o rouxinol. Continuaram a caminhar. Quando passaram perto de uma lagoa, escutaram

o coaxar das rãs. — Oh, divino! Encantador! — exclamou o deão imperial. — Lembra-me o badalar dos sinos! — Mas não é o canto do rouxinol, senhor — explicou a criada, — é o coa-

xar das rãs. Tenham paciência, que em breve iremos escutá-lo. Pouco depois, o rouxinol começou a cantar. — É ele! — exclamou a jovem. — Desta vez, é ele! Ouçam! Lá está ele, na-

quele galho de árvore! Todos olharam para onde ela apontava, e viram um pequeno pássaro cinzento, em meio às folhas verdes. — Será possível? — estranhou o cortesão-mor. — Um

passarinho comum, sem nada de especial... Não pensei que sua aparência fosse essa... Por certo ficou tão intimidado ao ver tanta gente nobre de uma só vez, que até perdeu suas

cores... — Rouxinolzinho querido — disse a criada, — nosso imperador deseja escutar teu canto! — Com todo o prazer — respondeu o rouxinol, pondo-se a cantar maviosamente! — Que

beleza! — exclamou o cortesão-mor. — É como se houvesse campainhas de cristal nessa gargantinha minúscula! Vejam como ela vibra! É estranho que nunca o tenhamos escutado

antes. Vamos levá-lo para a corte: vai ser um sucesso! — Vossa Majestade deseja escutar outra execução? — perguntou o rouxinol, imaginando que o imperador estivesse entre os

componentes da comitiva. — Honorável rouxinol — falou o cortesão-mor, em tom de discurso, — tenho o prazer de convidar-vos a comparecer hoje à noite ao palácio, a fim de que

exibais vossa arte canora para deleite de Sua Imperial Majestade, o Imperador da China! — Meu canto soa melhor em meio ao verdor da mata — retrucou o rouxinol. Entretanto, ao saber

que o imperador insistia em ter sua presença no palácio, seguiu para lá juntamente com a comitiva. Ali, todos os aposentos tinham sido lavados e polidos, e milhares de pequenas

lâmpadas douradas refletiam suas luzes nas paredes e no chão de porcelana. Os corredores tinham sido enfeitados com as mais lindas flores dos jardins, aquelas que tinham campai-

nhas de prata para anunciar sua presença. O vento deslocado pelo vaivém dos criados, andando de lá para cá, abrindo e fechando portas, fazia com que essas campainhas soassem

sem parar, numa zoeira infernal. Ninguém podia entender o que outra pessoa estava dizendo. No grande salão dos banquetes, para onde tinha sido levado o trono do imperador, fora

pendurado um pequeno poleiro de ouro, destinado ao rouxinol. Ali está toda a corte, inclusive a jovem criada, agora promovida a Copeira Imperial, e a quem tinha sido permitido ficar

de pé junto de uma das portas do salão. Todos vestiam suas melhores roupas e tinham os olhos fixos no pequeno pássaro cinzento, ao qual o imperador destinou um cumprimento de

cabeça. O canto do rouxinol foi tão suave, que os olhos do imperador se encheram de lágrimas. O pássaro então redobrou o sentimento, e as lágrimas começaram a descer-lhe copio-

samente pelas bochechas abaixo. Aquele canto, de fato, tocava o coração. O imperador ficou tão comovido, que tirou do pé seu chinelo de ouro, mandando que o pendurassem no pescoço do rouxinol. Não havia honraria maior em toda a China. Mas o pássaro agradeceu, recusando a homenagem e afirmando que as lágrimas do imperador tinham sido a maior recompensa que ele poderia almejar. — As lágrimas de Vossa Majestade são mais preciosas para mim que um tesouro. Eu é que estou agradecido por elas; por isto, dedicarei a todos mais uma de minhas canções. E pôs-se a trinar novamente, deixando toda a corte embevecida. — Esta foi a canção mais encantadora que já ouvimos até hoje! — exclamaram as damas da corte. E daí em diante adotaram o costume de encher a boca de água e gargarejarem sempre que alguém lhes perguntasse alguma coisa. Pensavam que desse modo estariam imitando os trinados do rouxinol. Até mesmo as camareiras e os lacaios ficaram felizes e satisfeitos, o que não deixa de causar espanto, pois os empregados são as pessoas mais difíceis de agradar. E, o rouxinol fez efetivamente um tremendo sucesso. Deram-lhe uma gaiola particular no palácio, concedendo-lhe a permissão de sair a passeio duas vezes ao dia e uma à noite, sempre acompanhado por doze criados, cada qual segurando uma das doze fitinhas, que lhe foram atadas às perninhas. Passear assim não lhe causava prazer algum. O pássaro maravilhoso era a única coisa que se comentava em toda a cidade. Até a maneira de cumprimentar foi modificada. Quando duas pessoas se encontravam, em vez de dizerem "bom dia", "boa noite" ou "como vai", saudavam-se assim: — Rou? — Xinol! Aí suspiravam ambas e prosseguiam seu caminho, sem nada mais precisarem dizer. Doze donos de mercearia deram a seus filhos o nome de Rouxinol, mas nenhum deles aprendeu a cantar. Um dia, o imperador recebeu de presente um pacote, embrulhado em papel celofane. Do lado de fora estava escrito apenas "Rouxinol". Que seria? — Deve ser outro livro elogiando nossa célebre ave — murmurou ele, enquanto abria o presente. Enganou-se: era um rouxinol mecânico, construído à semelhança do verdadeiro, todo de ouro e de prata, cravejado de safiras, diamantes e rubis. Dando-se corda, o pequeno engenho tocava uma das canções que o rouxinol de verdade costumava cantar, enquanto sua cauda de penas de prata subia e descia, ao ritmo da música. Uma faixa pendia-lhe do pescoço, e nela estava escrito: "Este rouxinol, de qualidade inferior, é oferecido pelo Imperador do Japão a seu grande amigo, o Imperador da China". — Que beleza! — exclamaram todos os cortesãos. O mensageiro que trouxera o presente recebeu ali mesmo o título de Supremo Entregador Imperial de Rouxinóis. — E se os dois rouxinóis cantassem juntos? Seria um lindo dueto — sugeriu alguém, sob aplausos gerais. Puseram os dois cantando simultaneamente, mas não deu certo. O pássaro verdadeiro cantava a sua maneira, variando conforme sua emoção, enquanto o mecânico não se deixava tocar e empolgar pela música, já que não tinha coração, mas sim um cilindro móvel dentro do peito. — Isso não é defeito — explicou o maestro imperial, — mas antes uma perfeição. Ele mantém constantes o tempo, o andamento, o ritmo, conforme recomendo em minha escola de música. Vamos ouvi-lo em solo. Puseram o pássaro mecânico a cantar sozinho, e todos concordaram em que ele cantava tão divinamente como o rouxinol de verdade. Além disso, afirmavam, era muito mais agradável de se ver, com seu corpo de ouro e prata, cravejado de pedras preciosas: uma verdadeira joia! O rouxinol mecânico executou trinta e três vezes seguidas a mesma peça, sem se cansar. A corte teria escutado com prazer sua trigésima quarta execução, não fosse o imperador ordenar que gostaria de ouvir em seguida o rouxinol de verdade. Aí todos se deram conta de que a ave tinha desaparecido. Para onde fora? Ninguém sabia. O rouxinol, aproveitando que a janela estava aberta, tinha fugido, voltando para sua querida floresta verde. — Como pôde fazer uma coisa dessas comigo?

— zangou-se o imperador. Toda a corte franziu o cenho, recriminando a atitude do rouxinol e dizendo que ele não passava de uma criatura muito ingrata. — Mas não vai fazer falta — comentou um dos cortesãos. — O melhor cantor ficou aqui conosco! Escutaram então, mais uma vez, a canção do pássaro mecânico. Ninguém ainda havia conseguido aprendê-la, porque era muito complicada, embora fosse a única que ele soubesse. O maestro imperial derramou-se em elogios ao pássaro, declarando que ele era melhor que o rouxinol de verdade, tanto por fora como por dentro. — Notai, senhores — disse ele, dirigindo-se aos assistentes, — que o rouxinol de carne e osso é um músico imprevisível. Não é possível antecipar o que ele vai cantar; tudo depende de sua emoção momentânea. Já este outro, não: sabemos exatamente qual será a próxima nota que ele vai emitir. Não há surpresas, não há caprichos; tudo está determinado e bem concatenado nessas rodinhas e nesse cilindro, que pode ser aberto, desmontado e estudado, e depois montado de novo na mesma posição, a fim de que ele tudo repita de maneira precisa e perfeita. — É isso mesmo! Apoiado! — disse a corte em coro. O imperador ordenou então ao maestro imperial que mostrasse o rouxinol mecânico ao povo, no sábado seguinte. Queria que todos os seus súditos desfrutassem do prazer de escutá-lo. E assim foi feito. Oh, como os chineses apreciaram! Como se deliciaram com aquela maravilha! Sentiram-se tão felizes como se estivessem tomando chá. Para demonstrar sua satisfação, inclinavam a cabeça sem parar, apontando com os mindinhos para o céu e dizendo: "Oh!" O único que não se mostrava inteiramente entusiasmado com a exibição foi aquele pescador que costumava ouvir o rouxinol todas as noites. Num dado momento, ele murmurou para si mesmo: — Sim, ele canta bonito. Parece mesmo com o canto do rouxinol. Mas falta alguma coisa... só que não sei o que é... O imperador assinou um decreto banindo o rouxinol verdadeiro do império. O pássaro mecânico foi colocado numa almofada de seda junto à cabeceira da cama do imperador. Os presentes que passou a receber formavam uma pilha, e entre eles havia até barras de ouro e pedras preciosas. Foi-lhe conferido o título de Supremo Cantor Imperial da Cabeceira da Cama, Grau nº Um, do Lado Esquerdo. Esse detalhe do lado esquerdo era muito importante, pois é desse lado que fica o coração, até mesmo no peito de um imperador. O maestro imperial escreveu um "Estudo Completo sobre a Arte do Rouxinol Artificial", em vinte e cinco volumes, usando palavras complicadíssimas, que ninguém conseguia entender. Mesmo assim, todos compraram a obra e diziam que era excelente, pois do contrário seriam considerados ignorantes, podendo até mesmo ser condenados a levar uns bons socos na barriga. Passou-se um ano. O imperador, a corte e todo o povo chinês sabiam de cor a canção do Supremo Cantor Imperial da Cabeceira da Cama, o que mais aumentou seu prestígio. Desde os meninos de rua, até o imperador, todos não paravam de trautear e assoviar aquela canção: "tui-tililti, titurituri" — a satisfação era geral. Certa noite, porém, quando o rouxinol estava na melhor parte de sua execução, e o imperador se deliciava em escutá-lo, deitado em seu leito, ouviu-se dentro dele um "tlec!", e de repente a canção cessou. O mecanismo estava quebrado, e o pássaro inteiramente mudo. O imperador saltou da cama e mandou chamar o médico, que veio correndo, mas nada pôde fazer. Trouxeram então o relojoeiro do palácio, que desmontou o pássaro, limou aqui e ali, trocou algumas peças e acabou consertando precariamente o mecanismo, advertindo que os cilindros estavam gastos e não havia como repará-los. Seria preciso poupá-lo, evitando ao máximo fazê-lo cantar. Aquilo foi uma verdadeira catástrofe! O pássaro só poderia funcionar uma vez por ano, e mesmo assim a parte final da música seria tocada com defeito. O maestro imperial pronunciou um discurso repleto de palavras difíceis, dizendo que uma canção magnífica como aquela só poderia ser corretamente apreciada se fosse ouvida apenas uma vez por ano; sendo assim, qualquer reclamação seria sem sentido. Isso resolveu o caso, e ninguém mais lamentou o ocorrido. Cinco anos depois, sobreveio uma desgraça: o imperador adoeceu gravemente. Não havia cura para aquele mal, afirmaram os médicos. Assim, embora todos amassem o velho imperador, era necessário escolher outro, e foi o que se fez.

O cortesão-mor velava dia e noite junto à cabeceira de sua cama. Quando saía às ruas e as pessoas o abordavam, querendo saber do estado do enfermo, ele as olhava de cima abaixo e respondia invariavelmente: — P! Pálido e frio, o imperador jazia imóvel em seu leito de ouro. Acreditando que sua morte era questão de dias, os cortesãos pararam de visitá-lo, procurando a todo custo acercar-se daquele que fora indicado para sucedê-lo no trono. Aproveitando a desordem que se instalara no palácio, os lacaios viviam pelas ruas, espalhando boatos, enquanto as camareiras se reuniam nos salões do palácio, tecendo intrigas e bebendo café. Enormes tapetes negros foram estendidos no chão, para abafar os passos, e desse modo o palácio vivia mergulhado em profundo silêncio. As cortinas de veludo preto estavam sempre cerradas, e só uma das janelas era mantida aberta. Por ela entrava o vento que fazia agitar as borlas douradas que puxavam os cortinados. E foi por ali que também entrou o luar, fazendo rebrilhar os diamantes engastados no pássaro mecânico e iluminando a face pálida e inerte do imperador, que ainda não havia morrido. Sua respiração era difícil. Ele tinha a impressão de ter alguém sentado sobre o seu peito. Tentando ver quem seria, abriu os olhos: era a Morte quem ali estava sentada. Sem qualquer cerimônia, ela já estava usando a coroa imperial, empunhando o sabre dourado e trazendo ao pescoço a faixa do imperador. Entre as dobras do cortinado que rodeava seu leito, estranhos rostos apareceram. Alguns eram horrendos, assustadores, enquanto outros eram de fisionomia afável e gentil. Eram suas boas e más ações, praticadas até aquele instante. Ali estavam elas, contemplando-o e sorrindo, enquanto a Morte continuava oprimindo seu coração. — Lembra-se de mim? — sussurrou uma daquelas carantonhas horrendas. — E de nós? — perguntaram outras. E todos puseram-se a descrever seus maus feitos do passado, fazendo-o suar frio, tomado de pavor.

— Não! Não me lembro disso! Não é verdade! — esbravejava o imperador. — Não quero escutar! Toquem música para encobrir esse falatório! Por favor — implorava sem que vivalma o escutasse, — façam soar o grande gongo imperial! Mas os rostos medonhos continuaram a falar, enquanto a Morte, à maneira chinesa, inclinava a cabeça a cada nova acusação que escutava. — Cante, rouxinol dourado! Cante! — suplicou o imperador. — Lembre-se dos presentes que lhe dei. Lembre-se das barras de ouro e das pedras preciosas! Fui eu que, com minhas próprias mãos, coloquei meu chinelo de ouro em seu pescoço! Vamos, cante para mim! Mas o rouxinol mecânico continuou mudo, já que não havia ali quem quer que lhe desse corda. E a Morte continuava a fitá-lo, de dentro das órbitas vazias de seu crânio, enquanto o palácio continuava silencioso, pavorosamente silencioso. Súbito, uma canção maravilhosa soou, quebrando o silêncio. Era o rouxinol verdadeiro, que para lá se dirigira, depois de escutar a notícia da enfermidade grave do imperador. Pousado num galho de árvore quase encostado à janela, cantava para trazer-lhe conforto e esperança. À medida que seu canto prosseguia, os rostos entre as dobras do cortinado foram-se desvanecendo, enquanto o sangue do imperador voltava a pulsar cada vez mais forte em suas veias. A própria Morte encantou-se com aquela música maviosa, e pediu: — Cante outra, pequeno rouxinol! — Canto outra se você me der o sabre dourado. Ela concordou; depois ele cantou outra em troca da faixa imperial e outra em troca da coroa do imperador. Nessa canção, falou do calmo cemitério atrás da igreja, onde crescem rosas brancas, onde as folhas do sabugueiro espalham seu perfume no ar, onde a relva é sempre regada pelas lágrimas dos que ali vão visitar seus entes queridos. A Morte estava com saudades daquele lugar tão aprazível; assim, quando ouviu falar nele, saiu voando pela janela, sob a forma de uma névoa esbranquiçada e fria. — Obrigado, rouxinol; foram os céus que te mandaram aqui! — sussurrou o imperador. — Foste banido por mim desta terra, mas mesmo assim voltaste para espantar os fantasmas que me atormentavam e afugentar a Morte que já me viera buscar. Como poderei recompensar-te? — Vossa Majestade já me recompensou. Nunca me esquecerei das lágrimas com que me presenteou, da primeira vez em que me ouviu cantar. Para mim, que tenho coração de poeta, cada lágrima daquelas era uma jóia que se derramava de seus olhos, em minha homenagem. Agora durma, para recuperar as forças. Cantarei uma música suave, para chamar o sono. E o pequeno pássaro cinzento entoou uma canção doce e terna, fazendo o imperador mergulhar num sono tranquilo e agradável. O sol brilhava lá fora quando ele acordou, sentindo-se são e bem disposto. Julgando-o já morto, nenhum criado ali apareceu. Mas o rouxinol lá estava, e o saudou com uma canção. — Venha sempre aqui, rouxinol — pediu o imperador. — Fique comigo e cante apenas quando lhe der vontade. Quanto a esse pássaro mecânico, vou quebrá-lo ja e já, em mil pedacinhos! — Não faça isso! — protestou o rouxinol. — Que culpa tem ele? É um engenho maravilhoso, e ainda não perdeu de todo a sua utilidade. Conserve-o, pois. Quanto a mim, não me acostumarei a viver num palácio. Meu lar é a floresta. Virei visitar Vossa Majestade sempre que puder. Ficarei lá fora, pousado naquele galho de arvore próximo à janela, entoando canções que haverão de lhe trazer alegria e reflexão. Sim, nem sempre serão canções brejeiras e alegres; algumas serão tristes e sentimentais. Nessas canções, mostrarei o bem e o mal que rodeiam Vossa Majestade, mas que nem sempre são fáceis de ser enxergados. Sou uma ave, voo para todos os lados, conheço muitos lugares e muita gente. Visito as cabanas dos pescadores e as choupanas dos camponeses, bem distantes e diferentes das mansões dos nobres e deste palácio imperial. Sei que essa coroa que Vossa Majestade usa lhe confere autoridade e poder; por isso, inclino-me ante ela e lhe dedico meu respeito, mas não meu amor, pois este eu dedico ao seu coração. Sim, Majestade, virei visitá-lo, virei cantar para alegrar seu coração. Mas quero que me prometa uma coisa. — Prometo tantas quantas você quiser — respondeu o imperador, enquanto se vestia e embainhava o sabre dourado, segurando-lhe o cabo à altura do coração. — Não conte a pessoa alguma que as coisas que fica sabendo lhe são reveladas por um passarinho. Isso o fará sentir-se melhor. Dizendo essas palavras, o rouxinol saiu voando e desapareceu. Nesse momento, os criados entraram no aposento imperial, a fim de tomar as providências do enterro. Qual não foi sua surpresa quando viram o imperador parado de pé, como se estivesse a esperá-los, e quando este os saudou, dizendo simplesmente: — Bom dia. O Pinheiro. No interior da floresta crescia um pinheirinho esbelto e elegante. Havia espaço de sobra ao seu redor, de modo que ele podia dispor de ar fresco e sol à vontade. Perto dali cresciam outros pinheiros e diversas árvores, mas ele estava tão compenetrado com sua própria necessidade de crescer, que mal lhes dava atenção. Também pouco se importava em observar as crianças que vinham à floresta colher morangos e framboesas, nem mesmo quando elas se sentavam a sua sombra e comentavam entre si: — Que pinheirinho mais bonito, vejam só!

Para falar a verdade, ele não prestava a mínima atenção ao que alguém dissesse perto dele. Um ano depois, estava um pouco mais alto e já possuía mais um nível de galhos circulando

seu tronco; no ano seguinte, um novo nível aparecia. Aliás, é desse modo que se conhece a idade de um pinheiro: contando-se os "andares" de galhos que ele tem. — Ah — lamentava-

se o pinheirinho, — como eu queria ser do tamanho das árvores mais altas da floresta... Aí eu poderia espalhar meus galhos bem longe, e contemplar o vasto mundo do topo de minha

copa. Os pássaros viriam construir seus ninhos em meus ramos, e eu poderia oscilar e curvar-me graciosamente como minhas irmãs, na hora em que o vento soprasse... Nada lhe

causava prazer, nem o calor do sol, nem o canto dos passarinhos ou a visão das nuvens vermelhas, deslizando no céu ao pôr-do-sol. Chegou o inverno. Uma camada branca e brilhan-

te de neve recobria o chão. Os coelhos passavam correndo por ali e, sem se deterem ante o pinheirinho, saltavam por cima dele com facilidade. — Oh, que humilhação! — gemia ele a

cada vez que isso acontecia. Passaram-se mais dois anos, e ele continuou a crescer. Agora, os coelhos já não mais conseguiam saltar por cima dele, tendo de dar a volta pelo lado.

"Crescer, crescer!", pensava o pinheirinho. "Ficar alto e velho! Pode haver coisa mais maravilhosa neste mundo?" No outono, chegou o lenhador e começou a derrubar algumas das

árvores mais velhas. Todo ano, lá vinha ele, causando terror entre os gigantes da floresta. Agora que já estava maior, o pinheirinho tremeu de medo ao vê-lo. Apavorado, acompanhou o

trabalho do machado, lanhando profundamente os velhos troncos, até que o gigante desabava, caindo com estrépito no chão. Depois, os galhos eram decepados, e o tronco perdia sua

majestade, jazendo nu, comprido e delgado ali no chão. Tornava-se irreconhecível. Mais tarde, era colocado numa carroça e levado para fora da floresta. Para onde iriam aqueles

troncos? Qual o seu destino? Na primavera, quando as andorinhas e cegonhas reapareceram, o pequeno pinheiro perguntou-lhes: — Alguma de vocês sabe dizer-me para onde os

homens levam as árvores cortadas e o que fazem com elas? As andorinhas não souberam responder, mas uma das cegonhas parou, fitando pensativamente o céu, e depois disse: —

Acho que sei. Cruzei com vários navios, enquanto migrava para o Egito. Seus mastros são enormes e desprendem um cheiro que lembra o dos pinheiros. Sim, eles devem ser feitos de

madeira tirada dos pinheiros. São enormes e altaneiros, pode ter certeza. — Ah, como eu gostaria de ser velho o bastante para servir como mastro e navegar através do oceano!... Por

falar nisso, como é esse tal de oceano? — Ih, é enorme! É tão grande, que nem tenho como explicar — respondeu a cegonha, encerrando a conversa e indo embora. — Alegre-se por

ainda ser jovem — sussurraram os raios de sol. — Desfrute da felicidade de estar vivo aqui nesta floresta! O vento beijou o pinheirinho, e o orvalho derramou lágrimas sobre ele, que nem

sequer os notou. Quando se aproximou o Natal, homens vieram e cortaram diversos pinheiros iguais a ele, alguns até menores e mais jovens. Dessa vez, os galhos não foram cortados,

mas os pinheiros eram colocados inteiros sobre as carroças, que os levavam em seguida para fora da floresta. — E esses aí, para onde irão? — perguntou o pinheirinho. — São do meu

tamanho, senão menores! Por que não lhes cortaram os galhos? Que farão com eles? — Nós sabemos! Nós sabemos! — chiaram os pardais. — Estivemos na cidade e olhamos através

das vidraças das janelas. Foi para lá que os levaram. Os homens dispensam a esses pinheirinhos a maior consideração que se possa imaginar. É a glória! Eles são postos bem no meio

das salas de estar de suas casas, e ali são enfeitados com guirlandas douradas e prateadas, bolas coloridas, pingentes e dezenas de velas acesas. Os ramos do pinheiro até estremeceram, de tão excitado que ele ficou. — E depois? — perguntou. — Que e feito deles? — Isso não sabemos — responderam os pardais. — O que vimos foi isso que lhe dissemos. — Será esse

também o meu destino? — murmurou o pinheiro. — Será que me esta reservada uma glória semelhante? Ah, isso é bem melhor que navegar pelo oceano. Tomara que chegue o próximo

Natal, para que eu seja um dos escolhidos. Já estou crescido e tenho boa aparência; nada fico a dever às árvores que há pouco foram colhidas. Já queria estar em cima da carroça,

seguindo para a cidade, aguardando o momento de ser enfeitado e guardado numa sala quentinha e aconchegante. E depois, que será que vai me acontecer? Deve ser algo melhor e

ainda mais grandioso! Se ja de saída nos cobrem de ouro e prata, depois então... nem sei o que irão fazer! Morro de vontade de saber! Não aguento mais a angústia desta espera! —

Trate de curtir agora a sua felicidade — aconselharam os raios de sol e o vento. — Desfrute a juventude, a natureza, a vida ao ar livre. Mas ele não era feliz. Continuou crescendo, e sua

coloração tornou-se verde-escura. As pessoas que passavam por ali sempre paravam para contemplá-lo, comentando entre si: — Que pinheiro bonito! Aproximando-se o Natal seguin-

te, ele foi o primeiro pinheiro a ser derrubado. Sentiu quando o machado o separou de suas raízes, e desabou por terra com um gemido surdo. Uma sensação de dor e desespero inva-

diu seu cerne, impedindo-o de pensar por um momento na gloria e no esplendor pelos quais tanto ansiara. Sentia uma tristeza profunda por ter de deixar o lugar onde até então havia

vivido, desde que brotara no chão. Sabia que nunca mais iria ver os arbustos e as flores que cresciam ao redor de onde vivera, ou escutar o canto dos pássaros que costumavam pousar

em seus ramos. Não, a despedida nada tinha de agradável. O pinheiro só recobrou os sentidos quando estava sendo descarregado num pátio, onde já estavam muitas outras árvores.

Escutou uma voz que dizia: — Oh, que árvore linda! É essa aí que eu quero. Dois criados de libré carregaram-no para um salão magnifico. Retratos pendiam das paredes e, sobre uma

lareira toda de ladrilhos, viam-se dois grandes vasos chineses, com as tampas em formato de cabeça de leão. Havia cadeiras de balanço, sofás estofados de seda; e, sobre uma mesa,

livros de gravuras e brinquedos valiosíssimos, que custavam sacos de dinheiro — pelo menos era o que as crianças diziam. O pinheiro foi posto de pé num tacho cheio de areia. Ninguém

diria que aquele era um tacho velho e amassado, pois tinha sido todo recoberto de papel de seda verde, e colocado sobre um tapete de cores vivas. O pinheiro tremia de expectativa.

Que estaria para acontecer? As moças da casa começaram a decorá-lo, ajudadas pelos criados. Nos ramos, penduraram redes coloridas, cheias de bombons. Maçãs e nozes, todas

pintadas de dourado, eram presas nos galhos, como se fossem os frutos que ali teriam nascido. Centenas de velinhas vermelhas, azuis e brancas foram fixadas por todos os lados. Nos

pontos onde os galhos se desprendiam do tronco, foram colocados bonequinhos que eram verdadeiras miniaturas de gente. Por fim, no topo da árvore, foi posta uma estrela dourada.

Sim, era magnifico, incrivelmente magnifico! — Pronto — disse alguém. — Vamos esperar que anoiteça. — Aí é que vai ser bom! — um outro comentou. "Sim", pensou o pinheiro, "vai

ser um espetáculo! E há de continuar assim por muito tempo. Será que as árvores da floresta virão aqui para me ver? E os pardais, virão espiar-me pela janela? Deitarei novas raízes aqui

mesmo? Ficarei neste lugar pelos próximos invernos e verões?" Todas essas interrogações deixavam-no com uma tremenda dor de casca, tão incômoda quanto a dor de cabeça para

os humanos. Finalmente, chegou a noite e as velas foram acesas. Que beleza ficou! A árvore até tremia, de tanta emoção. Por causa dessa tremedeira, um de seus galhos pegou fogo, provocando-lhe ardência e dor. — Deus do céu! — gritaram as moças, apagando o princípio de incêndio. Ele não se atreveu mais a tremer — era perigoso. Ali ficou, rígido e imóvel,

temendo perder algum de seus enfeites. Era tudo tão estranho! De repente, as portas se abriram e as crianças invadiram a sala. Estavam tomadas de uma alegria selvagem, especial-

mente as mais crescidas, que até pareciam querer derrubar a pobre árvore. Já os menorzinhos pareciam tão impressionados com a imensidão do pinheiro, que pararam defronte dele,

contemplando-o de olhos arregalados e bocas abertas. Mas foi só no início; logo em seguida já estavam gritando e festejando como as outras. Os adultos entraram por último, mas sem

demonstrar júbilo idêntico, pois já haviam visto muitas vezes aquela mesma cena. Passado algum tempo, todos dançaram e cantaram em redor da árvore, tirando um a um os presentes

que nela estavam presos. "Por que fazem isso?", pensou o pinheiro. "Estão me desarrumando todo! Que mais irá acontecer?" As velas começaram a bruxulear, e foram apagadas. As

crianças passaram a retirar os enfeites restantes, fazendo-o estabanadamente. Lá se foram os bombons, as nozes e as maçãs. Era tal seu ímpeto, que a árvore teria vindo ao chão, não

fosse estar presa ao teto por um grosso cordão, disfarçado atrás da estrela dourada. Agora as crianças continuavam brincando e fazendo algazarra, porém não mais junto à árvore.

Ninguém lhe prestava atenção, a não ser a velha babá, que espiava entre seus ramos, procurando algum figo cristalizado que as crianças acaso tivessem deixado de ver. — Conta uma

história! Vamos, conta! — gritaram os pequenos, empurrando para junto do pinheiro um sujeito gordo que até então estava ali quieto, sorrindo enquanto contemplava toda aquela ani-

mação. Ele sentou-se no chão, embaixo de seus ramos, dizendo por brincadeira que só gostava de contar histórias "à sombra dos verdes pinheirais", mas frisando que só iria contar

uma. — Qual que vocês preferem? A do "Bililiu", ou a do "Como João Redondo Despencou pela Escada, e Mesmo Assim Conquistou a Princesa"? — "Bililiu!" — gritaram uns. — "João

Redondo!" — gritaram outros. A sala até reboava, de tanta gritaria. "Que papel terei de desempenhar nessa brincadeira?", pensou o pinheiro, sem saber que nada mais lhe restava fazer.

O sujeito então contou a história do "João Redondo". Quando terminou, as crianças gritaram pedindo outra, pensando que desse modo conseguiriam persuadi-lo a contar também a do

"Bililiu", mas foi em vão. Tiveram de se contentar apenas com a história de "Como João Redondo Despencou pela Escada, e Mesmo Assim Conquistou a Princesa". O pinheiro ficou

quieto, mergulhado em seus pensamentos. As aves da floresta jamais tinham contado uma história como aquela. "Nunca pensei que essas coisas acontecessem no mundo", cismava,

acreditando que tudo aquilo fosse verdade, pois o sujeito que tinha contado a história parecia ser inteiramente digno de confiança. "Quem sabe, um dia eu posso despencar escada

abaixo e mesmo assim conquistar uma princesa?" Sorrindo ante essa ideia, o pinheiro passou a aguardar que chegasse o dia seguinte, imaginando que então seria todo enfeitado com

luzes e recheado de presentes outra vez. "Amanhã não tremerei como hoje. Já sei como é a coisa, e tratarei de aproveitar. Espero que aquele homem conte a tal história do Bililiu, que

deve ser tão interessante quanto a do João Redondo." E ali ficou ele, silencioso e pensativo, esperando o esplendor do dia seguinte. Pela manhã, vieram os criados da casa. "É agora

que tudo recomeça", pensou o pinheiro. Mas as coisas passaram a ocorrer de maneira diferente. Arrancaram-no do tacho e levaram-no para o sótão, onde o deixaram num corredor

escuro, que jamais era batido pela luz do dia. "É, vamos ter novidades...", pensou ele. "O jeito é aguardar." E ali ficou ele, encostado à parede do corredor, imerso em seus pensamentos.

E teve tempo de pensar, porque transcorreram dias e noites sem que pessoa alguma aparecesse por ali. Quando finalmente alguém apareceu, foi apenas para atirar ali perto umas caixas velhas de papelão. A árvore continuou escondida e completamente esquecida. "Já sei por que isso", pensou. "Estamos no inverno. A terra está dura e coberta de neve. Não há modo de me plantar. Os homens devem estar aguardando a chegada da primavera, para me tirarem daqui. Isso é que é consideração! Pena que aqui é tão escuro e solitário... Não passa nem um coelhinho... Ah, como era bom o inverno na floresta, quando o chão se cobria de neve e os coelhos corriam e saltavam por ali! Eu só não gostava quando um deles resolvia pular por cima de mim. Este silêncio e esta solidão até me dão nos nervos!" — Quim! Quim! — chiou um camundongo, saindo de um buraco da parede. — Quim! Quim! — fez outro ainda menor, aparecendo atrás do primeiro. Os dois farejaram o pinheiro e subiram pelos seus ramos. — Eta, corredor frio! — disse o camundongo maior. — Mas eu gosto daqui. Que me diz, velho pinheiro? — Eu não sou velho — protestou o pinheiro. — Há muitas e muitas árvores na floresta bem mais velhas do que eu. — De onde você veio? — perguntou o camundongo menor. Antes que o pinheiro respondesse, o outro camundongo já lhe dirigia uma nova pergunta, depois outra, pois esses animaizinhos são extremamente curiosos. — Que é que você sabe que nós não sabemos? Conte-nos tudo. — Qual é o lugar mais bonito do mundo? Você já esteve lá? — Por acaso já esteve na despensa? Ah, que lugar! Nham... nham... é bom demais! Tem cada queijo nas prateleiras! E os presuntos pendurados no teto, hum? Coisa de louco, pinheiro! — É verdade: que lugar fantástico! A gente brinca de escalar as velas de sebo, faz uma farra e tanto! Lá, quem entra magro sai gordo! Sabe onde é? — Não, não conheço esse lugar— respondeu o pinheiro. — Mas conheço a floresta, onde o sol brilha e os pássaros gorjeiam. E pôs-se a descrever seus tempos de juventude. Os camundongos escutaram calados e atentos. Quando a árvore acabou de falar, comentaram: — Nossa! Quanta coisa você já viu! Como você deve ter vivido feliz nesse lugar! — Feliz? Hum... — disse o pinheiro, pensativo. — É, foi um tempo bom, aquele. Em seguida, falou-lhes sobre a noite de Natal e descreveu os enfeites e presentes que lhe haviam posto entre os ramos. — Oh! — exclamaram os camundongos. — Foi uma noite de glória para você, meu velho! — Já disse que não sou velho! — protestou novamente o pinheiro. — Acabo de ser colhido na floresta. Estou na flor da juventude. Só parei de crescer porque fui cortado. — Você conta muito bem suas histórias. Amanhã voltaremos aqui e vamos trazer alguns de nossos amigos. Na noite seguinte, os dois reapareceram, trazendo consigo quatro companheiros. O pinheiro teve de contar-lhes de novo sua história, sem esquecer o episódio da noite de Natal. Quanto mais falava, mais nitidamente se lembrava de tudo o que lhe acontecera. Quando terminou sua descrição, comentou, mais para si próprio que para os seis camundongos que o escutavam com interesse: — Sim, que tempo feliz foi aquele! E esse tempo há de voltar. Vejam o que aconteceu com o João Redondo: caiu da escada, espatifou-se todo, e mesmo assim acabou conquistando a princesa. E lembrou-se daquela graciosa bétula que vira crescer perto dele, na floresta, e à qual havia prestado tão pouca atenção. Só agora via que aquela bétula era uma princesa. Sim, uma princesa, encantadora e elegante. A vozinha fina do pequeno camundongo trouxe-o de volta à realidade do presente: — Quem é esse tal de João Redondo? O pinheiro contou-lhes toda a história que havia escutado. Lembrava-se dela inteirinha, tintim por tintim. Os camundongos ficaram tão entusiasmados, que até bateram palmas de contentamento. Na noite seguinte, novos camundongos vieram, e mais uma vez a história foi contada.

para contentamento geral. Aí, chegou o domingo. À noite, lá apareceram os dois camundongos, trazendo dessa vez outros acompanhantes: duas ratazanas feias e antipáticas. O pinheiro repetiu a história, mas elas não a apreciaram, dizendo que aquilo não passava de uma baboseira muito sem graça. Os dois camundongos ficaram tristes com esse comentário, mas tiveram de concordar, pois já estavam cansados de escutar sempre a mesma narrativa. — Essa história é muito chata — disse uma das ratazanas. — Sabe outra melhor? — Infelizmente, não — desculpou-se o pinheiro. — Essa eu escutei na noite mais feliz de minha vida. Pena que eu não sabia disso, naquela ocasião. — Não sei como se pode gostar de uma história boba dessas — disse a outra ratazana. — Não conhece nenhuma que se passe dentro de uma despensa? Uma que aconteça entre velas de sebo e nacos de toucinho? — Não — disse a árvore. — Nesse caso — disseram as ratazanas — não temos nada que conversar. E foram-se embora, seguidas pelos camundongos. Nenhum deles jamais retornou, deixando o pobre pinheiro de novo triste e solitário. "Como foi bom quando aqueles animaizinhos espertos se reuniam ao redor de mim, escutando atentamente o que eu lhes contava. Pena que acabou. Mas não devo ficar aqui para sempre. Algum dia, hei de ser feliz novamente. Espero que em breve." Finalmente, certa manhã, dois empregados subiram até o sótão e começaram a remexer em tudo o que havia por lá. Estavam fazendo uma limpeza. Tiraram as caixas e os trastes velhos, levando-os para baixo. Por fim, arrastaram o pinheiro sem muito cuidado pela escada abaixo, atirando-o no meio do pátio. "A vida recomeça!", pensou ele, sorvendo o ar fresco e aquecendo-se ao sol. Tudo estava acontecendo tão rapidamente, que ele nem se deu ao trabalho de reparar em si próprio, de tão excitado que estava em contemplar o mundo que o rodeava. Ao redor do pátio havia um jardim, cheio de arbustos e árvores em flor. Uma roseira estendia seus ramos sobre a cerca, ostentando lindas flores que espalhavam um doce perfume no ar. Os botões de tília já começavam a se abrir. Uma andorinha passou voando por perto, e cantou: — Tuí, tuí! Meu amor chegou! O pinheiro pensou que ela cantava em sua homenagem. Mas não era. — Agora eu vou viver! — exclamou alegremente, estendendo os galhos para a frente. Só então notou que suas folhas em forma de agulhas estavam amarelas e murchas. Ele tinha sido jogado num canto abandonado do quintal, onde cresciam urtigas e ervas daninhas. A estrela dourada ainda estava presa em sua copa, rebrilhando ao sol. Duas crianças brincavam ali por perto. O pinheiro lembrou-se de tê-las visto dançando alegremente ao seu redor, na noite de Natal. Uma delas avistou a estrela e correu em sua direção. Para pegá-la, não se importou de pisar com suas botinas os galhos do pinheiro, fazendo com que vários deles se quebrassem. Por fim, arrancou a estrela, ergueu-a como se fosse um troféu e gritou: — Veja o que encontrei nesta árvore de Natal velha! O pinheiro contemplou as plantas viçosas que o rodeavam, e depois olhou para si próprio. Arrependeu-se de ter desejado sair do sótão escuro, pois ali não podia ver como estava murcho e decadente. Lembrou-se de sua juventude na floresta, da gloriosa noite de Natal, dos camundongos que tanto apreciaram a história de João Redondo, quando contou pela primeira vez. — Oh — gemeu, — tudo acabou! Por que nunca consegui enxergar que era feliz, sempre imaginando que a felicidade ainda estava por vir? Eu podia ter-me divertido tanto! Podia ter curtido a vida! E agora, que me resta? Nada, nada, nada... Um dos criados veio e picou a árvore, transformando-a em uma pequena pilha de achas de lenha. A cozinheira levou-as para dentro, colocando-as no fogão e atiçando-lhes fogo. As achas arderam instantaneamente, entre rangidos e estalos. As crianças, no pátio, escutaram o barulho e vieram correndo para a beira do fogão, aproveitando os estampidos para brincar de tiroteio. O crepitar da lenha eram os últimos gemidos do que restava do pinheiro. A cada soluço, ele se lembrava de um dia claro de verão que desfrutara na floresta, ou de uma fria noite de inverno, com o céu recamado de estrelas. Vieram-lhe à mente as recordações daquela gloriosa noite de Natal e da história de João Redondo, a única que um dia escutou, a única que sabia contar. Por fim, dele só restaram cinzas. As crianças voltaram ao pátio para brincar. O menorzinho espetara na camisa a estrela dourada, fixando-a à altura do peito. Era o último enfeite que havia sobrado daquela que fora a noite mais memorável da vida do pinheiro. Mas isso tinha sido há muito tempo, e em breve a própria estrela dourada já não mais existiria, teria o mesmo fim do pinheiro, teria o mesmo fim desta história, já que todas as histórias — mesmo as mais compridas — inevitavelmente chegam ao seu fim. **O Sino.** Nas ruas estreitas da cidade, ao entardecer, no momento em que o sol se punha, colorindo de vermelho vivo as nuvens que flutuavam sobre as chaminés das casas, as pessoas costumavam escutar um som estranho, que lembrava o badalar de um sino de igreja. O ruído durava apenas um breve instante, sendo logo abafado pelo barulho da cidade — o estrépito das rodas dos carros e o vozerio da multidão. "É o sino do cair da tarde, chamando o povo para as preces vespertinas", explicavam todos. Para os que viviam nos bairros mais afastados do centro, onde as casas ficavam separadas umas das outras e eram rodeadas por jardins, o pôr-do-sol era ainda mais belo, e o som do sino podia ser ouvido com maior nitidez. As badaladas pareciam provir do interior de uma densa mata, fazendo com que quem as escutasse se sentisse envolto por um ambiente sombrio e solene, como se costuma sentir quando se está rodeado por árvores. Com o passar do tempo, aumentou a curiosidade de todos quanto à razão daquele fenômeno. Será que haveria de fato alguma igreja escondida na floresta? Não demorou para que alguém propusesse uma excursão pela mata, a fim de verificar de onde vinham as badaladas daquele sino. E assim se fez. As pessoas mais abastadas seguiram em suas carruagens, enquanto as mais pobres seguiram mesmo a pé. Fosse como fosse, a floresta ficava muito longe. Assim, quando por fim alcançaram o lugar onde um grupo de salgueiros assinalava o início da mata, sentaram-se a sua sombra para descansar. Olhando para a copa daquelas árvores, tiveram a impressão de já estarem em pleno coração da floresta. Um confeiteiro que seguira junto com os outros armou ali uma barraca e pôs-se a vender bolos e doces. Vendo que aquele era um bom negócio, um outro logo o imitou, armando outra barraca. Para protegê-la da chuva, colocou sobre o mastro central um sino sem badalo, revestido de piche. Quando os excursionistas voltaram para a cidade, contaram que o passeio fora muito romântico, fazendo faiscar os olhos daqueles que mal os abriam nas reuniões sociais que não deixavam de frequentar. Três dos excursionistas contaram que se haviam aventurado pela floresta adentro, conseguindo vará-la de ponta a ponta. Esses três disseram que tinham ouvido o som do sino quando estavam em pleno interior da mata, mas que o som parecia provir dos lados da cidade! Um deles, tomado de inspiração poética, escreveu um soneto, no qual comparava o som do sino à voz da mãe que canta para o filhinho adormecer, terminando a poesia com essa estrofe: *"Neste mundo não há melodia mais doce."* Até o imperador ouviu falar daquele assunto, prometendo, a quem quer que descobrisse de onde provinham as badaladas, outorgar-lhe o título de "Grão-Sineiro Imperial", mesmo que não fosse um sino o causador do som. Com isso, diversas pessoas resolveram sair à procura do sino misterioso, com um olho no título e outro nas recompensas materiais que seu achado poderia render. Só uma, porém, voltou com uma explicação para o fenômeno. Ninguém havia penetrado efetivamente no mais recôndito da floresta, nem mesmo essa pessoa; mesmo assim, dizia ela que o som era produzido por uma enorme coruja que morava dentro de uma árvore oca. Embora fosse o símbolo da sensatez, a ave vivia batendo sua cabeça contra o tronco da árvore, produzindo um som que repercutia como se fossem badaladas. O que ela não sabia dizer era se o que reboava com essas pancadas seria o tronco ou a cabeça da coruja, já que ambos eram ocos. O sujeito foi agraciado com o título de Grão-Sineiro Imperial, e todo ano escrevia um artigo a respeito do assunto, cuja leitura, entretanto, não deixava quem quer que fosse mais culto ou mais sensato. Num domingo de maio, durante a cerimônia de Crisma, o pastor dirigiu aos jovens algumas palavras tão tocantes, que todos ficaram com os olhos cheios de lágrimas. Era um ocasião solene, já que representava, para aquelas almas juvenis, a passagem da idade infantil para a adulta. O dia estava lindo e ensolarado, e os que haviam sido crismados resolveram excursionar pela floresta, aproveitando o fato de que o sino tocava então particularmente forte. Todos seguiram com a firme esperança de encontrar o sino, ou então a coruja badaladora. Todos, menos três: uma mocinha que estava aflita para chegar em casa, a fim de terminar o vestido que iria vestir aquela noite para comemorar sua crisma (aliás, ela só aceitara ser crismada depois que seus pais lhe prometeram dar esse baile); um rapazinho pobre, filho de camponeses, que tinha de devolver as botinas e o terno que estava usando, já que pertenciam ao filho do dono das terras; por fim, um garoto que se recusou a seguir com os outros, porquanto não havia recebido permissão dos pais para meter-se naquela aventura. Como sempre fora um menino bem-comportado, não via por que deixaria de sê-lo, agora que tinha sido crismado. Pode-se debochar de alguém por pensar e agir assim? Claro que não. Mas todos os outros debocharam dele. Assim, três ficaram para trás, enquanto os demais seguiram para a floresta. O sol brilhava e os pássaros cantavam, fazendo com que também cantassem os jovens excursionistas recém-crismados. Caminhavam de mãos dadas, pois ainda não tinham interesses pessoais que os proibissem de ser amistosos e joviais. Dois dos menores ficaram logo cansados e resolveram voltar para suas casas. Duas meninas perderam o interesse em procurar o sino, preferindo colher flores silvestres para compor grinaldas. Assim, o grupo ficou com quatro jovens a menos. Quando os que sobraram atingiram o lugar dos salgueiros, onde o confeiteiro tinha armado sua barraca, muitos desistiram de prosseguir, dizendo: — Pronto, chegamos. Como se pode ver, o sino não existe. Tudo não passa de imaginação. Nesse instante, porém, do fundo da floresta chegou o som suave e solene do sino misterioso. Cinco garotos resolveram entrar na floresta, nem que fosse por um pequeno trecho. Mas não era fácil caminhar ali dentro. As árvores estavam muito juntas e havia muitas plantas espinhosas pelo chão. Que era bonito, era: os raios de sol filtravam-se pelas copas das árvores, e era um prazer escutar o canto do rouxinol. Só que ali não era lugar para meninas, pois não havia como caminhar sem ficar com os vestidos todos rasgados. Os cinco chegaram a uns enormes rochedos recobertos de musgo. Do meio da pedra brotava uma fonte, de onde a água saía grugrulhando. — Garanto que é daqui que sai o som do sino — disse um deles, deitando-se no chão para escutar melhor o borbulhar da água. — Acho que vou ficar aqui para investigar melhor o fenômeno. Com esse pretexto, deixou que os outros quatro prosseguissem. Chegaram a uma casa construída com galhos e cascas de árvore. Uma frondosa macieira silvestre inclinava seus ramos sobre ela, como que a protegendo do sol. Enorme roseiras cresciam ao redor da habitação , estendendo seus ramos ao longo das paredes e subindo até ao teto, que era assim enfeitado de lindas rosas. Da ponta de um desses galhos pendia um pequeno sino de prata. Seria o sino misterioso? Todos concordaram

que sim, exceto um dos garotos. Ele afirmou que aquele sino era pequeno demais para ser ouvido tão longe; além disso, seria incapaz de produzir aquela sonoridade tão plangente, que

até enternecia o coração dos homens. — É fora de questão — argumentou. — O sino que escutamos nada tem a ver com esse aí. O garoto que assim falou era filho do rei. Logo que se

afastou dos outros três para examinar os arredores, eles comentaram entre si: — Ah, esses nobres... Estão sempre achando que são mais inteligentes do que o resto de nós... Assim, lá

se foi ele, sem que alguém se decidisse a acompanhá-lo. Quando perdeu de vista a choupana e os companheiros, o príncipe se viu rodeado pela gigantesca solidão da floresta. Ao

longe, os três desistentes faziam bimbalhar alegremente o sininho da choupana, e de mais longe ainda, trazido pelo vento de tempos em tempos, chegava-lhe o rumor das vozes dos

garotos que haviam ficado junto à barraca do confeiteiro, comendo bolos, tomando chá e cantando. Sobrepujando todos esses ruídos, porém, chegava até ele, cada vez mais forte, o

som do grande sino da floresta, agora parecendo que era acompanhado por um órgão. O som dava a impressão de provir do lado esquerdo, daquele onde fica o coração. Súbito, um

farfalhar de folhas e o estalar de ramos quebrados indicaram que alguém vinha caminhando através da floresta, em sua direção. O príncipe esperou, e pouco depois chegou ali outro

menino, calçando tamancos de madeira e usando um paletó um tanto curto para o seu tamanho. Era o jovem que não pudera seguir com os outros, porque tinha de devolver as roupas

que usara na Crisma para o dono delas. Feito isso, ele vestira suas velhas roupas, calçara os tamancos e saíra à procura do grande sino cujas badaladas graves também atraíam sua

curiosidade. — Vamos procurá-lo juntos — propôs o príncipe. O rapaz baixou os olhos timidamente, enquanto puxava as mangas do paletó, tentando encompridá-las. A pobreza de seus

trajes deixava-o constrangido. Alegou que não conseguiria caminhar tão rapidamente quanto o príncipe, e que, além do mais, acreditava que o sino estivesse do outro lado da floresta,

ou seja, do lado direito, onde se encontra tudo que é belo e majestoso. — Neste caso, acho que nunca mais nos encontraremos — disse o príncipe, dirigindo-lhe um cumprimento com

a cabeça. O menino pobre entrou pela parte mais densa da floresta, onde as urzes e os espinhos acabaram de rasgar suas roupas e de lanhar-lhe as pernas, as mãos e o rosto, deixan-

do-os ensanguentados. Também o príncipe não escapou dos arranhões, mas o caminho que seguiu era banhado pelo sol, e o que não lhe faltava era coragem. Vamos seguir juntos com

ele. — Hei de encontrar o sino — murmurava consigo mesmo, — nem que tenha de caminhar até o fim do mundo. Macacos horrorosos, grimpados nas árvores, debochavam ao vê-lo

passar, grunhindo entre si: — Olha lá um filhote de rei! Uh, uh! Vamos jogar galhos e frutas nele! Mas ele nem lhes deu importância, embrenhando-se cada vez mais na mata densa. Ali

cresciam as flores mais estranhas: lírios com formato de estrelas, tendo no centro um estame cor de sangue; tulipas azuis como o céu; flores-de-maçã, nascendo em árvores cujos frutos

pareciam bolhas de sabão. Como essas macieiras silvestres deviam rebrilhar, quando banhadas pelo sol! Aqui e ali estendiam-se campinas muito verdes, entremeadas de enormes

carvalhos, à cuja sombra brincavam os veados. Numa dessas árvores, que se erguia solitária em meio à relva alta, ervas e musgos cresciam dentro das rachaduras de seu tronco. De

vez em quando, o príncipe deparava com um lago de águas tranquilas, nas quais lindos cisnes brancos deslizavam placidamente. Era um prazer contemplá-los e escutar o ruflar ritmado de suas asas grandes e alvas. Mas o som do sino continuava a ecoar. Parecia-lhe às vezes que as badaladas vinham do fundo de um daqueles lagos. Ele apurava o ouvido, mas logo se convencia de seu engano: o som vinha de bem mais longe, do próprio coração da mata. O sol descambava no horizonte, incendiando todo o céu. Desceu sobre a floresta uma calma tão grande, que o príncipe caiu de joelhos e murmurou: — Jamais encontrarei o que estou procurando. O sol já está sumindo, e logo cairá a noite, a longa e triste noite. Quero ter ainda uma última visão do sol, antes que ele desapareça totalmente. Aquele rochedo ali é mais alto que as árvores; vou tentar escalá-lo. Agarrando-se aos tufos de plantas que cresciam nas gretas úmidas do penhasco, alcançou o topo tão rapidamente, que nem teve tempo de notar as serpentes viscosas que deslizavam entre as pedras, e os sapos enormes, coaxando tão alto como se estivessem latindo. Foi a conta de ver os derradeiros estertores do sol poente. Que visão esplendorosa! Ao longe, estendia-se a imensidão do oceano, podendo-se avistar as ondas que arrebentavam no quebra-mar. Como se estivesse apoiado sobre um altar brilhante e vermelho, o sol parecia imóvel, cortado pela linha do horizonte, na qual se funde o mar com o firmamento. Toda a natureza parecia compor um único e grandioso conjunto cor de ouro; misturavam-se os sons que vinham do mar e da floresta, e o próprio coração do príncipe integrava-se naquela harmonia majestosa. Sentia-se como se estivesse no interior de uma gigantesca catedral: as ervas e flores eram os ladrilhos do piso; as árvores eram as colunas; as nuvens, os lustres; o céu, o teto. Aos poucos foi-se desfazendo a vermelhidão do céu, invadida pelo negrume da noite. Milhões de estrelas cintilavam, como diamantes engastados no céu. O príncipe abriu seus braços, abarcando tudo aquilo: a mata, o mar, a noite. Foi então que, do outro lado do penhasco, do lado oposto ao do coração, chegou ali o menino pobre, com as roupas em farrapos e calçando tamancos. Chegara pouco depois, por ter passado por um caminho mais difícil. Os dois garotos correram a se abraçar, e ali ficaram de mãos dadas, no meio da majestosa catedral, envoltos pela Natureza e pela Poesia. De longe e de muito alto badalava o sino invisível, como um eco musical das preces mudas provenientes daqueles dois corações. **As Flores da Pequena Ida.** Que pena, todas as minhas flores morreram! — disse a pequena Ida. — Na noite passada, estavam tão bonitas; agora, todas as suas folhas estão murchas... Que foi que aconteceu? Essa pergunta ela fazia ao jovem estudante que estava de visita em sua casa. Os dois conversavam sentados no sofá da sala. Ida gostava muito desse estudante, que lhe contava lindas histórias, e sabia recortar figuras curiosas: flores, corações, bailarinas e até mesmo castelos, com portas que se podiam abrir. Era um moço alegre, que gostava muito de crianças. — Por que será que minhas flores estão hoje assim tão tristes? — perguntou ela de novo ao estudante, mostrando-lhe o ramalhete de flores já meio murchas. Ele ficou olhando para ela durante algum tempo, antes de responder: — Já sei o que aconteceu: elas ficaram dançando a noite inteira; por isso, agora estão cansadas e de cabeça baixa. — Mas as flores não sabem dançar! — protestou Ida. — Sabem, sim! — retrucou o estudante. — Quando fica escuro e vamos dormir, as flores dançam e pulam na maior animação. Quase toda noite elas promovem um baile! — As flores-filhas podem ir a esse baile? — perguntou a menina, interessada em conhecer o tipo de educação adotado pelas flores-mães. — Oh, sim, e as que mais gostam de ir são as margaridinhas e os liriozinhos — sorriu o estudante. — E onde é que vão dançar as flores mais bonitas? — Sabe aquele parque que fica perto do palácio de verão do rei? Aquele que tem um jardim maravilhoso? Você esteve lá, não se lembra? Você até deu migalhas de pão para os cisnes. Lembra-se

80

de como eles vieram nadando para perto de você, pedindo-lhe mais migalhas? Pois e naquele palácio que se realiza o grande baile, o magnífico baile das flores. — Mamãe me levou la

ontem — comentou Ida, com ar pensativo. — Mas as árvores estavam todas sem folhas, e não vi por ali nenhuma flor. Tinha uma porção delas, no verão. Para onde terão ido? — Quando

o rei e toda a corte saem de lá e voltam para a cidade, as flores entram no palácio e ficam morando lá dentro. Ah, que vida boa elas levam! Você precisava ver! As duas rosas mais belas

sentam-se no trono: são o rei e a rainha. As cristas-de-galo ficam atrás do trono, inclinando suas cabeças vermelhas: são os camareiros. Aí as flores mais lindas vão chegando, e tem

início o baile. Os jacintos de corola azul são cadetes gentis e elegantes que se dirigem às violetas e hortênsias, chamando-as de "senhoritas" e tirando-as para dançar. As tulipas e os

grandes lírios amarelos são as damas idosas que ficam de olho nos casais, verificando se eles estão dançando corretamente e com bons modos. — Mas — interrompeu a pequena Ida

— ninguém proíbe que as flores dancem no palácio real? — Ninguém sabe que elas estão ali — segredou o estudante. — Às vezes, o velho vigia noturno, que cuida do palácio enquan-

to o rei está ausente, costuma andar pelos salões, chocalhando seu enorme molho de chaves. Assim que escutam seus passos, as flores se escondem. Ele bem que sente seu perfume,

mas não consegue vê-las. — Ah, que beleza! — disse a pequena Ida, batendo palmas. — Se eu fosse lá, será que poderia vê-las? — Acho que sim — respondeu o estudante. — Da

próxima vez que for ao parque, espie pelas janelas do palácio, que provavelmente irá vê-las. Eu hoje passei por lá, e vi uma dália amarela espichada no sofá, como se fosse uma dama

de honra. — E as flores do Jardim Botânico? Será que também vão a esse baile? E como fazem para chegar até lá? É muito longe! — É longe sim, mas elas vão! — replicou o estudante.

— Quando é preciso, as flores voam. Você conhece as borboletas: nunca notou como elas se parecem flores? Isso é porque elas já foram flores um dia! É, foram, mas experimentaram

soltar-se de suas hastes e aprenderam a voar, batendo as pétalas, até que elas se tornaram asas de verdade. Quando isso acontece, elas nunca mais voltam a ser flores, pois não

querem mais perder o prazer de voar. Depois de uma breve pausa, continuou: — Mas não há meio de saber se as flores do Jardim Botânico têm conhecimento do que acontece no pa-

lácio real. Da próxima vez que for lá, revele esse segredo para uma das flores, e vamos ver o que acontece. As flores não sabem guardar segredo, e contam tudo que sabem umas às

outras. Assim, quando a noite chegar, todas voarão para o palácio. Isso certamente deixará surpreso o professor responsável pelo Jardim Botânico. Pela manhã, quando ele for examinar

as estufas, não verá nenhuma flor em todo aquele lugar, e certamente haverá de escrever um relatório a esse respeito. — Mas como é que a flor que me escutar vai contar o segredo

para as outras? Nunca vi uma flor falar! — comentou a pequena Ida. — Elas fazem sinais. É como brincar de mímica. Você já notou, quando o vento sopra, que elas balançam as cabeças

e acenam suas folhas, e cada qual compreende perfeitamente o que a outra está dizendo, sem que ela precise falar. — Será que o professor entende essa linguagem delas? — Claro

que entende! Numa destas manhãs, quando ele examinava o jardim, viu uma grande urtiga acenando com as folhas para um cravo vermelho, e mandando-lhe a seguinte mensagem:

"Ah, como você é bonito! Amo você!" E como o professor não gosta desse tipo de conversa, zangou com ela e lhe deu um puxão de orelhas, ou seja, um puxão de folhas. Pra quê: seus

dedos ficaram ardendo, e ele nunca mais quis encostar a mão numa urtiga! — Que gozado! — riu Ida. — Não vejo a menor graça nessas conversas sem sentido! — intrometeu-se na conversa o velho desembargador, sempre mal-humorado, que acabava de entrar na sala. — Tais fantasias não passam de absurdos; são perniciosas para as crianças e aborrecidas para os adultos. O desembargador não gostava do estudante, irritando-se principalmente quando o via com tesoura e papel, recortando figuras. O estudante há pouco recortara a silhueta de um homem enforcado segurando um coração: tinha sido condenado por ser um ladrão de corações. Naquele momento, o moço já havia começado outro recorte: a figura de uma feiticeira montada numa vassoura, carregando o marido na ponta de seu narigão. Mas a pequena Ida achava engraçado tudo o que o estudante fazia, e agora estava pensativa, remoendo o que ele lhe contara a respeito das flores. "Minhas flores estão cansadas de tanto dançar", murmurou baixinho, enquanto levava o ramalhete, depositando-o sobre a mesa onde estavam seus brinquedos. Uma das gavetas estava cheia deles. Ida tinha muitas bonecas, e sua predileta era a que se chamava Sofia, que naquele instante estava deitada num berço. Tirando-a de lá, a menina lhe disse: — Seja uma boa boneca, Sofia, e durma na gaveta esta noite. As flores estão doentes. Vou pô-las em sua cama, para que fiquem curadas. A boneca não respondeu, zangada por ter de ceder o bercinho. Ida deitou ali as flores e cobriu-as com carinho, dizendo-lhes em seguida que, se fossem boas e ficassem quietinhas, ela lhes traria uma xícara de chá. — Pela manhã, vocês já devem estar boas, e vão poder levantar e passear. Em seguida, puxou o cortinado que rodeava o berço, para que o sol não batesse em seus olhos pela manhã. Durante toda a noite não conseguia pensar em outra coisa, senão naquilo que o estudante lhe havia dito. Quando chegou sua hora de dormir, correu até o peitoril da janela, puxou as cortinas e ficou contemplando os vasos de plantas de sua mãe. Eram jacintos e tulipas, aos quais ela sussurrou: — Sei aonde vocês irão esta noite, espertinhas! As flores fingiram não escutar, mantendo-se imóveis, sem mexer uma pétala ou uma folhinha sequer, mas a pequena Ida sabia que tudo aquilo não passava de disfarce. Ao entrar sob as cobertas, continuou a imaginar como devia ter sido bonito o baile das flores no palácio real. "Será que minhas flores estavam era lá?", perguntou para si própria, e logo em seguida adormeceu. Tarde da noite, acordou. Acabara de sonhar com as flores, com o estudante e com o desembargador, repreendendo-o por encher a cabeça da menina com tamanhos absurdos. O quarto estava em silêncio. Na mesa ao lado da cama de seus pais, ardia uma lamparina. "Duvido que minhas flores estejam deitadas no bercinho da Sofia", pensou. "Oh, meu Deus, tenho de saber se elas estão lá!" Sentando-se na cama, olhou em direção à porta, que estava entreaberta. No quarto da frente estavam suas flores e todos os seus brinquedos. Apurou o ouvido e escutou uma música ao longe: alguém tocava piano na sala, baixinho, com tal beleza e suavidade, como ela jamais ouvira antes. "Agora, todas as flores estão dançando. Ah, como eu gostaria de ver...", murmurou, mas não teve coragem de sair da cama, com receio de acordar seus pais. "Olá, florezinhas, por que não vêm dançar aqui perto, para eu poder vê-las?" Mas as flores não vieram, e a música continuou a tocar. Por fim, ela não mais resistiu e desceu da cama. Pé ante pé, chegou até a porta entreaberta e espiou a sala. Lá não havia lamparina acesa, mas ela podia enxergar assim mesmo, pois a luz do luar penetrava pelos vidros da janela. A claridade era quase a mesma da luz do sol. Tulipas e jacintos formavam duas longas filas. Tinham abandonado seus vasos, que agora estavam sem flores, no peitoril da janela. As flores dançavam com extrema graciosidade, dando-se as folhas umas às outras. Formavam uma roda, girando uma em torno da outra, como nas brincadeiras das crianças. Um grande lírio amarelo estava sentado ao piano. Era ele quem tocava.

A pequena Ida lembrou-se de tê-lo visto durante o verão, no jardim. Ela ali estava com o estudante, e recordava-se de que ele então dissera: "Como esta flor se parece com a senhorita Lina!" Todos haviam rido do que ele dissera, mas a pequena Ida não, pois de fato achara que havia grande parecença entre as duas. Ao piano, então, a semelhança mais se acentuava, pois a flor se sentava exatamente como a senhorita Lina, balançando o rosto para cá e para lá, ao compasso da música. Nenhuma flor reparou na pequena Ida. De repente, uma grande flor azul de açafrão pulou bem no meio da mesa onde estavam os brinquedos, foi direto para a cama da boneca e puxou o cortinado. Ali estavam as flores doentes, só que agora não mais com cara de doentes. Elas logo pularam da cama, querendo entrar na dança. O bonequinho de porcelana, cujo queixo estava lascado, saudou as flores com uma inclinação de cabeça. Elas então saltaram dali para o chão, e como se divertiram! Aqui na Dinamarca, na época do Carnaval, costuma-se dar às crianças um feixe de varas de bétula amarradas com uma fita, tendo presos nos galhinhos flores de papel, brinquedos e balas. Existe aqui um antigo costume: na segunda-feira de Carnaval, as crianças vão pela manhã à cama de seus pais, batendo neles de leve com esses chicotinhos, até acordá-los. Como esses feixes de varas secas são graciosos, muitas crianças costumam guardá-los. Era o que tinha feito a pequena Ida, guardando o seu sobre a mesa, junto com os outros brinquedos. Pois esse molho de varas, de repente — pumba! — saltou da mesa ao chão, indo dançar com as flores. Por certo pensou ser igual a elas, e que suas fitas seriam folhas. A diferença era que, em cima do feixe de varas, havia um bonequinho de cera muito engraçadinho, tendo na cabeça um chapéu de abas largas, parecido com aquele que o desembargador usava. O feixe de varas, sendo mais duro que as flores, podia dançar a mazurca sapateando, e foi o que ele fez. Foi então que o bonequinho de cera começou a crescer, tornando-se alto e comprido, e passou a zangar com as flores de papel, dizendo: — Como vocês têm coragem de ensinar esses absurdos às crianças? De contar essas histórias perniciosas e sem sentido? O bonequinho de cera estava a cara do desembargador: o mesmo chapéu de abas largas, o mesmo aspecto amarelo e mal humorado. Mas as fitas que amarravam o feixe enlaçaram-se em suas pernas e puxaram-nas para baixo, fazendo-o encolher até voltar a ser o mesmo bonequinho de cera de antes. Era tudo tão divertido que a pequena Ida não pôde conter o riso. As varas não paravam de dançar, e com isso o desembargadorzinho também se sacudia todo. Aliás, mesmo quando ele tinha ficado grande, não havia parado de dançar, embora todo deselegante e desengonçado. O coitado já demonstrava sinais de cansaço; por isso, as flores pediram ao feixe de varas que parasse de dançar. As que até pouco tempo atrás estavam deitadas no bercinho de Sofia é que sentiam mais pena do pobre bonequinho de cera. Logo que o feixe de varas atendeu ao pedido e parou, ouviram-se batidas que vinham de dentro da gaveta onde Sofia tinha sido posta. O boneco de porcelana caminhou até a beirada da mesa, deitou-se ali de barriga para baixo e puxou a gaveta tanto quanto podia — ou seja, não muito. Sofia pôs a cabeça para fora e disse: — Ah, temos baile por aqui! Por que ninguém me avisou? — Quer me dar o prazer da próxima dança? — perguntou o boneco de porcelana. — Vê lá se vou dançar com um boneco de queixo lascado! — disse Sofia com arrogância, mudando de posição e sentando-se de costas para o pobre galã. Mas, se ela pensava que algum dos cavalheiros presentes viria tirá-la para dançar, enganou-se redondamente. Tendo sido recusado, o boneco de porcelana começou a dançar sozinho, e até que ele tinha jeito para a coisa! Já que as flores pareciam não lhe dar a mínima atenção, Sofia saltou para o chão, caindo com grande barulho. As flores correram para junto dela, perguntando-lhe se estava machucada. As mais aflitas com seu estado eram as que tinham ficado em seu berço.

Ela tranquilizou-as, dizendo que estava bem. Então as flores do ramalhete da pequena Ida agradeceram-lhe por lhes ter cedido o berço, dizendo que gostavam muito dela. Em seguida,

levaram-na até o meio da sala, onde a luz do luar formava um foco mais brilhante, e ali dançaram com ela. As flores fizeram uma roda em torno dela, e Sofia se sentiu tão feliz, que lhes

ofereceu seu berço, por quanto tempo fosse necessário, pois não se importava de ter de dormir dentro da gaveta. — É muito gentil de sua parte, Sofia — responderam as flores, — mas

não precisa se incomodar, pois nossa vida é muito curta. Amanhã já estaremos mortas. Diga à pequena Ida para enterrar-nos no jardim, perto de onde ela enterrou o canário. No ano

que vem, voltaremos a viver, e seremos mais bonitas do que somos hoje. — Não quero que vocês morram! — lamentou-se Sofia, dando um beijo em cada uma. Nesse momento, a porta

da sala se abriu, e por ela entraram dançando as flores mais lindas que se pode imaginar! Ida ficou intrigada, sem saber de onde elas teriam vindo, mas aí lembrou-se de que deviam

ser as flores do parque próximo ao palácio real. Primeiro, entraram duas rosas, com coroas de ouro na cabeça. Era o casal real. Atrás delas vinham cravos e lírios, que inclinaram a

cabeça, saudando as outras flores. Em seguida vinha a orquestra. Grandes papoulas e peônias sopravam em vagens de ervilhas-de-cheiro com tanta força, que suas bochechas até

estavam vermelhas. As campânulas bimbalhavam como sininhos. Era uma orquestra divertida de se ver e de se ouvir. Por último, vinham as outras flores, dançando: violetas, margaridas

e lírios-do-vale. Por fim, o baile terminou, e as flores se despediram, beijando-se umas às outras. A pequena Ida voltou silenciosamente para sua cama e logo dormiu, sonhando com

tudo aquilo que acabara de ver. Na manhã seguinte, logo que se levantou, a primeira coisa que fez foi correr ao berço da boneca, para ver se as flores ainda estavam ali. De fato, lá

estavam, só que inteiramente murchas. Tinham morrido. Quanto a Sofia, estava deitada dentro da gaveta, com ar de quem estava morrendo, mas só que de sono. — Está lembrada do

recado que lhe pediram para me dar? — perguntou-lhe a pequena Ida. Sofia não respondeu. — Você não é uma boa boneca — repreendeu-a Ida. — As flores, sim, são boazinhas. Elas

todas dançaram com você, não se lembra? Como Sofia permanecia em silêncio, ela tomou uma caixinha de papelão, em cuja tampa havia uma bela gravura de um pássaro, e nela de-

positou as flores mortas. — Este aqui é o seu caixão — sussurrou. — Quando meus primos chegarem da Noruega, vamos enterrá-las no jardim, para que vocês possam renascer no

próximo verão, ainda mais bonitas do que eram. Os primos noruegueses eram dois garotos fortes e bem dispostos, chamados Jonas e Adolfo. Seu pai tinha-lhes dado de presente dois

arcos e dois jogos de flechas, e eles os tinham trazido, para mostrá-los a sua priminha Ida. Ela lhes contou tudo sobre as pobres florezinhas mortas, convidando-os a tomar parte no

funeral. Os três seguiram em procissão; primeiro os garotos, com os arcos apoiados aos ombros; atrás, a pequena Ida, levando nos braços o caixãozinho de papelão. Num canto do

jardim, cavaram uma pequena sepultura. Antes de enterrar as flores, Ida deu-lhes um beijo. Jonas e Adolfo bem que queriam ter espingardas, ou mesmo canhões, para darem uma

salva de tiros em homenagem àquelas florzinhas tão gentis; mas como não tinham, cada qual disparou uma flecha, deixando-as cravadas em cima do túmulo das flores da pequena Ida.

O Porco de Bronze. Na cidade de Florença, não longe da praça onde se situa o palácio do Grão-Duque, existe uma ruazinha chamada, se não me engano, de "Porta Rossa", e nela, diante de uma quitanda, há um chafariz com o formato de um porco. A água, clara e fresquinha, jorra do focinho do porco, que é de bronze. Assim, o focinho rebrilha, com aquele fulgor

que só o bronze possui, enquanto que o resto do corpo é esverdeado, devido à camada de azinhavre que nele se formou com o tempo. A causa desta diferença está no fato de que o

focinho é esfregado diariamente pelas mãos dos estudantes e mendigos que ali vêm beber água, apoiando-as nele enquanto se inclinam para baixar a boca até a altura do esguicho.

Dá prazer ver o belo animal de bronze abraçado por um garoto sedento e seminu, que, com sua boca fresca e jovem, quase beija aquele antigo focinho. Qualquer pessoa que visite

Florença poderá deparar subitamente com esse chafariz, ou, caso queira encontrá-lo, basta perguntar ao primeiro mendigo que encontrar onde fica o porco de bronze, que ele logo lhe

indicará o caminho para chegar até ele. Era inverno, era de noite e já era tarde. Os topos das colinas que rodeiam a cidade estavam cobertos de neve. Não havia escuridão, pois a lua

brilhava no céu, e a lua, na Itália, ilumina tanto quanto o sol, nos países setentrionais, durante o auge do inverno. Arrisco mesmo a afirmar que ela ilumina mais que o sol, já que a atmos-

fera dessas latitudes é tão límpida, que parece refletir o luar; além disso, não é fria e cinzenta como no Norte, onde, como uma tampa de chumbo, parece espremer a pessoa contra a

terra fria e úmida, fazendo-a sentir-se como se estivesse dentro de um caixão e enterrada. Nos jardins ducais, onde milhares de flores vicejam no inverno, um garotinho esfarrapado

estivera sentado durante todo o dia à sombra de um enorme pinheiro. Ele era a própria imagem da Itália: sorridente, belo e sofredor. Estava com fome e com sede, e, embora houvesse

esticado a mãozinha durante todo o dia, ninguém lhe tinha atirado uma única moeda. Veio a noite, e o vigia que fecha os portões do jardim expulsou-o dali. Atravessando uma ponte

sobre o Arno, o garoto parou e ali ficou durante longo tempo, olhando para a correnteza do rio e sonhando, enquanto contemplava nas águas o reflexo de muitas estrelas e o da própria

ponte, talhada em mármore, e que se chama Santa Trinità. Viu também seu próprio reflexo tremulando lá embaixo. Prosseguindo seu caminho, dirigiu-se ao chafariz e, apoiando um dos

braços no pescoço do porco de bronze, tomou da água que jorrava do focinho da estátua. Perto dali encontrou algumas folhas de alface e umas castanhas, e nisso se resumiu seu

jantar. Fazia frio e não havia vivalma pelas ruas. Ele estava sozinho. Trepando nas costas do porco, inclinou a cabeça de cabelos cacheados até encostá-la na do animal de bronze, e

ali adormeceu. Quando deu meia-noite, a estátua mexeu-se debaixo dele, e o porco falou claramente: — Segura firme, garoto, que vou correr! E correu mesmo! Foi assim que teve início

a mais estranha corrida que alguém jamais experimentou. Primeiro, o porco foi à praça do palácio ducal. O cavalo de bronze que ali havia, e sobre o qual se via montada a estátua do

duque, relinchou alto quando os avistou. Todas as cotas de armas coloridas da antiga Casa da Câmara cintilaram brilhantemente. O Davi de Michelangelo girou sua funda. Havia vida

em todas as estátuas. As figuras de metal ao redor de Perseu agitavam-se excitadamente, e as sabinas desferiram o terrível grito que tinham preso na garganta de mármore, o grito de

pavor diante da morte iminente, cujo eco ressoou na bela praça deserta. Junto à arcada do palácio dos Uffizi, onde os nobres florentinos se reuniam para realizar seus bailes de más-

caras, o porco de bronze parou. — Segura firme, garoto — avisou ele, — que vou subir a escadaria. O menino nada respondeu. Dividido entre o medo e a alegria, abraçou-se fortemen-

te ao pescoço do animal. Entraram na longa galeria. O garoto conhecia-a muito bem, pois já estivera ali muitas outras vezes. As paredes eram adornadas com quadros e ladeadas por belíssimas estátuas. Naquele momento, porém, a galeria estava mais iluminada que durante o dia, as telas pareciam mais vivas e coloridas, os bustos e estátuas davam a impressão de estarem vivos. Mas o momento mais magnífico, aquele que o menino jamais esqueceria durante toda a sua vida, foi quando se abriu a porta que dava para um dos menores cômodos do palácio. Ali dentro estava a estátua de uma mulher nua, bela como apenas a natureza poderia criar, o mármore permitiria reproduzir e o maior de todos os artistas saberia esculpir. Ela movia os membros graciosamente, enquanto os golfinhos a seus pés arqueavam os dorsos e saltavam. Uma única mensagem podia ser lida em seus olhos: imortalidade. Essa estátua é mundialmente conhecida como a "Vênus dos Medicis". Duas outras esculturas de mármore ficavam-lhe ao lado, comprovando o quanto é possível conferir vida à pedra inerte, desde que a arte e o espírito do homem se juntem na busca do mesmo objetivo. Uma delas representava um homem brandindo sua espada; a outra mostrava dois gladiadores numa luta corpo a corpo. Aumentando a realidade e a beleza da cena, a arma era afiada, e os gladiadores pareciam de fato empenhados em seu combate. O garoto sentia-se ofuscado pelas cores radiantes das telas. Ali estava a Vênus de Ticiano, reproduzindo a imagem da mulher que o artista amara, espreguiçando-se num sofá macio. Ela meneava a cabeça: seus seios expostos arfavam; os cabelos ondulados derramavam-se sobre os ombros nus, e seus olhos escuros revelavam a paixão existente no sangue que corria em suas veias. Embora todas aquelas obras de arte aparentassem estar dotadas de intensa vitalidade, nenhuma delas saía de sua moldura ou de seu pedestal. Talvez fossem as auréolas douradas que encimavam a Madonna, Jesus Cristo ou João Batista que as constrangiam e faziam-nas manterem-se em seus lugares, pois aquelas pinturas sacras não eram simplesmente uma representação artística, mas sim os próprios entes sagrados cujas figuras reproduziam. Que beleza! Que encanto! O garoto apreciava deliciado todas aquelas maravilhas, porque o porco de bronze caminhava lentamente por todos os cômodos do palácio. Cada obra de arte superava a anterior em magnificência. Uma delas, porém, chamou-lhe particularmente a atenção, talvez porque continha as figuras de muitas crianças como ele. Já pudera vê-la de certa feita, à luz do dia. Era a tela representando Jesus Descendo ao Limbo. Muitos visitantes passam por ela rapidamente, dispensando-lhe quando muito uma rápida olhadela, sem perceber todo um mundo de poesia que ela contém. O artista que a pintou, um florentino chamado Agnolo Bronzino, não quis representar o sofrimento da morte, mas sim a expectativa acarretada pela visão de Nosso Senhor no mundo das trevas. Duas crianças se abraçam; um garotinho estende a mão aberta para outro, ao mesmo tempo em que aponta para si próprio, como se dizendo: "Dentro em breve estarei no Paraíso". Os adultos ali representados parecem indecisos. Imersos em dúvida e esperança, imploram pela salvação, enquanto que as crianças, em sua inocência, antes a exigem. O menino quedou-se longamente diante dessa tela, enquanto o porco de bronze permanecia imóvel a seu lado, esperando pacientemente. Alguém suspirou. Teria sido uma das figuras pintadas, ou o porco de bronze? O menino ergueu a mão para tocar as crianças da tela, mas nesse exato momento o porco saiu dali e voltou a correr através das galerias. — Obrigado, e que Deus te abençoe — murmurou o menino, enquanto o porco — punct! punct! — descia as escadas com ele nas costas. — Agradece a ti mesmo, e que Deus te abençoe! — retrucou o animal de bronze. — Ajudei-te, mas tu também me ajudaste, pois só quando uma criança inocente me cavalga, adquiro vida e posso sair correndo, como o fiz hoje. Posso até mesmo deixar que recaia sobre mim a luz da lâmpada votiva colocada aos pés da Virgem Santa. Só não me é permitido entrar na igreja, embora não seja proibido chegar até junto da porta e dar uma olhada lá dentro. Nesse caso, porém, mantém-te sentado em meu dorso, sem apear, ou corro o risco de retornar à inércia da morte, como a que me envolve à luz do dia, quando me vês lá no beco da Porta Rossa. — Prometo que não vou descer — garantiu o menino. O porco disparou novamente pelas ruas da cidade, até que chegaram diante da igreja da Santa Cruz. Sem que alguém as tocasse, as portas se abriram sozinhas. Todas as velas do altar-mor estavam acesas, e sua luz se espalhava para fora do templo, iluminando a praça deserta onde se postou o porco, com o menino montado em seu dorso. Acima de um túmulo, ao longo da nave lateral esquerda, milhares de estrelas formavam um halo. Um escudo decorava o monumento singelo: sobre o fundo azul, destacava-se uma escadaria, rebrilhando como se estivesse em chamas. Era o túmulo de Galileu, e aquele emblema deveria ser o brasão da Arte, pois o objetivo do artista é subir uma escada de fogo no rumo do céu. Todo profeta do espírito, qual Elias, ascende para o céu! Na nave lateral direita, todas as estátuas de mármore que decoravam os ricos sarcófagos ali existentes estavam vivas. Dante, coroado de folhas de louro; Michelangelo, Machiavelli, Alfieri: lá estavam eles, lado a lado, os representantes máximos da glória da Itália! A igreja de Santa Cruz não é tão grande como a catedral de Florença, mas é muito mais bela. As vestes marmóreas das estátuas pareciam ondular, enquanto as cabeças daqueles grandes homens se voltavam para o lado de fora, permitindo-lhes contemplar a imensidão da noite. Do altar vinham as vozes suaves dos coroinhas paramentados de branco, balançando turíbulos. O perfume penetrante do incenso impregnava todo o ar, chegando a ser sentido até mesmo na praça fronteira. O menino estendeu os braços na direção do altar-mor, de onde irradiava a luz, mas logo em seguida o porco de bronze deu meia-volta e disparou numa desabalada carreira, tão impetuosamente que ele teve de se segurar com toda a força em seu pescoço, ou do contrário teria caído no chão. As portas da igreja fecharam-se com estrépito, e o animal prosseguiu com tal rapidez, que o menino fechou os olhos, enquanto o vento sibilava em seus ouvidos. Invadido por uma sensação de vertigem, desfaleceu. Quando voltou a si, já era de manhã. Estava ainda montado no porco, quase caindo. Recobrando a presença de espírito, acabou de apear, e só então notou onde estava: na Porta Rossa, junto ao chafariz. O porco de bronze, imóvel e inerte como sempre, esguichava água clarinha pelo focinho lustroso. Lembrou-se com receio da mulher a quem chamava de mãe. Por ordem dela, tinha saído às ruas, na véspera, para mendigar. E que conseguira? Nada, nem mesmo uma única moedinha de cobre. Estava faminto. Mais uma vez, abraçou-se ao porco de bronze e bebeu da água que dele jorrava. Depois de beijar o focinho do animal, seguiu pelas vielas sujas que levavam até sua casa. Ele vivia num dos becos mais estreitos da cidade. Era tão apertado, que nele apenas dava para passar um burro carregado, e nada mais. Uma porta chapeada de ferro estava semiaberta. Deslizou por ela e começou a subir uma escada de pedra, ao lado da qual uma corda esticada servia de corrimão. As paredes eram imundas. Chegou até um pátio, acima do qual havia uma galeria que circundava toda a construção. Em cima do muro estavam estendidas roupas para secar: todas não passavam de trapos. No centro do pátio via-se um poço, de onde saíam arames grossos, ligando-o a cada uma das moradias existentes na parte de cima. Desse modo, não era preciso descer até o pátio, quando se necessitava de água: os baldes vinham cheios e oscilantes, derramando água no chão, e voltavam vazios, para novamente serem enchidos. O menino subiu por outra escada de pedra, ainda mais estreita que a primeira. Quase foi derrubado por dois marinheiros russos, que se precipitavam às gargalhadas pelos degraus abaixo, saindo provavelmente de alguma noitada bem-sucedida. No topo da escada, uma mulher, nem velha, nem jovem, com belos cabelos pretos, esperava por ele. — Quanto conseguiu? — perguntou ela. — Não fique zangada! — implorou ele. — Não me deram um único vintém! Nada! O menino segurou-lhe a fímbria da saia, como se fosse beijá-la, num gesto de humildade. Entraram juntos na mansarda que constituía sua morada. Não sei como descrever a miséria que reinava ali dentro. Só uma coisa precisa ser mencionada: havia ali uma panela de barro cheia de carvões em brasa. A mulher chegou-se perto dela e estendeu as mãos em sua direção, a fim de aquecê-las. Tocando nele com o cotovelo, disse rispidamente: — Onde está o dinheiro? Não minta: você tem algum! O menino prorrompeu em pranto. Ela acertou-lhe um pontapé, e ele se pôs a gemer em voz alta. — Cale a boca, maricas, ou quebro-lhe a cabeça! Ela ergueu a panela de barro, como se estivesse pronta a cumprir a ameaça. Gritando de medo, o menino atirou-se no chão, com as mãos protegendo a cabeça. Outra mulher entrou correndo no cômodo. Também ela segurava uma vasilha contendo brasas. — Felicità! — gritou ao atravessar a porta. — Que está fazendo com o pobrezinho? — Ele é meu filho, e posso fazer com ele o que quiser, até mesmo matá-lo, se me der na telha — replicou a outra. — Tomada de ira, atirou a panela de barro na direção da vizinha, que também fez o mesmo, no intuito de se defender daquele ataque. As duas panelas chocaram-se no ar, espatifando-se e espalhando brasas pelo chão do pequeno aposento. Nesse ínterim, o menino escapuliu. Desceu as escadas como um raio, atravessou o pátio e ganhou as ruas. Correu o mais rápido que pôde, só parando quando sentiu que mal podia respirar. Estava diante da igreja de Santa Cruz, a mesma onde estivera na noite anterior. As portas estavam abertas, e ele entrou, ajoelhando-se diante de um dos túmulos que ali havia. Era o de Michelangelo. Com o rosto molhado de lágrimas, orou fervorosamente. Entre tantas pessoas que ali estavam assistindo à missa, só uma reparou naquela criança com ar de desespero. Era um homem já entrado em anos. Olhou de relance para o garoto, e em seguida foi-se embora. O menino sentia fraqueza, tamanha era a sua fome. Sem esforço, subiu até o nicho existente entre o monumento fúnebre e a parede do templo, acomodando-se ali e adormecendo pouco depois. Só acordou ao notar que alguém puxava a manga de sua camisa. Era o velho, que resolvera passar outra vez por ali. — Está doente, filho? Onde é sua casa? Fez diversas perguntas ao menino, que as respondeu prontamente. Ao final do interrogatório, o velho tomou-o pela mão e o levou para sua casa. Era uma casinha situada numa rua lateral. Funcionava também como uma oficina de fabricação e conserto de luvas. Quando os dois entraram, a mulher do luveiro estava sentada, costurando luvas. E mato você também, Gianina! tada, costurando luvas. Um cachorrinho de raça "poodle", cujo pelo estava cortado tão rente que se podia enxergar sua pele cor de rosa, pôs-se a latir alegremente; de repente, saltou sobre a mesa, e dali pulou para o colo do garoto, agitando a cauda. — Duas almas inocentes sempre se reconhecem — sorriu a mulher, afagando o cão. Deram algo de comer ao menino, convidando-o a ficar ali durante aquela noite. No dia seguinte, Papa Giuseppe — era esse o nome do velho — iria conversar com a mãe dele. Mandaram-no dormir num estrado simples, sem colchão ou cobertas. Para ele, acostumado a dormir no chão duro, aquilo era um verdadeiro luxo. Logo adormeceu, sonhando com o porco de bronze e as lindas pinturas que havia visto na véspera. Quando Papa Giuseppe saiu de casa pela manhã, o garoto ficou triste, receando ter de voltar para a casa da mãe. Com os olhos cheios de lágrimas, e o cãozinho nos braços, ficou olhando para o velho, que se despediu com um aceno e seguiu para os lados de onde ele morava. Ao voltar para casa, Papa Giuseppe veio silencioso. Trancou-se num quarto com a esposa, e os dois ficaram ali conversando durante longo tempo. Por fim, os dois saíram, e a mulher dirigiu-se ao garoto, acariciando-lhe a cabeça e dizendo: — Ele é um menino bonzinho. Vai aprender a fazer luvas tão bem como você. Olhe para seus dedos, como são finos e longos. Estou certa de que Nossa Senhora o destinou a ser um luveiro, e dos bons! Assim, o garoto passou a morar naquela casa, e a mulher do luveiro começou a ensinar-lhe a costurar. Ali, a comida não faltava, e a cama era confortável. Aos poucos, foi-se dissipando seu medo de perder aquelas regalias, e ele começou a fazer algumas pequenas peraltices. A cadelinha Bellissima passou a sofrer com isso, pois era sempre a vítima de suas traquinagens. A mulher do luveiro não gostou daquilo. Chamando-o num canto, agitou o dedo em frente de seu nariz e repreendeu-o severamente. Cabisbaixo e calado, o garoto ouviu a reprimenda, arrependendo-se do que havia feito. Quando ela parou de falar, ele seguiu para seu quarto, que era também usado para secar peles, e ali se sentou, amuado com o que acabara de acontecer. Deitou-se e ficou olhando para a janela, cercada de grades para evitar a entrada de ladrões. Não conseguiu conciliar o sono. De repente, escutou lá fora um barulho estranho: clopt, clopt, clopt! Devia ser o porco de bronze, que tinha vindo até ali para consolá-lo! Saltou da cama e correu para a janela, olhando para fora. Só viu a ruazinha deserta e silenciosa.— Vá ajudar o *Signore* a carregar sua caixa de tintas — ordenou-lhe a mulher na manhã seguinte. O *Signore* era seu vizinho, um jovem pintor, que naquele momento saía de casa, carregando com dificuldade uma grande tela e uma caixa cheia de tintas e pincéis. O garoto tomou-lhe a caixa das mãos e seguiu com ele pelas ruas, até chegar à galeria aonde poucos dias atrás fora levado pelo porco de bronze. O menino reconheceu várias das estátuas de mármore e telas ali expostas. Lá estavam a encantadora estátua de Vênus e o quadro representando Jesus, a Mãe de Deus e João Batista. O pintor parou diante da tela de Bronzino. *Jesus Descendo ao Limbo*, contemplando as crianças que sorriam esperançosamente, na certeza de que em breve alcançariam o Reino dos Céus. Também seu acompanhante sorriu, pois aquele era o seu céu. — Pronto, chegamos — disse-lhe o pintor. — Pode voltar para casa. Pronto, chegamos — disse-lhe o pintor. — Pode voltar para casa. — Deixe-me ficar aqui vendo-o trabalhar, *Signore* — pediu ele cortesmente. — Gostaria de ver como é que os pintores fazem. — Agora não vou pintar — explicou-lhe o artista. — Vou apenas traçar uns esboços. Tirando da caixa um creiom preto, pôs-se a desenhar na superfície branca da tela. Que suavidade de movimentos! Apenas com o olhar, media as figuras no quadro a sua frente, em seguida reproduzindo sua silhueta. A figura de Cristo logo se destacou no esboço. — Não fique aí de boca aberta, atrapalhando meu serviço. Vá para casa — ordenou o pintor asperamente. O menino obedeceu. Chegando à casa do luveiro, sentou-se à mesa e começou a costurar, enquanto seu pensamento não saía das pinturas que acabava de ver. Em diversas ocasiões a agulha fincou-lhe os dedos e aquele foi o dia em que seu trabalho menos rendeu, tendo de ser refeito várias vezes. Mas Bellissima não teve motivos de queixas, pois em nenhum momento ele a perturbou. Chegando a noite, notou que a porta da rua tinha sido deixada aberta, e esgueirou-se para a rua. A noite estava fria, mas o céu se apresentava lindo, recamado de estrelas. Andando devagar, seguiu até a Porta Rossa, ao encontro do porco de bronze. Chegando ao chafariz, inclinou-se, beijou o focinho brilhante do animal, subiu-lhe nas costas e segredou em seu ouvido: — Oh, bichinho bendito, que saudades tive de você! Então? Vamos galopar por aí? Mas o porco de bronze continuou imóvel, sem que a água

deixasse de jorrar, límpida e fresca, de seu focinho lustroso. O menino sentiu alguma coisa puxando a barra de suas calças. Era Bellissima, a cadelinha "poodle", que, mesmo sob a

pálida luz do luar, deixava ver sua pele rosada debaixo dos pêlos tosados. Bellissima latiu, como se estivesse dizendo: — Veja, estou aqui. Vim atrás de você. Por que está aí sentado

em cima desse porco? A visão da cadelinha assustou-o tanto como se tivesse visto o diabo. Bellissima andando de noite pelas ruas, sem o casaquinho de pelo de carneiro com que

costumava sair de casa nos dias frios! Sua dona jamais teria permitido que ela saísse no frio sem aquele abrigo, feito especialmente para ela! Ela o amarrava no pescoço do animal com

uma fita vermelha, prendendo-o com dois laços debaixo da barriga. Quando vestia aquele agasalho, a cadelinha ficava parecendo um cordeiro. A mulher do luveiro jamais teria permi-

tido que ela saísse desacompanhada; que dizer de sair desagasalhada! Oh, meu Deus! Ela iria ficar bem zangada, quando notasse que sua queridinha não estava em casa! O sustou

espantou para longe seu desejo de passear montado nas costas do porco, mas mesmo assim ele beijou o focinho do animal, logo que desceu. Depois, carregou a cadelinha nos braços,

notando que ela tremia de frio. Saiu com ela em louca disparada, rumo à casa do fabricante de luvas. — Pare aí, menino! — ordenou um guarda que estava postado numa esquina. —

Aonde pensa que vai com esse cachorro? Garanto que o roubou! O policial tomou-lhe a cadela das mãos, enquanto ele se punha a chorar, pedindo-lhe entre soluços: — Devolva-a para

mim! Ela é minha! — Se o cachorro é seu e não foi roubado — disse-lhe o guarda, — não tem problema: vá para casa e diga a seus pais que podem ir procurá-lo na delegacia de po-

lícia. E lá se foi o policial para a delegacia, levando Bellissima consigo. O menino ficou desesperado! Não sabia o que fazer; se iria até a casa do luveiro e contaria tudo, ou se

seria preferível atirar-se nas águas frias do Arno. "Ela vai me matar", pensou ele. "Mas antes morrer de vergonha, ou morrer de apanhar, do que morrer afogado na água fria. Que

a Virgem Maria e Jesus Cristo me protejam!" Tomada essa decisão, seguiu para a casa do luveiro. A porta estava trancada, e dentro da casa o silêncio era total. Apanhando uma

pedra que encontrou na rua, bateu com ela na porta. — Quem está aí? — perguntou uma voz. — Sou eu! — gritou o menino. — Bellissima fugiu! Abra a porta e pode me matar! O

velho e a mulher abriram a porta. Não pareciam nada satisfeitos, especialmente ela, que ao passar pela sala havia visto o casaquinho da cadela pendurado no prego onde sempre

ficava. — Bellissima na delegacia de polícia! Que vergonha, meu Deus! — gemeu a mulher. — Ah, menino malvado! Como pôde sair com ela nesta noite tão fria? A pobrezinha deve

estar enregelada! Coitadinha! Tão frágil e tão meiga, nas mãos daqueles brutos! O velho vestiu o casaco e foi até a delegacia, a fim de recuperar a cadela. Sua mulher continuou

a lamentar-se em voz alta, enquanto o menino chorava e soluçava. O barulho que fizeram foi tal, que acordou todos os vizinhos, obrigando-os a descer para saber o que estava

acontecendo. O pintor também desceu. Ao ver o menino em prantos, sentou-o em seus joelhos e pôs-se a conversar com ele. Entre soluços, o garoto contou a história de seu es-

tranho passeio à Galeria dos Uffizi, montado nas costas do porco de bronze. O pintor balançou a cabeça, espantado com aquele relato. Tentou tranquilizar o menino e a velha, mas

nada conseguiu. Mesmo depois que o marido chegou trazendo a cadelinha, ela continuou a queixar-se em altas vozes. Examinou-a detidamente, constatou que nada lhe havia acontecido, que ela não estava em estado de choque, que a permanência na delegacia não lhe tinha tirado a alegria e o apetite, mas independente disso não se sentiu reconfortada e

satisfeita. O artista acariciou a cabeça do menino e deu-lhe de presente alguns de seus desenhos! Eram maravilhosos! As caricaturas, então, eram bem divertidas! Mas o desenho

de que o garoto mais gostou foi um que representava o porco de bronze. Uns poucos traços na folha branca de papel, e lá estava ele. O desenho mostrava até a casa que ficava

atrás do chafariz! "Quem sabe desenhar e pintar", pensou o menino, "pode dizer que é dono de todo o mundo!" No dia seguinte, depois de terminar sua tarefa, tomou de um toco

de lápis e tentou copiar o esboço do porco de bronze, numa folha de papel. E não é que conseguiu? É bem verdade que uma das pernas do animal ficou muito comprida, e outra muito

fina; mas que aquele era o porco, ah, isso era! No dia seguinte, fez nova tentativa. Como era difícil traçar linhas retas a mão livre! Mas o segundo saiu melhor que o primeiro, e o terceiro

saiu tão bom, que até as outras pessoas puderam ver que se tratava de um porco. Se como desenhista estava progredindo, como aprendiz de luveiro piorava a olhos vistos. Quando

lhe mandavam dar algum recado, levava cada vez mais tempo para regressar. Por quê? Porque a reprodução do porco de bronze lhe havia ensinado que tudo pode ser desenhado. E,

para quem queira copiar modelos, Florença se presta como um alentado livro de figuras, esperando apenas que a pessoa vire suas páginas. Na Praça da Santíssima Trindade, por

exemplo, ergue-se uma coluna delgada, em cujo topo se vê uma estátua da Justiça. A deusa traz os olhos vendados e tem nas mãos uma balança de dois pratos. Em pouco tempo,

aquela figura estava não só no alto da coluna, como também na folha de papel do menino, que ali a desenhara. O caderno no qual o pequeno aprendiz copiava seus esboços enchia-se

pouco a pouco, mas até então ele só havia desenhado objetos imóveis e mortos. Num dia em que Bellissima pulava alegremente perto dele, teve uma ideia. — Sente-se aí, Bellissima, e

fique bem quietinha — ordenou. — Quero juntar um belo retrato seu à minha coleção. Mas a cadelinha não quis sentar-se, nem parou de correr e pular. Para poder usá-la como modelo,

só mesmo se a amarrasse. E foi o que ele fez, passando-lhe uma correia no pescoço e uma corda na cauda, e prendendo-a nas pernas da mesa. Bellissima não gostou nem um pouco

dessa história, e muito menos a Signora, que fez um estardalhaço quando viu aquilo. — Ah, pagãozinho miserável! — explodiu. — Que está fazendo ao pobre animalzinho? Você não

passa de um grande ingrato! Deu-lhe um bofetão e correu para tirar a cadelinha semiestrangulada das cordas que a prendiam. Parou de praguejar apenas para beijar o animal, e, em

seguida, puxando pelo braço o menino que chorava convulsivamente, arrastou-o até a porta e o atirou para fora, expulsando-o daquela casa. Nesse exato momento, talvez atraído pelo

barulho, o pintor descia as escadas, e esse é o ponto crucial de nossa história. Em Florença, no ano de 1834, realizou-se uma exibição na Academia de Arte. Duas telas penduradas

lado a lado atraíam particularmente a atenção dos visitante. A primeira representava um garoto tentando desenhar um cãozinho "poodle" de pêlo tosado bem rente. Como o cão não

quisera posar de modelo, o garoto o tinha amarrado firmemente às pernas da mesa, prendendo-o pela cauda e pelo pescoço. A pintura era estranhamente viva, e possuía um encanto

especial, que revelava o talento do artista. Dizia-se que o retratado era natural de Florença, tendo sido adotado por um fabricante de luvas que o havia encontrado vagando pelas ruas.

Fora seu pai adotivo que o ensinara a desenhar. No dia em que cometera aquela peraltice reproduzida na pintura ali exposta, fora expulso de casa, e acolhido por um jovem pintor desconhecido, hoje um renomado artista, autor daquele quadro encantador. Como se podia ver, soubera tirar da vida real o tema de uma obra-prima. Quanto ao pequeno aprendiz de luveiro, também ele se tornara famoso como pintor. Era dele a tela exposta ao lado da primeira. Nela se via um garoto pobre e maltrapilho, dormindo a sono solto sobre as costas do porco de bronze existente na Via Porta Rossa. Quem conhecia aquele chafariz, espantava-se ao constatar a fidelidade com que fora reproduzido na pintura. O braço do garoto descansava sobre a cabeça do animal. A pequena lâmpada que ardia aos pés da imagem da Virgem, num nicho do muro fronteiro, iluminava o belo e pálido rosto da criança, realçando a paz que se divisava em seu semblante. Era uma tela maravilhosa, que uma bela moldura dourada ainda mais valorizava. Acima da tela, os organizadores da exposição haviam posto uma coroa de louros, atravessada por uma fita de crepe negro, da qual se desprendia uma faixa que pendia ao lado do quadro. É que o jovem autor daquela obra de arte havia morrido poucos dias antes... **Hans, o Palerma. Uma Antiga História Recontada.** Longe, bem longe daqui, numa velha herdade, viviam o dono daquelas terras e seus dois filhos, ambos inteligentíssimos, capazes de responder a qualquer pergunta que lhes fosse formulada, além de outras que ninguém saberia como formular. Como a princesa havia proclamado oficialmente que estava disposta a se casar com o pretendente mais espirituoso que lhe fosse apresentado, os dois resolveram candidatar-se ao cargo de príncipe consorte, que é como se chama quem tem a sorte de se casar com uma princesa. Os dois tinham apenas uma semana para se preparar, mas tempo suficiente para eles, jovens cultos e educados. Assim sendo, não teriam de aprender, mas apenas de recordar, o que não deixava de ser uma grande vantagem. Um deles sabia de cor, e de trás para a frente, todo o dicionário de Latim, podendo também repetir todas as notícias publicadas no jornal da cidade nos últimos três anos. Já o outro havia decorado todas as leis, normas e regulamentos referentes às relações trabalhistas, conhecendo até mesmo os decretos e resoluções que nem os presidentes de sindicato sabiam, ou dos quais tivessem ouvido falar. Acreditava que isso lhe dava condição de discutir política, o que calha bem a um candidato a príncipe. Além disso, sabia bordar suspensórios, habilidade que nem todas as pessoas possuem. Nesse particular, era um artista. — Eu serei o escolhido! — afirmavam ambos, categoricamente. Cada qual recebeu um cavalo, dado pelo pai. O que sabia de cor o dicionário de Latim e os jornais recebeu um cavalo negro; o perito em leis e que sabia bordar suspensórios recebeu um branco como leite. Para poderem falar com desenvoltura, esfregaram nos lábios óleo de fígado de bacalhau. Depois disso, prepararam-se para partir. Todos os criados da herdade formaram-se em fila, para as despedidas. Justamente no momento em que montavam, chegou correndo o irmão mais novo. Ué, então eram três irmãos? Sim, eram. Havia um terceiro. Não foi mencionado no início da história, porque era uma espécie de "carta-branca" na família. Não havia estudado, não tinha instrução, não passava de um "bobo alegre". E tanto era assim, que todos só se referiam a ele chamando-o de *Hans, o Palerma.* — Onde é que vocês vão nessa elegância toda? — perguntou. — Vamos ao castelo, ora — respondeu o irmão mais velho. — Não ouviu o arauto anunciar na praça que a princesa pretende escolher seu esposo? Os candidatos irão apresentar-se hoje à tarde, e o mais espirituoso será o escolhido. Só você que não sabe disso... — É isso aí, Palerma — confirmou o outro irmão. — A princesa entrevistará cada candidato pessoalmente, escolhendo por fim aquele que for mais desinibido, sagaz e dotado de espírito. — Então, é comigo mesmo! — exclamou Hans, o Palerma, — também quero ir! Os dois irmãos desataram a rir, encerrando as despedidas e pondo-se a galope. — Me dá um cavalo, pai! — implorou Hans. — Quero ir com eles. Estou em idade de casar, e já escolhi a

noiva: e a princesa. — Deixe de falar asneiras! — rosnou o pai. — Não vou dar cavalo nenhum para você! Onde já se viu? Você nada tem de espirituoso, e, além do mais, nem sabe falar

direito! Não se enxerga? Nem apresentação você tem! — Ah, não quer me dar o cavalo? Então, tá — retrucou Hans, — deixe para lá. Eu tenho um bode... Ele me aguenta... Eu monto

nele. Dito e feito: Hans montou no bode, meteu-lhe os calcanhares nas ilhargas e lá se foi atrás dos irmãos. O bode saiu em disparada, enquanto o cavaleiro — ou melhor, o "bodeiro"

— gritava a plenos pulmões: — Lá vou eu! Saí da frente! Enquanto isso, os dois irmãos cavalgavam lado a lado, sem trocar uma palavra sequer. Estavam ambos concatenando suas

ideias e separando aquelas que lhes pareciam mais espirituosas. Seguiam tão calados e taciturnos que até parecia estarem acompanhando um funeral. De repente, seu silêncio foi

quebrado pelos gritos de Hans, que conseguira alcançá-los: — Peguei vocês! Ha, ha, ha! Tô aqui, manos! E olhem o que encontrei ali atrás! E exibiu-lhes um corvo morto que havia

encontrado à beira da estrada. — Ah, Palerma! — exclamaram os irmãos. — Um corvo morto... Que pretende fazer com essa porcaria? — Vou levar de presente para a princesa. — Oh,

mas que presentaço! — zombaram os irmãos, incitando os cavalos a trotarem mais rápido, pois não queriam ser vistos em sua companhia. Não demorou muito, e ele de novo alcançou

os irmãos, saudando-os em voz alta: — Peguei vocês outra vez! E olhem o que acabo de encontrar! Não é todo dia que se acha um tesouro desses na beira da estrada! Os irmãos vol-

taram-se para ele, curiosos de saber do que se tratava. — Mas que que é isso, Palerma? — estranharam os dois. — Um tamanco velho e estragado! Outro presente para a princesa?

— Adivinhou! — respondeu Hans. Nova gargalhada dos irmãos, que outra vez espicaçaram os cavalos, deixando-o para trás. Passado mais algum tempo, lá vem ele de novo: — Oi,

manos! Cheguei! Vejam o que achei desta vez: e demais! — Que foi? — perguntaram, curiosos. — Aqui no meu, bolso, olhem — mostrou Hans. — Não acham que a princesa vai adorar?

— Argh! Lodo tirado de alguma vala! — exclamaram, enojados. — Isso mesmo! Mas não é lodo vagabundo, e sim da melhor qualidade! Finíssimo! Até escorrega entre os dedos, de tão

fino! Enchi meus bolsos com ele. Dessa vez, os irmãos nem acharam graça. Trataram foi de sair a galope, alcançando as portas da capital do reino uma hora antes de Hans. Vários

candidatos já haviam chegado, e todos recebiam uma senha numerada, tendo de dispor-se em fila, tão agarrados uns nos outros, que sequer conseguiam mover os braços. Foi uma

prudente medida, pois do contrário poderiam engalfinhar-se, já que naquele concurso havia muitos candidatos, disputando uma só vaga. Enquanto isso, os demais moradores da capi-

tal aglomeravam-se em redor do castelo real, na esperança de poderem ver e acompanhar as entrevistas de cada candidato. E esses eram admitidos um a um na antessala, deslum-

brando-se com o luxo dos tapetes, dos quadros e da mobílias que ali havia. Sua arrogância logo desaparecia, e os candidatos mal conseguiam tartamudear alguma resposta, quando

a princesa lhes dirigia a palavra. Assim, iam sendo rapidamente despachados, não conseguindo causar boa impressão. — Não serve — concluía a princesa. — Fora! Que entre o pró-

ximo. Chegou a vez de entrevistar o irmão mais velho de Hans, aquele que sabia de cor o dicionário de Latim e os jornais de sua terra. Todos os seus conhecimentos, porém, parece que

se haviam evaporado, enquanto estivera na sala de espera, onde o soalho rangia a cada passada, e um espelho no teto revirava de cabeça para baixo tudo o que nele se via. Entrou ressabiado no grande salão. Junto à janela, três escriturários e um fiscal anotavam tudo o que era dito, fornecendo a informação aos jornais, que no dia seguinte teriam assunto de sobra para publicar. Para aumentar o desconforto, a lareira estava acesa, espalhando no salão um calor terrível. — Está quente aqui dentro — queixou-se o rapaz. — É que meu pai hoje resolveu assar uns frangos — respondeu a princesa. — Ah, é? — foi tudo o que ele conseguiu dizer, ficando ali de boca aberta, sem que nenhum dito espirituoso lhe viesse à mente. — Não serve! — declarou a princesa. — Fora! Que entre o próximo. O mais velho saiu, cabisbaixo, enquanto o segundo irmão entrava no salão amplo e assustador. — Aqui dentro está quente, hein? — disse, tentando puxar assunto. — Estamos assando uns franguinhos — respondeu a princesa. — Fran... franguinhos? — foi tudo o que ele soube dizer. Os escriturários imediatamente anotaram que o candidato número tanto havia respondido: "Fran... franguinhos?" — Não serve — disse mais uma vez a princesa. — Fora! Que entre o próximo. E foram entrando, um a um, até que chegou a vez do Palerma. Ele entrou no salão montado no bode, e logo foi exclamando: — Que raio de salão mais quente, sô! — É que mandei assar uns franguinhos — disse a princesa. — Boa pedida! Sou chegado a um frango! Que tal assar também esse corvo? Bota ele lá, moça. — Só tem um probleminha — respondeu a princesa. — As panelas e os caldeirões já estão cheios. Não temos vasilhame sobrando. — Bota aqui dentro — disse Hans, mostrando o tamanco velho, que era do tipo fechado. A princesa disparou a rir, ao ver Hans tentando enfiar o corvo no tamanco, coisa que ele afinal conseguiu. — Muito bem — comentou ela, esforçando-se por ficar séria. — Já dá para o almoço. Mas você vai assar o corvo a seco, sem um molho, um creme? — De jeito nenhum! — respondeu Hans. — Vai ser corvo assado ao creme natural! Tenho um montão dele aqui no bolso! — Gostei desse! — exclamou a princesa. — Enfim, um candidato que sabe falar sem inibição. Vou casar-me com você! Mas é bom que fique sabendo: tudo o que aqui se diz está sendo anotado para sair publicado amanhã nos jornais. Para tanto, ali estão três escriturários e um fiscal. Mesmo quando não entendem o que se diz, eles anotam. Quem menos entende é o fiscal, e é o que mais anota. A princesa estava testando Hans, no intuito de ver se ele ficaria desapontado ou assustado. Às suas palavras, os escriturários explodiram em gargalhadas, que mais pareciam relinchos de cavalo. Um deles sacudiu-se tanto, que a pena caiu-lhe da mão, sujando o soalho de tinta. Ao invés de se intimidar com aquilo, Hans riu também e arrematou: — Então, convido os quatro para provar do meu corvo. E como o magrelo ali é o mais importante da turma, vou servir-lhe uma porção extra de creme natural. Dizendo isso, tirou do bolso uma boa mãozada de lodo e atirou-a na cara do fiscal. A princesa até virou a cabeça para trás, de tanto rir. — Boa! Essa foi demais! — disse ela, sem conseguir recompor-se. — Eu nunca teria ideia de fazer isso; mas pode deixar, que ainda hei de aprender! Para resumir: Hans casou-se com a princesa, que nunca o chamou de palerma, tornando-se o rei daquela terra. E como ficava imponente, sentado no trono, de cetro na cabeça e coroa na mão! Como é que fiquei sabendo desta história? O fiscal anotou, o jornal publicou, e eu li o jornal. Só que a gente não deve confiar em tudo o que lê nos jornais... **A Sombra.** Nas costas do Mediterrâneo, o sol sabe de fato brilhar com todo o seu esplendor. Seus raios dardejam tão fortemente, que bronzeiam a pele das pessoas, tornando-as trigueiras, da cor do mogno. O jovem intelectual vindo do Norte, das terras onde as pessoas parecem aprendizes de padeiro, de tão brancas que são, logo aprendeu a suspeitar do astro ao qual, até então, sempre dedicara carinho e amizade. Nas terras meridionais, fica-se dentro de casa a maior parte do tempo, mantendo-se fechadas portas e janelas. É como se todos os moradores estivessem dormindo, ou se tivessem saído em viagem. O estrangeiro sentia-se como um condenado, e até sua sombra tinha sido afetada, encurtando-se consideravelmente. Mas, logo que o sol se punha, e ele tinha de acender uma vela sobre sua mesa de estudo, a sombra reaparecia em seu tamanho normal. Dava gosto vê-la esticando-se pela parede acima, até que sua cabeça quase tocasse o teto do quarto. "As estrelas, aqui, parecem muito mais brilhantes", pensava ele, enquanto saía para a varanda, a fim de esticar-se todo, imitando sua sombra. E, em todas as outras varandas, viam-se pessoas que para lá tinham ido, a fim de respirar o ar fresco da noite. Aquela mesma cidade que, ao meio-dia, parecia estar morta e deserta, agora borbulhava de vida e animação. O povo afluía às ruas em magotes. Alfaiates e sapateiros levavam seus banquinhos para fora dos locais de trabalho, pondo-os nas calçadas, onde também já estavam as senhoras e senhoritas, sentadas em suas cadeiras de encosto reto, segredando novidades e mexericos. Burricos carregados das mais diversas mercadorias iam e vinham, como se estivessem passeando. E as crianças, ah, estas se viam por toda parte, rindo, brincando, chorando, correndo, passando da comédia para a tragédia com uma velocidade tal, que nunca se sabe qual o tipo de peça estão representando naquele momento. E as luzes! Milhares de lâmpadas ardiam, rebrilhando ao longe como estrelas cadentes. Eis que, dobrando a esquina, passava um cortejo fúnebre, tendo à frente os coroinhas vestidos de preto e branco, seguidos pelo cavalo que trazia uma tarja negra ao longo do corpo, pelo coche escuro, e por fim pelos acompanhantes, de aspecto grave, mas não propriamente tristonho. Os sinos dobravam. "Isso é vida!", pensava um jovem forasteiro, tentando compreendê-la e integrar-se nela. Somente a casa que ficava defronte a sua mantinha-se tão silenciosa agora quanto tinha estado durante o dia. A rua era muito estreita, e as varandas ficavam a apenas umas poucas jardas umas das outras. Ele jamais vira as pessoas que viviam ali, mas sabia que elas existiam, pois os vasos de flores que ficavam sobre o balcão da varanda e sobre os peitoris das janelas estavam viçosos e bem cuidados. "Alguém deve regar essas flores", pensou, "ou, do contrário, o sol já teria dado cabo delas." Além disso, as venezianas costumavam ser abertas à noite, e, mesmo nunca tendo visto qualquer luz acesa ali dentro, já havia escutado o som de música, e não do tipo comum ou conhecido, mas de um gênero que ele classificava de "exótico e belo". Esse pormenor não deve ser levado muito em conta, porque os jovens setentrionais que visitam o Sul pela primeira vez costumam achar "belo e exótico" tudo o que encontram nas terras do Sul. Conversando com seu senhorio, perguntou-lhe certa vez se conhecia as pessoas que moravam na casa em frente. O velho respondeu que não, e que jamais vira alguém entrando ou saindo daquela casa. Quanto à música, achava-a simplesmente terrível.

— É como se alguém estivesse exercitando — disse ele. — Toca sempre a mesma peça, sem nunca variar. E o pior é que nunca a executa inteira! Oh, não, é insuportável! Certa vez, o jovem intelectual, que gostava de dormir deixando aberta a porta que dava para a varanda, acordou no meio da noite. A brisa entreabriu a cortina, e ele vislumbrou um brilho que vinha da varanda fronteira à sua. As flores pareciam fulgurantes e coloridas, estando todas em volta de uma jovem de deslumbrante beleza. Por um momento, o rapaz piscou fortemente, para assegurar-se de que estava acordado. Num salto, deixou a cama e postou-se atrás da cortina, puxando-a discretamente para espiar a varanda, mas a jovem já não mais estava ali, e a luz tinha sido apagada. Só as flores não haviam desaparecido, mas tinham voltado ao seu aspecto de todo dia. Apesar de tudo, a porta estava aberta, e de dentro da casa chegava até ele o som de música. A melodia parecia exercer uma espécie de fascínio sobre ele, embalando-o docemente e fazendo-o mergulhar numa sensação de extrema felicidade. Mas como seria possível entrar naquela casa? Embaixo, só havia lojas, sem que se visse qualquer entrada para o andar de cima, onde ela ficava. Não seria lógico que, para chegar à casa, a pessoa tivesse de atravessar uma loja. Não deixava de ser uma situação um tanto estranha. A noite seguinte, o jovem intelectual estava novamente na varanda, contemplando o movimento da rua lá embaixo. Dentro do seu quarto brilhava um lampião cuja luz projetava a sombra dele próprio na varanda fronteira. Quando se mexia, ela também repetia seu movimento.

— É, minha amiga — murmurou, dirigindo-se à sombra, — você é a única coisa que se move aí nessa varanda. Agora está aí bem quietinha, sentada entre as flores, não é? Pois veja: a porta está entreaberta. Por que não vai até lá dentro, dá uma olhada, depois volta e me conta o que viu por lá? Vamos, querida, seja boazinha, mate minha curiosidade. Sorrindo com a brincadeira, acenou a cabeça para a sombra, que repetiu seu gesto, acenando para ele. — Isso! Você concordou! Então, vá lá. Mas não se esqueça da voltar, ouviu bem? Rindo de sua pilhéria, o jovem levantou-se de onde estava sentado, enquanto sua sombra fazia o mesmo, na varanda fronteira. Ele então deu-lhe as costas e entrou em casa. E ela fez o mesmo, só que entrando pela porta da outra casa. E isso ele não viu, porque cerrou a cortina, logo que se viu dentro do aposento. Na manhã seguinte, quando se dirigiu à leiteria onde costumava tomar o café da manhã e ler os jornais, notou que estava sem sombra. "Ora, veja!", pensou, assustado com essa descoberta. "Então ela de fato foi embora ontem à noite!" Além do espanto, havia o constrangimento de imaginar que todos iriam notar e estranhar aquilo, pedindo-lhe explicações para o fenômeno. Pior ainda seria se as próprias pessoas tirassem suas conclusões particulares sobre o assunto. Imediatamente, deu meia-volta e regressou ao quarto, ali permanecendo durante o resto do dia. Ao anoitecer, dirigiu-se à varanda, para tomar um pouco de ar fresco. O lampião estava aceso, do mesmo modo que na noite anterior. Ele sentou-se na cadeira, levantou-se, moveu os braços, mas nada de fazer sua sombra reaparecer. Tranquilizou-se ao ver que ninguém o observava, pois, caso contrário, entraria imediatamente para o quarto. Mas nas terras quentes tudo cresce bem mais depressa do que nos países setentrionais; assim, antes de completar uma semana, uma pequena sombra começou a aparecer-lhe por debaixo dos pés. "Olá-lá, que surpresa agradável!", pensou. "A velha sombra deve ter deixado aqui um pedaço de sua raiz!" Passado um mês, ele já podia andar pelas ruas despreocupado: já possuía uma sombra; um pouco pequena, é bem verdade, mas que não chegava a chamar a atenção dos outros. Quando regressou à sua pátria, ela continuou a crescer, até se transformar na sombra de um homem bem alto, coisa que nosso intelectual de fato não era. Retomando suas atividades, o intelectual escreveu vários livros, descrevendo tudo o que era verdadeiro, belo e bom. Passaram-se os dias, e atrás deles os anos. Ele tornou-se um filósofo. Passou mais tempo ainda. Uma noite, estando sozinho em seu quarto, escutou alguém que batia delicadamente em sua porta. Sem se levantar, disse em voz alta: — Entre. Ninguém entrou. Levantou-se, foi até a porta e abriu-a. Ali estava um homem extremamente magro, possivelmente o sujeito mais delgado que ele jamais tivera a oportunidade de encontrar. Pelas roupas que usava, via-se que era pessoa de certa importância. — Com quem tenho a honra de falar? — perguntou o filósofo. — Ora, ora, não me reconhece mais? — replicou o visitante. — Sou sua sombra! Agora tenho meu próprio corpo e uso minhas próprias roupas. Pensou que nunca mais me veria, não é? Pois aqui estou. As coisas não me correram mal, depois que nos separamos. Já estou em condições de comprar minha liberdade. O sujeito agitou sua bolsa, fazendo tilintar as moedas de ouro que estavam

ali dentro, depois apontou para a grossa corrente de ouro que trazia ao pescoço, deixando ver anéis de diamantes em todos os seus dedos. — Devo estar sonhando! — exclamou o fi-

lósofo. — Será possível que isto de fato esteja acontecendo? — Bem, tenho de convir que não é um acontecimento comum — respondeu a sombra; — por outro lado, meu prezado, o

senhor também não é uma pessoa comum. Posso dizê-lo com toda certeza, já que acompanhei seus passos, desde que começou a andar. Mas, lembre-se, foi o senhor mesmo quem

ordenou que eu caminhasse com meus próprios passos, não foi? Não fiz mais que obedecer. E que me saí bem, creio que já notou. Modéstia à parte, poucos poderiam ter-se saído

melhor do que eu. Com o passar do tempo, porém, comecei a sentir saudades do meu antigo dono, e resolvi procurá-lo, antes que morresse, o que, infelizmente, um dia haverá de

ocorrer, como o senhor bem sabe. Além disso, veio-me o desejo de rever meu país natal, pois só mesmo um sujeito sem entranhas não tem esse sentimento. Sei que arranjou uma nova

sombra. Diga-me, então: a quem devo pagar para obter minha liberdade? Ao senhor, ou a ela? — Será verdade isso tudo que você acaba de dizer? — disse o filósofo, tomado de assom-

bro. — Inacreditável! Eu não poderia sequer imaginar que uma sombra adquirisse vida própria, com corpo e tudo, e ainda por cima que ela voltasse para ver o ex-dono! — Diga-me

quanto lhe devo — insistiu a sombra. — Detesto estar em débito com alguém. — Mas que ideia, a sua! — replicou o filósofo. — Que diabo de débito haveria? Se você conseguiu libertar-

se, sorte sua. Fico feliz por vê-lo e saber de seu sucesso. Esqueça essa sua preocupação. Vamos, entre; sente-se aqui e converse um pouco. Conte-me tudo o que lhe aconteceu, es-

pecialmente durante a noite em que você se separou de mim e entrou naquela casa do outro lado da rua. — Já que está interessado em ouvir, tudo bem — concordou a sombra,

sentando-se numa cadeira. — Mas, primeiro, prometa-me uma coisa: não conte a quem quer que seja que um dia já fui sua sombra. Ando pensando em casar. Estou bem de finanças,

e em condições de sustentar uma família numerosa. — Quanto a isso, fique tranquilo. Não revelarei esse segredo a quem quer que seja. Vamos selar esse compromisso com um aperto

de mão. Um homem vale tanto quanto a sua palavra. — Isso mesmo: a palavra é a sombra do homem — concordou o visitante, aliás com muita propriedade. Era realmente espantoso

notar como aquela sombra se havia tornado um ser humano. Vestia-se de preto da cabeça aos pés, com tudo da melhor qualidade, desde as botinas de pelica, até o chapéu de feltro

finíssimo. A corrente de ouro e os anéis já foram descritos, mas tanto atraíam a atenção, que não há como deixar de mencioná-los de novo. Sim, a sombra trajava-se com apuro e ele-

gância; assim, se for verdade que a roupa faz a pessoa, podia-se dizer que ela já não era mais uma simples sombra. — Vamos ao início — disse a sombra, esticando as pernas para que

todo o peso de suas botinas se apoiasse sobre a nova sombra do filósofo, que se enroscava como um cãozinho *poodle* sob seus pés. Por que teria feito aquilo? Estaria querendo que

aquela sombra se tornasse sua, ou seria apenas por arrogância? O fato é que a sombra adotada não demonstrou ter ficado aborrecida, mantendo-se atenta e imóvel, já que também ela

queria saber como seria possível libertar-se, tornando-se dona de seu próprio nariz. — Sabe quem é que morava naquela casa do outro lado da rua? — perguntou a sombra. — Pois

fique sabendo, meu caro: era a Poesia! Estive ali durante três semanas, o que me valeu tanto quanto se eu tivesse vivido três mil anos, e lido tudo o que já se escreveu e compôs até hoje.

É o que lhe estou dizendo, e tudo o que digo é verdade. Vi tudo. Conheço tudo. — Então era a Poesia... — comentou o filósofo. — Sim, muitas vezes ela tem de viver nas grandes cidades como se fosse um eremita... Cheguei a vê-la uma única vez, e mesmo assim só de relance, com os olhos ainda pesados de sono. Ela estava postada na varanda, rodeada de uma luminosidade que me lembrou a da aurora boreal. Vamos, prossiga: você estava na varanda, e aí caminhou para dentro da casa. E depois? — Ali era a antessala, o vestíbulo. Era a parte da casa que o senhor conseguia enxergar, quando se sentava em sua varanda. Não há lâmpadas ali, e por isso é que a gente imagina estar vazia aquela casa. Uma porta levava ao cômodo vizinho, de onde se alcançava o próximo, do qual se chegava ao seguinte, e assim por diante, numa sucessão quase interminável, até que se chegava à parte mais recôndita da casa, que era onde vivia a Poesia. Naquele cômodo havia luz suficiente para dar cabo de qualquer sombra, de modo que nunca pude chegar pertinho da linda donzela. Assim, tive de agir com cautela e paciência, qualidades que tenho de sobra, e que são parentes bem próximas da virtude. — Vamos, não se perca em rodeios. Conte-me logo o que viu. — Vi tudo! Calma, vou contar-lhe mas antes... não que eu seja orgulhoso, mas por uma questão de respeito à minha condição e ao meu *status* social, eu apreciaria se o senhor me dispensasse um tratamento menos familiar e mais cerimonioso. — Oh, sim, peço-lhe perdão — desculpou-se o filósofo. — Trata-se da força do hábito. É difícil esquecer que o senhor já não é o que foi, mas vou tentar corrigir-me. Faça o favor de prosseguir, pois estou deveras interessado na sequência de sua narrativa. — Pois foi isso: vi tudo, conheço tudo. — E como era o cômodo onde ela vivia? Era como a floresta de faias durante a primavera? Ou como a nave iluminada de uma catedral? Ou como o céu que se contempla do alto de uma montanha? — Tudo isso estava lá, e muito mais. Naturalmente, nunca pude entrar nesse cômodo. A penumbra da antessala era mais apropriada à minha antiga condição, e dali eu podia observar o interior do cômodo numa excelente posição. Dali pude ver tudo e ficar conhecendo todas as coisas. Posso dizer que estive na corte da Poesia, ou pelo menos em sua antecâmara. — Mas que viu por lá? — insistiu o filósofo. — Thor e Odin perambulavam por aquelas salas? Aquiles e Heitor voltavam a digladiar-se entre aquelas paredes? Havia criancinhas a brincar e a revelar seus sonhos? — Já lhe contei o que aconteceu: estive ali e vi tudo o que havia para ser visto. Se fosse o senhor quem ali estivesse, talvez se tivesse transformado num outro tipo de homem, ou sei lá em quê. O fato é que aquela visão fez de mim um ser humano. Logo tive consciência de minha natureza íntima, da afinidade que me ligava desde que nasci à Poesia. Quando vivia em sua companhia, jamais pensei nessas coisas. Como pode lembrar, eu ficava bem maior no início da manhã e ao cair da tarde; nas noites de luar, minha imagem até chegava a ficar mais nítida que a sua. Mesmo assim, eu não tinha consciência de minha natureza, coisa que só vim a adquirir depois que estive naquela antessala. Foi então que me tornei um ser humano. — Que fez, então? — Já estava bem amadurecido quando saí dali. Nessa altura, porém, o senhor já tinha ido embora. Eu não podia sair andando pelas ruas com meu aspecto de sombra. Tinha de usar roupas, chapéu, botinas e os demais adornos que mostram o tipo de ser humano que se é. Do modo como me encontrava, eu não tinha outro recurso senão esconder-me. Foi o que fiz. E sabe onde? Trata-se de um segredo que eu não revelaria a qualquer pessoa do mundo que não fosse meu ex-dono. Por favor, não o conte a quem quer que seja, ouviu? Nem o mencione em seus livros... Já viu aquelas vendedoras de doces lá do mercado? Aquelas que usam saias bem rodadas? Pois foi debaixo de uma dessas saias que me escondi. Para sorte dela e minha, a doceira nunca ficou sabendo o que suas roupas de baixo estavam escondendo... Só à noite e que eu saía para espairecer, caminhando pelas ruas

à luz do luar, esfregando-me nos muros para coçar as costas. Andava a esmo por ali, espiando através das janelas e vendo tudo o que acontecia nos sótãos, nos porões, nas salas, nos

quartos... Vi coisas do arco-da-velha! Coisas que ninguém jamais viu ou poderia imaginar! O mundo é bem pior do que se pensa... Cheguei a quase desistir de ser humano; aí, pesei,

medi, e vi que afinal de contas até poderia tirar proveito daquilo. Sim, companheiro, vi coisas inimagináveis, entre maridos e mulheres, entre pais e filhos — ih, nem queira saber o que

vi! Vi o que ninguém tem o direito de saber, mas que todos anseiam ardentemente por conhecer: o lado secreto e podre de seus vizinhos! Se eu publicasse tudo aquilo num jornal, ah,

não me faltariam leitores! Mas preferi agir diferente, escrevendo diretamente para as pessoas. Era um deus nos acuda em toda cidade por onde eu passava! As pessoas morriam de

medo de mim, tratando-me com a maior deferência! As universidades conferiam-me as mais distintas honrarias, os alfaiates presenteavam-me com belos trajes, as mulheres me corte-

javam... em suma: cada qual me dava o que tinha para dar. Foi assim que me tornei a pessoa que agora sou... Bem, está ficando tarde, e tenho de ir embora. Vou deixar-lhe meu cartão.

Vivo no lado mais ensolarado da rua, mas nunca saio de casa quando está chovendo. Apareça por lá. Despediu-se e saiu. — Ora, vejam só — matutou o filósofo, falando consigo

mesmo. — Só posso dizer que isso é... assombroso! Passados mais dias e mais anos, a sombra reapareceu. — Então — perguntou ao filósofo, — como vão as coisas? — Nada boas

— respondeu ele. — Continuo escrevendo sobre tudo aquilo que é verdadeiro, belo e bom, e que acontece? Ninguém se interessa. Estou tremendamente desapontado com isso, pois

são esses os assuntos que mais prezo... — A mim, também, pouco se me dão — disse a sombra. — Agora, estou interessado em ganhar peso. Já tenho alcançado bons resultados. Seu

problema é não entender o mundo. Trate de viajar. Devo fazer uma excursão no próximo verão: que tal se fosse comigo? Se quiser acompanhar-me como se fosse minha sombra, eu

terei o maior prazer em levá-lo. E nem precisa se preocupar com as despesas. — Acho que o senhor está passando dos limites! — protestou o filósofo. — Depende de como a pessoa

encara essas coisas. Esteja certo de que uma viagem só lhe faria bem. Se me acompanhar como uma sombra, é lógico que suas despesas terão de correr por minha conta. — Mas isso

é monstruoso! — vociferou o filósofo. — Que é isso? Acalme-se! O mundo é assim mesmo, e não dá mostras de estar mudando — retrucou a sombra, saindo em seguida. A situação do

filósofo ia de mal a pior. Miséria e atribulações passaram a ser partes integrantes de sua existência. Seus temas prediletos — a Verdade, o Bem, a Beleza — não encontravam ressonân-

cia entre as pessoas. Era como se estivesse oferecendo rosas a uma vaca. Por fim, adoeceu gravemente. — Que está acontecendo com você? — estranhavam aqueles que o viam. — Está

parecendo uma sombra do que já foi! Era ouvir aquilo, e um calafrio percorria-lhe a espinha de cima até embaixo. — O senhor devia ir a uma estação de águas — sugeriu a sombra, num

dia em que veio visitá-lo. — Não há outra alternativa. Vou levá-lo comigo, em atenção à nossa velha amizade. Deixe as despesas comigo. O que terá de fazer será apenas conversar e

proporcionar-me entretenimento. Quero ir a um *spa*, para ver se minha barba cresce. Por mais que eu faça, ainda não consegui que ela crescesse. Sem barbas, sabe, as coisas ficam

bem mais difíceis. Elas granjeiam respeito e consideração. Vamos, seja sensato: o senhor só terá a ganhar. Mais do que minha sombra, será meu amigo durante essa viagem. E, assim, lá se foram eles, invertendo seus antigos papeis. Agora, a sombra era o amo, e o amo era a sombra. Os dois seguiam juntos, fosse de carro, a cavalo ou a pé. Iam sempre lado a lado.

Às vezes, a sombra postava-se um pouco à frente; outras vezes, um pouco atrás, conforme a posição do sol. O tempo todo, porém, fazia questão de mostrar que agora era ela quem comandava a dupla. Ao filósofo, isso pouco importava. Seu coração era bom e generoso, não havendo nele sequer um quarto de hóspedes reservado à inveja. Em meio à viagem, o filósofo sugeriu: — Considerando que somos companheiros de viagem, e, mais do que isso, que crescemos juntos, não seria melhor acabar com as formalidades que ainda existem entre nós? Porque não nos tratamos um ao outro por "você" e pelo primeiro nome, como velhos companheiros que somos? Isso criaria uma atmosfera bem mais íntima e prazenteira entre nós.

— Em parte, o senhor tem razão — respondeu a sombra que se tinha tornado o amo. — Foi direto e sincero, e falou com bom senso. Quero ter a mesma sinceridade para lhe responder. Sendo filósofo, o senhor sabe muito bem como é estranha a natureza das pessoas. Algumas não suportam vestir roupas feitas de tecidos ásperos, outras sentem aflição quando escutam o barulho de um prego riscando um vidro. Pois eu sinto algo semelhante, sempre que escuto alguém que me chama pelo primeiro nome. Nessas horas, sinto-me como se estivesse sendo espremido contra o chão, regressando a minha antiga condição de sombra. Trata-se apenas de uma sensação, e não de uma questão de orgulho, como bem pode compreender. Assim, vamos combinar o seguinte: o senhor continua tratando-me de maneira respeitosa e formal, nunca me chamando pelo primeiro nome, enquanto que eu passo a tratá-lo familiarmente de "você" e a chamá-lo pelo primeiro nome. Assim, sua sugestão será pelo menos meio aceita. E ela assim passou a proceder, deixando-o um tanto aborrecido com aquela nova forma de relacionamento. "Dessa vez, ele passou dos limites, sem dúvida", pensou. "Assim, já é desaforo." Porém só pensou, sem nada dizer, porque, quando se é pobre, pensa-se muito, mas fala-se pouco. Chegaram por fim à famosa estação de águas, aonde chegavam visitantes de todo o mundo, em busca de cura e repouso. Entre os que ali se hospedavam estava uma bela princesa, atacada de uma doença muito perigosa: a de enxergar tudo com muita clareza. Ela logo notou entre os recém-chegados uma pessoa bem diferente das demais. "Ele veio aqui para ver se a sua barba cresce", disseram-lhe. "Não", pensou ela, "essa não é a razão principal de sua vinda. Hei de descobrir o verdadeiro motivo que o trouxe aqui." Para satisfazer sua curiosidade, dirigiu-se a ele diretamente, já que a uma filha de rei são permitidos esses repentes de falta de cerimônia. E como ela enxergava bem demais, logo notou qual era o problema do outro. — Já sei qual o motivo de sua vinda — disse ela, sem rodeios. — Seu corpo não projeta sombra. — Vossa Alteza não sabe a satisfação que sinto ao ver que está bem melhor do mal que a afligia — disse-lhe a sombra. — Sei que esse mal era enxergar bem demais. Parece que já não é tão grave seu estado, ou mesmo que Vossa Alteza talvez já goze de saúde perfeita, pois eu tenho uma sombra, ainda que não seja das comuns. Isso, para mim, é normal, já que também não sou uma pessoa comum. Sou como aqueles que gostam de ver seus criados mais bem vestidos do que eles próprios, comprando-lhes librés de tecidos mais finos que os seus. Ajo desse modo com minha sombra, deixando que ela imagine ser uma pessoa. Cheguei a ponto de comprar uma sombra para ela! Saiu caro, mas valeu, porque adoro ser original. "Que maravilha!", pensou a princesa. "Então, estou curada? Este lugar é fantástico! E que sorte a minha, de ter nascido na época em que estas benditas águas minerais foram descobertas! Mas só porque estou bem, não é razão para ir embora. Gosto daqui, e esse estrangeiro me parece interessante. Espero que sua barba não cresça depressa demais." Estava marcado um baile de gala para aquela noite, e a

sombra dançou com a princesa. Ela sabia dançar com leveza, mas a do seu par era maior, ela jamais havia encontrado um dançarino tão excelente. Conversa vai, conversa vem, des-

cobriram que ele havia visitado seu país, numa ocasião em que ela estava ausente. Ali ele havia, como de hábito, espiado pelas janelas das casas, tanto as da frente como as do fundo,

sabendo como descrever tudo o que vira e ouvira, sempre deixando no ar certas insinuações, dando a entender que sabia bem mais do que dizia. Aquilo causou profunda impressão

na princesa, fazendo-a crer que jamais havia deparado com alguém dotado de tantos conhecimentos. Assim, ela, que nunca dançava duas vezes seguidas com o mesmo par, abriu uma

exceção para a sombra, numa demonstração de respeito e consideração pelo seu saber. À medida que deslizavam pelo salão, a princesa sentiu que se apaixonava por aquele estran-

geiro. Ele também o notou, enchendo-se de orgulho. "Agora vejo que ela está curada, e já não está enxergando demasiadamente bem como antes", pensou. A princesa esteve a pique

de lhe confessar seu amor; porém, moça prudente, não o fez, pensando no que poderia representar seu casamento para o reino que um dia iria herdar e para o povo que então iria go-

vernar. "Ele conhece bem as coisas do mundo", pensou, "o que é um bom sinal. Dança bem, o que não deixa de ser uma virtude. Mas terá de fato cultura, qualidade imprescindível num

governante? Vou submetê-lo a um teste." E começou a interrogá-lo sobre questões tão difíceis, que ela mesma não saberia responder. Também a sombra não soube, fazendo uma cara

perplexa e confusa. — Você não sabe responder! — estranhou ela. — Só respondo perguntas semelhantes àquelas que são feitas às crianças. Quando se trata de assuntos que exigem

estudos e conhecimentos de livros, passo à minha sombra a incumbência de respondê-las. E ali está ela, sentada junto à porta. — Sua sombra! Mas isso é extraordinário! — Bem; na

realidade, não sei se ela saberia a resposta para essas questões. O único trabalho que tem é o de me acompanhar por onde quer que eu vá, escutando tudo aquilo que eu digo. E...

pensando bem, creio que ela saberá responder. Todavia, Alteza, permita-me fazer-lhe uma sugestão. Minha sombra tem a pretensão de ser uma pessoa de verdade. Coitada, não sei

de onde tirou essa ideia... Caso Vossa Alteza se digne dirigir-se a ela, faça o obséquio de fingir que acredita nisso, tratando-a como se fosse gente. — Não me custa agir assim — con-

cordou a princesa, dirigindo-se ao filósofo. Fez-lhe diversas perguntas acerca do sol, da lua e da espécie humana, recebendo respostas que demonstravam erudição e conhecimento.

"Que se pode pensar de alguém que tem uma sombra assim tão sábia?", pensou a princesa. "Seria uma bênção para meu povo se eu o tomasse por marido. E é o que farei." A sombra

concordou inteiramente com os planos da princesa, pedindo-lhe porém que apenas os revelasse depois de regressar a seu reino. — Não conte a quem quer que seja, nem mesmo à

minha sombra — pediu ele, satisfeito com as voltas que o mundo dá. No dia seguinte, partiram os dois em viagem. Seguiam para a terra da princesa. No caminho, a sombra disse ao

filósofo: — Escute, meu bom amigo: em breve, serei tão feliz e tão poderoso, como nem eu mesmo poderia imaginar pouco tempo atrás. Quero que você compartilhe de minha boa

sorte. Vamos morar no Palácio do Governo. Quando eu estiver passeando na carruagem real, você estará a meu lado. E não trabalhará de graça: quero pagar-lhe por isso. Que tal cem

mil moedas de ouro por ano? Só imponho uma condição, que você assuma oficialmente seu papel de sombra. Nada de dizer que já foi um ser humano. Uma vez por ano, quando eu aparecer no balcão do palácio para receber as homenagens do povo, você deve deitar-se a meus pés, como é próprio das sombras. Agora já posso revelar-lhe o segredo: vou desposar

a princesa. A cerimônia deverá ter lugar hoje à noite. — Não! Isso não pode acontecer! — exclamou o filósofo. — Não me submeterei a tal ignomínia! O senhor é uma fraude! Vou contar

para todos que você ludibriou a princesa e o povo, que não passa de uma sombra transvestida de gente, fazendo-os crer que eu, um ser humano, é que sou a sua sombra. — Ninguém

lhe dará crédito — retrucou a sombra. — Agora, fique quieto, recolha-se à sua insignificância, ou chamarei os guardas. — Hei de conseguir uma audiência com a princesa! — Antes

disso, eu falarei com ela. Quanto a você, irá para a cadeia. A ameaça da sombra não tardou a ser cumprida, pois o comandante da guarda real já estava ciente de sua condição de

noivo da princesa. — Que houve? — estranhou a princesa, ao ver seu futuro marido, minutos mais tarde. — Você está tremendo! Não me vá ficar doente, logo hoje que vamos realizar

nosso casamento... — É que acabo de passar pela mais assombrosa experiência de minha vida — justificou-se a sombra. — Oh, quão tênue e frágil é o cérebro de uma sombra... Imagine

você que minha sombra enlouqueceu! Passou a acreditar que invertemos os papéis: que ela é um ser humano, e que eu, sim, é que sou sua sombra! — Que loucura! — exclamou

a princesa. — E ela está andando livre por aí? — Não, mandei que a prendessem. Receio que ela não recupere o bom senso, permanecendo louca para sempre... — Pobre sombra...

— comentou ela, meneando a cabeça. — Deve estar sofrendo terrivelmente. A partícula de vida que ela tem, melhor seria tirar. Seria até maldade deixá-la viver nesse estado de angús-

tia e desespero. Teremos de eliminá-la, mas de maneira discreta, é claro. — Oh, como isso me dói — disse a sombra verdadeira. — Não posso deixar de lembrar que ela me serviu com

tanta dedicação e lealdade... A sombra abaixou a cabeça e o som de um soluço escapou-se de seus lábios. — Como você tem sentimentos nobres! — consolou-o a princesa. À noite,

toda a cidade estava feericamente iluminada. Os canhões ribombavam. Os soldados apresentavam armas. A cerimônia de casamento foi simplesmente maravilhosa. Depois que termi-

nou, os noivos assomaram ao balcão do palácio, onde foram aplaudidos com entusiasmo por todo o povo. Vivas e hurras cruzavam o ar. Mas o filósofo não pôde ver nem escutar aquilo.

Naquele momento, já tinha ido embora para o reino das sombras. **A Família Feliz.** Das plantas nativas da Dinamarca, a que tem folhas maiores é a bardana. Se uma garotinha puser uma

dessas folhas presa ao cinto, todos dirão que ela está de avental. É uma folha tão grande que, numa emergência, pode até servir como guarda-chuva. A bardana nunca nasce sozinha:

precisa de outras ao lado dela, para fazer-lhe companhia. Assim, onde existe uma, existem outras também, formando às vezes uma verdadeira floresta. Suas folhas são bonitas e cons-

tituem o alimento favorito dos caracóis; não dos caracoizinhos pequenos, mas sim daqueles grandes caracóis brancos, conhecidos pelo nome francês de "escargot", que alguns con-

sideram uma fina iguaria. No passado, esses caracóis eram muito apreciados pelos aristocratas e outras pessoas de posição. Com eles, preparava-se um "fricassê", isto é, um guisado,

diante do qual os elegantes costumavam exclamar entusiasticamente: — Que aroma! Que delícia! Como se disse, esses caracóis alimentavam-se das folhas da bardana, e era para

alimentá-los que se semeava essa planta naqueles velhos tempos. Pois bem: era uma vez uma casa de campo rodeada de bardanas. Seus moradores não comiam caracóis, pois esse

hábito já desaparecera há muito tempo. Os que ali eram criados, acabaram também por desaparecer, mas as bardanas, ao contrário, cresceram e se espalharam como se fossem ervas daninhas, invadindo os terrenos outrora ocupados pelos jardins e pelo pomar da propriedade. Não fosse a presença teimosa de uma ou outra ameixeira ou macieira, erguendo-se em meio à floresta de bardanas, e ninguém poderia acreditar que no passado houvera ali um pomar. No coração dessa floresta vivia um velho casal de caracóis, os dois últimos sobreviventes de sua espécie, outrora tão numerosa naquele local. Os dois eram tão velhos, que nem sequer sabiam sua idade. Entretanto, ainda se lembravam do tempo em que viviam por ali tantos caracóis brancos, todos orgulhosos de sua ascendência francesa, para os quais tinha sido feita aquela plantação de bardanas. O casal nunca havia saído daquele lugar, mas ambos sabiam vagamente da existência de um mundo lá fora, um mundo incrível, chamado "casa de campo", no qual os caracóis eram cozidos até ficarem escuros, e depois servidos numa travessa de prata. O que acontecia depois não era bem do seu conhecimento. Aliás, eles sequer entendiam direito o que significava "ser cozido" e "servido numa travessa de prata", mas imaginavam tratar-se de uma cerimônia distinta e elegantíssima. Até já haviam conversado com seus vizinhos sobre esse assunto, perguntando ao sapo, ao besouro e à minhoca o que significavam aquelas expressões, mas nenhum deles soube responder, já que ninguém de sua família tivera a oportunidade de "ser cozido" e "ser servido numa travessa de prata". Os velhos caracóis brancos, desse modo, consideravam-se os seres mais importantes do mundo, em honra dos quais fora plantada aquela floresta de bardanas e construída aquela casa de campo, aonde certamente seriam levados um dia, a fim de serem cozidos e servidos numa travessa de prata. Assim, embora vivessem solitários, eram felizes. Como não tinham filhos, resolveram adotar um caracolzinho comum que apareceu por ali, criando-o com todo carinho e educando-o como se fosse seu filho de verdade. O problema foi que ele não cresceu senão até seu tamanho normal, o que lhes causou não pequeno desapontamento. Apesar disso, Mamãe Escargot sempre imaginava que ele estava engordando, dentro de sua conchinha, pedindo ao Papai Escargot que a apalpasse, a fim de ver se não era verdade. Para deixá-la contente, ele apalpava a casquinha do filho adotivo e dizia que ela tinha razão. Num dia em que a chuva caía a cântaros, o velho caracol disse: — Escute só o barulho da chuva sobre as folhas de bardana: parece o som de um tambor. — Ih, parece que há rachaduras nas folhas do telhado! — exclamou sua esposa. — Veja como a água escorre pelas hastes! Vai molhar tudo aqui dentro! Por sorte, carregamos nas costas nossa própria casa, e até mesmo o pequeno tem a sua. Essa é a prova de nossa superioridade em relação às demais criaturas do mundo. Somos aristocratas. Além de termos casa própria, toda esta floresta de bardanas foi cultivada em nossa honra. Até onde será que ela se estende? E que será que existe além dela? — Seja o que for que exista do lado de lá — respondeu o pai, — a mim não interessa conhecer. Não existe no mundo lugar melhor do que este aqui. — Hum... será? — replicou a mãe. — Bem que eu gostaria de ser levada até a casa de campo, depois cozida e servida numa travessa de prata. Foi isso o que aconteceu com todos os nossos ancestrais, e por certo é a coisa mais digna e nobre que também poderia acontecer conosco. — Sabe o que penso? Que a casa de campo, a esta altura, já desabou, transformando-se numa ruína. A floresta de bardanas espalhou-se tanto, que deve ter cercado toda a construção, prendendo lá dentro todos os que nela residiam. Seja ou não verdade, que importa? Você está sempre desejando o impossível. Tenho receio de que nosso filho siga seu exemplo. Ele é tão afobado! Nestes últimos três dias, escalou a haste daquela folha, chegando até lá no topo! Sinto até vertigem, só de vê-lo arriscar a vida nesses malabarismos perigosos. — Pois não vá zangar com ele — advertiu a esposa. — De fato, ele é ágil, mas não é imprudente. Penso que ainda irá proporcionar-nos muito orgulho. Afinal de contas, para que vivemos nós, os

velhos? Não é em função de nossos filhos? Por falar nisso, onde é que vamos conseguir uma esposa para ele? Será possível que haja nesta floresta, além de nós, outros remanescentes

de nossa espécie? — Duvido. Por aqui há lesmas, já as vi, mas são daquelas plebeias, sem casa própria. Apesar disso, vivem contando vantagem... Pelo sim, pelo não, podíamos per-

guntar às formigas o que sabem a esse respeito. Elas vivem correndo para lá e para cá, como se tivessem algo muito importante a fazer. Assim, conhecem toda a floresta, e talvez já

tenham encontrado por aí alguma jovem da nobre estirpe dos "Escargots", digna de desposar nosso filhinho. Interpeladas pelo casal, as formigas responderam: — Se conhecemos uma

senhorita caracol em idade de casar? Claro que sim! E como é encantadora! Só que vai ser difícil pedi-la em casamento, pois ela é uma rainha... — E daí? Isso é de somenos importân-

cia. O que queremos saber é se ela carrega nas costas sua casa própria. — Ela tem é um palácio — replicaram as formigas, — um palácio maravilhoso, com setecentas galerias! —

Muito agradecida pela sugestão — disse Mamãe Escargot, entendendo a quem as formigas se referiam, — mas não criei meu filho para morar num formigueiro. Se não sabem de outra

pretendente, vou conversar com os mosquitos, que voam por todo lado. — Conhecemos uma jovem que dará uma excelente esposa para seu filho — zumbiram os mosquitos, quando

ela os interrogou. — A cinco minutos daqui, vive uma senhorita caracol, num pé de groselha. É bem jeitosa e prendada, tem casa própria e já está em idade de casar. Querem ir lá co-

nhecê-la? — Ela é que tem de vir até aqui — replicou Papai Escargot. — Não vou deixar que meu filho troque uma floresta de bardanas por um mísero pé de groselha. Façam o favor de

levar-lhe nossa proposta de casamento. Os mosquitos fizeram o que ele lhes pediu, e a jovem caracolzinha aceitou, vindo imediatamente para conhecer o noivo. Entre sair e chegar,

levou uma semana, numa prova de que se tratava de fato de uma verdadeira representante da espécie dos caracóis. Pouco depois, realizava-se o casamento. Durante a cerimônia, seis

vaga-lumes ficaram de luzinhas acesas, brilhando o mais que podiam. Afora isso, não houve outras manifestações de regozijo, pois o casal dos velhos caracóis não apreciava comemo-

rações barulhentas. Na hora do discurso, quem tomou a palavra foi Mamãe Escargot, pois seu marido estava emocionado demais para dizer alguma coisa. Como presente de casamen-

to, o casal de noivos recebeu toda a floresta de bardanas, já que esta, por direito de herança, pertencia inteiramente aos velhos. "É o melhor lugar deste mundo", afirmaram com

convicção aos dois noivinhos. Mamãe Escargot ainda lhes prometeu que, se eles levassem uma vida decente e honesta, crescendo e multiplicando-se, por certo teriam a oportunidade

de um dia serem levados com seus filhos para a casa de campo, a fim de serem cozidos e servidos numa travessa de prata. Depois do discurso, os velhos caracóis enfiaram-se em sua

concha em forma de espiral, caindo num sono tão gostoso e profundo, que dele nunca mais acordaram. Os dois recém-casados tornaram-se então os soberanos da floresta de bardanas,

e ali viveram por muitos e muitos anos, constituindo uma bela e numerosa família. Mas nenhum deles jamais teve a oportunidade de ser cozido e servido numa travessa de prata, levan-

do-os a acreditar que a casa de campo se havia transformado numa ruína, e que todos os seres humanos haviam sido extintos da face da Terra. E como ninguém jamais os contradisse,

ficou sendo verdade. A chuva continuou tamborilando nas folhas de bardana, soando para eles como música; o sol iluminava a floresta, em sua homenagem, e toda a família dos caracóis era feliz, mas muito feliz, mesmo. O Último Dia. O mais sagrado de todos os dias de nossa vida é o último, o de nossa morte. É um dia santo para nós: o grande dia da mudança, da

transformação. Por acaso já pararam por um momento, a fim de pensar seriamente em como será aquela hora derradeira, a última que iremos passar neste mundo? Vou contar a história

de um homem que, como se costuma dizer, era "forte na fé". Ele combatia em favor de Deus e de Sua palavra, guerreiro zeloso, servindo a um comandante exigente. No seu último dia,

a Morte estava sentada à beira de sua cama. Com ar solene, ela lhe disse: — Vamos. Chegou a hora de seguir-me. Tocando-lhe os pés com sua mão gelada, fê-los esfriar. Em seguida,

tocou-lhe a testa e o peito. Seu cérebro parou de pensar e seu coração não mais bateu. No minuto seguinte, sua alma seguiu atrás do Anjo da Morte. Mas algo aconteceu durante os

poucos segundos que transcorreram entre os toques daqueles dedos gelados sobre seu corpo. Nesse curto intervalo, aquele homem experimentou de novo tudo o que a vida lhe havia

dado. Como uma enorme vaga do oceano, a lembrança de tudo o envolveu, fazendo-o sentir como se estivesse no topo de uma montanha, contemplando o vale que se descortinava a

seus pés. A sensação era semelhante à que a gente sente quando, numa noite estrelada, consegue abranger o universo com uma só olhadela. É nesse instante que o pecador treme de

medo. Sem encontrar quem quer que possa segurá-la, sua alma se sente precipitada no vazio. Quem foi bom e justo, entrega-se à mercê de Deus e diz com inocência infantil: — Faça-

se, conforme o Seu desejo. Mas o homem de nossa história não tinha uma fé infantil, e sim uma fé adulta. Não tremeu como teria feito um pecador, pois sabia que tinha sido fiel à palavra

de Deus. Sua vida fora guiada pelos princípios religiosos mais rígidos e severos. Tinha consciência de que milhões de pessoas caminham pela estrada larga do pecado, que leva à

eterna condenação, e ele, sem titubear, teria castigado seus corpos a ferro e fogo, uma vez que suas almas estavam destinadas a sofrer para todo o sempre. Não fora por essa estrada

que ele caminhara, e sim pela outra, estreita e escabrosa, que leva ao Reino do Céu. Ao final de seu percurso, a graça que lhe fora prometida iria abrir-lhe os portais do Paraíso. Enquan-

to sua alma seguia o Anjo da Morte, viu lá embaixo seu corpo morto, o abrigo que tivera em vida, e o achou estranho, como se ele jamais lhe houvesse pertencido. Depois de algum

tempo, chegaram a um salão, ou antes a uma clareira, cercada por árvores podadas de modo tal, que pareciam sólidos geométricos, dispostas em fileiras, formando ângulos perfeitos.

Ali dentro parecia estar acontecendo um baile à fantasia. — Eis a humanidade! — disse o Anjo da Morte. As fantasias eram largas e compridas, todas escondendo alguma coisa por

baixo. Havia as ricas, de seda bordada com fios de ouro, e as pobres, constituídas de trapos e farrapos. Que estaria escondido debaixo das roupas? Certamente algo de que o fanta-

siado sentia vergonha, pois procurava oculta-lo de todos os modos possíveis. Por outro lado, todos se compraziam em tentar descobrir o que o seu vizinho escondia debaixo do manto,

olhando por cima de seu ombro, ou mesmo puxando-o, a ponto de rasgá-lo. Que procuravam esconder com tanto empenho? Esse, a cabeça de um macaco, arreganhando os dentes

num sorriso zombeteiro; aquele, uma cabeça de bode; outro, uma serpente viscosa; ali, o corpo enlameado de um peixe. Cada qual carregava sob as vestes o animal que guardara

dentro de si em vida, a besta que guiara seus atos e pensamentos, e que só agora se deixava ver. Assim, cada qual, enquanto protegia seu segredo com uma das mãos, com a outra

tentava rasgar a fantasia do vizinho, expondo à zombaria geral o símbolo de suas misérias. Risadas sardônicas saudavam cada revelação. — Olhem o que esta aqui guardava! Quá quá

quá quá quá! — Vejam este, gente! Hi hi hi hi hi! O homem que acabava de chegar voltou-se para o Anjo da Morte e perguntou: — Qual será o animal que guardo dentro de mim? Sem

dizer uma palavra, o anjo apontou para um sujeito orgulhoso, que não participava da bagunça, preferindo manter-se num canto distante. Uma espécie de auréola colorida flutuava sobre

sua cabeça. À altura do peito, porém, saía de suas vestes os feios pés de uma ave. Eram os pés de pavão, e a auréola nada mais era que a cauda vistosa do animal. Os dois prossegui-

ram sua caminhada. À medida que andavam, as árvores iam tornando-se mais altas. Aves estranhas estavam pousadas em seus galhos, gritando com voz humana: — Ei, amiga Morte,

lembra-se de nós? Eram os maus pensamentos, os desejos impuros que o homem tivera em vida. Quando entendeu o significado daquilo, a alma tremeu pela primeira vez. Voltando-se

para o anjo, tentou justificar-se: — Reconheço meus pensamentos impuros, sei que os abriguei no fundo do meu coração. Mas posso garantir-lhe que jamais me deixei dominar por eles.

Nunca passaram de desejos. Reprimi-os, sempre, sem que pessoa alguma soubesse de sua existência. Saiu correndo dali, tentando escapar da visão daquelas aves negras, mas elas

voavam em bandos ao seu redor, gritando tão alto que todos podiam escutá-las. Enveredou em desabalada carreira por um caminho calçado de pedras agudas e cortantes, que dila-

ceravam e feriam seus pés descalços. O anjo seguia a seu lado. — Que pedras são essas? Que representam? — Cada pedra representa uma palavra cruel, uma repreensão injusta, um

julgamento impensado que você proferiu, e que doeu no coração de seu próximo, mais do que doem agora os ferimentos provocados por essas pedras. — Palavras que magoaram...

que machucaram... Nunca pensei nessa consequência — admitiu a alma. — Não julgueis, para não serdes julgados — lembrou o anjo, e suas palavras reboaram nos céus. — Somos

todos pecadores — balbuciou a alma, em tom de desculpa. Logo em seguida, voltando a falar com firmeza, acrescentou: — Mas sempre guardei os mandamentos e vivi de acordo com

os preceitos do Evangelho. Lutei contra os meus instintos, esforcei-me; não fui como os outros. Por fim, chegaram às portas do Céu. O anjo que montava guarda perguntou: — Quem és?

Dize-me teu credo e relata teus feitos. — Guardei os mandamentos; humilhei-me ante os olhos do mundo; combati o mal e repreendi os maus; condenei os que preferiram seguir pela

estrada larga do pecado; tratei-os a ferro e fogo, e ainda o faria, se o pudesse. — És seguidor da lei de Maomé? — perguntou o anjo. — Não! Jamais! — bradou a alma. — Quem pela

espada vive, pela espada perecerá, como disse o Filho de Deus. Vejo que não és seguidor de Sua Doutrina. Deves ser então filho de Israel, um daqueles que obedecem ao preceito de

Moisés do "olho por olho, dente por dente". Deves pertencer ao Povo Eleito e acreditar que Deus zela apenas pelos teus semelhantes. — Não! Sou cristão! — Pela fé que guardas e

pelos atos que praticaste, eu jamais imaginaria que fosses cristão. Jesus não pregou isso; ao contrário, Sua doutrina é a do perdão, do amor e da misericórdia. As últimas palavras do

anjo guardião ecoaram pelos céus. Logo em seguida, abriram-se as portas do Paraíso, mas a alma não se atreveu a entrar, ofuscada pela intensa luz que de lá saía. Ouviu-se um som

de música, tão doce, terna e suave, que não há palavras capazes de descrevê-la. A alma foi se inclinando cada vez mais, invadida pela sabedoria divina e vergada pelo peso de seu

orgulho, de sua intransigência e de sua falta de compaixão. Era um sentimento novo; era a compreensão que lhe faltava. Prostrando-se de joelhos, reconheceu: — O bem que acaso eu

tenha praticado em vida não teve merecimento algum, pois era a única opção que eu tinha à minha frente; o mal, porém, esse não merece perdão, pois o pratiquei por minha livre escolha.

A luz celestial continuava a cegar seus olhos, e o torpor do desânimo envolveu-a, junto com a certeza de não ser sábia o suficiente para ser admitida no Reino do Céu. Seu próprio julgamento severo acerca do certo e do errado, que acreditava ser o reflexo da Justiça Divina, impedia a infeliz alma de apelar para a bondade de Deus, rogando-lhe clemência e perdão.

Nesse momento, a Graça Divina desceu sobre ela, revestindo-a de um inesperado sentimento de amor. Não foi ela que entrou no Céu, mas o Céu que entrou nela. — Santa, imortal, eterna e gloriosa é a alma humana! — proclamou uma voz, enquanto o coro dos anjos dizia amém. Todos nós, quando estivermos diante das portas do Céu, teremos de retroceder antes de lá entrar, prostrados ao chão pelo arrependimento, sentindo-nos pequenos demais ante tamanha glória e esplendor. Mas a Graça de Deus haverá de descer sobre nós, fazendo com que nossas almas penetrem no espaço celestial, aproximando-se cada vez mais da Luz, à medida que a misericórdia divina nos vá proporcionando a capacidade de participar da compreensão de Sua Sabedoria, que é total, definitiva, eterna. **Cinco Ervilhas Numa Vagem Só.** Era uma vez uma vagem que tinha dentro de si cinco ervilhas. Todas as cinco eram verdes, assim como a vagem que as envolvia; por isso, pensavam que o mundo todo era verde, o que não deixava de ser verdade, pelo menos para elas. A vagem cresceu, e as ervilhas também, acomodando-se ali dentro como era possível. Ficaram as cinco em fila indiana, encostadas uma na outra. O sol aquecia a vagem, e a chuva vinha refrescá-la e banhá-la, mas isso os grãos de ervilha não viam. Ali dentro era quente e confortável, claro de dia e escuro de noite; aliás, não podia ser diferente. À medida que cresciam, as ervilhas passaram a raciocinar melhor e a pensar mais vezes, e era isso a única coisa que tinham a fazer para passar o tempo. Um dia, uma delas disse: — Acho que não vamos viver aqui para sempre. Tenho medo de endurecer, com o passar do tempo. Como será lá fora? Meu pressentimento é de que lá existe alguma coisa diferente do que temos aqui dentro. Passaram-se as semanas. A vagem amareleceu, e as ervilhas também. — O mundo está mudando de cor — disse uma delas. — Virou amarelo! E isso não deixava de ser verdade, ao menos para elas. Um dia, algo estranho começou a acontecer. Sua casa balançava, como se estivesse sendo agitada para cima e para baixo. A vagem estava sendo arrancada do pé, por alguém que a atirou no bolso de um avental, junto com várias outras iguais a ela. — Esta casa vai ser aberta daqui a pouco — comentou uma das ervilhas, prevendo inteligentemente o que estava para acontecer. — Seremos separadas em breve — disse outra. — Qual de nós irá mais longe? Talvez seja eu, que sou a menorzinha. — Pode ser que sim, pode ser que não — disse a maior de todas. — Vamos dar tempo ao tempo. Rrrec! A vagem rompeu-se, e as cinco ervilhas rolaram para fora, ofuscadas pela luz do sol. Caíram na concha da mão de um menino, que as inspecionou com olhos atentos, comentando em seguida: — Excelente munição. Boa mesmo. Vou experimentar uma em meu canhão. E, enfiando-a dentro de um tubo, soprou-a com força, disparando-a para bem longe. — Lá vou eu, turma! — gritou a ervilha, exultante. — Ninguém me alcança! E desapareceu ao longe. — Agora é a minha vez — disse a segunda ervilha, ao ser introduzida no tubo. — Vou voar para longe — quem sabe até o Sol? Ele parece uma boa vagem, não acham? Nesse momento, duas ervilhas caíram das mãos do menino e rolaram pelo chão. Uma delas comentou: — Nosso destino é outro: rolar, e não voar. Só nos resta dormir e esperar. Mas enganavam-se. O menino logo as encontrou e as enfiou no tubo, para experimentar um disparo duplo. — Lá vamos nós, irmãzinha! — gritaram para a última. — Adeus! "Agora, eu", pensou a última, ao ser soprada para longe. "Seja o que Deus quiser."

Voou pelos ares e foi cair no peitoril carcomido da janela de um sótão, bem dentro de uma greta. A poeira ali acumulada tinha-se transformado em terra, sobre a qual crescia musgo.

Enfiando-se dentro desse musgo, ela ali ficou escondida e esquecida de todos, exceto de Deus. Nada mais podendo fazer, ali ficou ela, esperando o que iria acontecer. No sótão morava uma mulher pobre que trabalhava de diarista, limpando lareiras, polindo talheres, cortando lenha; enfim: fazendo qualquer tipo de serviço doméstico. Era forte e bem disposta, e jamais recusava fazer qualquer trabalho que lhe pedissem, mas nem por isso deixava de ser pobre. Morava com ela sua filha, uma menina franzina e delicada, que há mais de um ano caíra de cama, e desde então nunca mais se levantara. — Não demora muito, e ela irá fazer companhia à irmãzinha que se foi — costumava dizer a mulher. — Tive duas filhas. Deus viu como era difícil para mim a tarefa de cuidar de ambas, e resolveu dividi-la comigo, levando uma delas para o céu. Eu bem que gostaria de continuar cuidando dessa que me restou, mas Ele certamente não aprecia a ideia de deixá-las separadas por muito tempo, e logo irá levá-la também. Mas a doentinha teimava em sobreviver, aguardando pacientemente na cama que a mãe voltasse da labuta diária, trazendo apenas o suficiente para o seu sustento. Chegou a primavera. Bem cedo, pela manhã, o sol rebrilhou no céu, e sua luz atravessou a janela, indo pousar nas tábuas do chão. Olhando para a vidraça, a menina notou alguma coisa diferente no peitoril, dizendo à mãe, que já se preparava para sair: — Olha ali, mãe, um negocinho verde balançando, do lado de fora da janela. Que será? A mãe abriu a janela e exclamou: — Quê! Um pezinho de ervilha! Como será que foi nascer logo aqui? Olhe as folhinhas verdes que ele tem... que gracinha! Agora você tem um jardinzinho. Vigie-o bem, ouviu? A cama da menina foi arrastada até perto da janela, para que a doente pudesse ver melhor a plantinha. Feito isso, a mãe saiu para trabalhar. À noite, quando regressou, encontrou a filha sorridente e animada. — Ah, mãe, acho que estou começando a melhorar! Tomei sol hoje, e estava ótimo! O pezinho de ervilha também gostou. Acho que dentro em breve poderei sair da cama e tomar sol lá fora. — Que bom, filha! Tomara que isso aconteça logo — respondeu-lhe a mãe, sem acreditar que aquilo fosse possível. Para não deixar que o vento quebrasse a plantinha, fincou uma vareta numa das fendas o peitoril, amarrando nela o pé de ervilha. Em seguida, esticou um barbante na janela, de alto a baixo, para que seus raminhos encontrassem um apoio para crescer. Seu expediente deu certo, porque a plantinha começou a crescer a olhos vistos, dia após dia. Certa manhã, ao examiná-la, a mãe disse: — Veja, filha: um botãozinho fechado! Parece que ela vai dar flor! Também seu coração começou a rebrotar, abrigando a esperança de que a menina recuperasse a saúde. Notara que, nos últimos dias, ela estava apresentando algumas melhoras, mostrando-se mais alegre e otimista. Já por duas manhãs conseguira erguer-se e sentar-se na cama, a fim de olhar a plantinha solitária que constituía seu pequenino jardim. Uma semana depois, a menina ficou de pé pela primeira vez em um ano, conseguindo caminhar até a cadeira, onde ficou sentada durante uma hora. Antes de retornar ao leito, foi até a janela, inclinou-se e beijou o pequenino pé de ervilha, que já ostentava uma bela flor vermelha e branca. Aquele dia foi para ela muito especial. Era como se fosse o dia de seu aniversário. Vendo aquela cena, a mãe não se conteve: foi também à janela e segredou para o pé de ervilha: — Foi Deus quem te plantou e quem te fez crescer, para fazer renascer minha esperança e para restaurar a saúde de minha filhinha! Enquanto dizia isso, sorriu ternamente para a plantinha, como se estivesse agradecendo a um anjo vindo do céu. E quanto às outras ervilhas, que foi feito delas? Vou contar: A primeira, aquela que gritou "Ninguém me alcança!", foi parar no papo de uma pomba. Dali, passou para o estômago da ave, onde ficou quieta, como Jonas no ventre da baleia. As duas bobinhas, que foram disparadas de uma só vez, também foram papadas pelas pombas, o que não deixa de ser um destino nobre e respeitável para uma ervilha. Fim diferente teve aquela que esperava aninhar-se no Sol. Esta caiu dentro de uma calha de chuva, e ali ficou durante dias e semanas, mergulhada na água. Inchou a mais não poder. — A cada dia que passa, fico mais gordinha e mais bonita! Se continuar engordando assim, vou acabar rachando! Ah, se minhas irmãs me vissem! Das cinco que nascemos naquela vagem, fui a que se deu melhor! A calha, que ali de cima via tudo, concordou com ela. Junto à janela do sótão, a menina olhava para o pé de ervilha, protegendo-o com as mãos em concha contra uma rajada súbita de vento. Seus olhos brilhavam de felicidade, e suas bochechas já tinham adquirido uma cor rosada, sinal de que a saúde já lhe estava voltando. Fechando os olhos, dirigiu a Deus uma prece de agradecimento pela plantinha que Ele lhe tinha dado. Do outro lado da rua, contemplando a cena, a calha de chuva pensou: "Pode ficar com a sua ervilha, que eu aqui fico com a minha". O Menino Maldoso. Era uma vez um velho poeta — um poeta dos bons, sensível e gentil — que estava sentado confortavelmente à frente de seu fogão, assando maçãs. Lá fora a tempestade rugia e a chuva caía aos borbotões. "Pobre daquele que estiver pela rua a estas horas", suspirou o poeta. "Deve estar molhado até nos ossos!" O vento batia com força nas vidraças, fazendo-as retinir. Nesse instante, alguém bateu à porta: — Abra, por favor! Estou todo ensopado e tremendo de frio! Era uma voz de criança. O poeta correu para a porta, abriu-a e deparou com um garotinho nu, com a água a escorrer-lhe pelos cabelos louros. — Pobre criaturinha! — exclamou, vendo aquele menino molhado e tremendo de frio. — Entre, criança, senão você irá morrer debaixo dessa tempestade. O poeta tomou-o pela mão e levou-o até a cozinha. — Sente-se aqui defronte ao fogo, para se secar. Vou-lhe dar um cálice de vinho. Coma também uma maçã assada. Você é um belo rapazinho! E ele era belo de fato. Seus olhos brilhavam como duas estrelas, e seus cabelos, mesmo estando molhados, enrolavam-se em cachos graciosos que lhe caíam em volta da cabeça. Parecia um anjinho pálido e trêmulo. Trazia nas mãos arco e flechas, pintados com cores vivas. A água da chuva fizera a tinta derreter-se, misturando as cores entre si. O velho poeta sentou-se junto do fogão e, pondo o garoto nos joelhos, secou-lhe os cabelos e esfregou-lhe as mãos. Em seguida, serviu-lhe uma maçã assada e um cálice de vinho doce. O menino logo sentiu-se melhor, readquirindo a cor que lhe havia fugido do rosto. Então, saltando para o chão, pôs-se a dançar ao redor da cadeira do poeta. — Você é um menino muito alegre — sorriu o poeta. — Qual é o seu nome? — Eu me chamo Cupido — respondeu o garoto. — Não me conhece? Ali estão minhas setas e meu arco. Eu atiro muito bem. Olhe: a chuva passou, e a lua já está brilhando no céu! — Receio que seu arco e suas flechas se tenham estragado — disse o poeta. — Tomara que não — respondeu o garoto, correndo para examiná-los. — Não, não se estragaram. Apenas estavam molhados. Olhe a corda deste arco: está bem retesada. Para provar o que dizia, Cupido tomou de uma seta, armou o arco e disparou-a, cravando-a bem no coração do velho poeta. — Viu? O arco está funcionando perfeitamente — disse o garoto maldoso e ingrato, rindo-se do velho poeta que o abrigara em sua casa e lhe servira maçã assada e vinho doce. O velho poeta ficou estendido no chão, em prantos. A seta o acertara bem no coração. — Oh... oh... — gemeu, — que menino maldoso! Vou dizer a todos os outros jovens que encontrar: cuidado com Cupido! Nunca brinquem com ele, para não serem feridos por suas setas! E o poeta disse aquilo para todos os jovens que encontrou, e todos tomaram suas precauções, evitando envolver-se com Cupido, mas ele, muito esperto, a todos conseguia enganar. Quando um estudante deixa a escola depois das aulas, Cupido vem caminhando a seu lado, vestido de uniforme e trazendo livros e cadernos debaixo do braço. O estudante não o reconhece. Não vê que ele é um menino; pensa que é uma de suas colegas, e lhe dá o braço. É aí que Cupido dispara uma seta, acertando-o no coração. Também as moças não estão a salvo, pois até nas igrejas Cupido as persegue, especialmente quando elas estão na idade de ser crismadas. No teatro, ele se senta sobre os braços dos lustres, escondendo-se atrás das lâmpadas. Assim, ninguém consegue vê-lo, mas todos sentem quando uma de suas setas atinge seu coração. Ele corre por entre os caminhos dos parques, e pelas praças e jardins aonde seus pais gostam de levá-los a passear. Sim, meus amiguinhos, seus pais também foram feridos por ele, antes de vocês nascerem. Se duvidam, perguntem a eles, e verão se não é verdade. Cupido é terrível! Evitem mexer com ele! Até sua velha vovozinha já foi flechada por ele, bem no coração, imaginem! Isso aconteceu há muito tempo, e hoje já não dói, mas garanto que ela não se esqueceu. Puxa vida! Mas como esse Cupido é levado! Agora que já conhecem as maldades que ele é capaz de cometer, cuidado com ele! E não me venham dizer depois que eu não avisei... **O Velho Morfeu.** Não existe no mundo quem conheça tantas histórias como o Velho Morfeu. E como ele sabe contá-las bem! Quando é de noite e as crianças estão sentadas ao redor da mesa, ou num banquinho encostado ao canto da parede, eis que ele chega silenciosamente; ninguém o escuta subindo as escadas, nem quando ele abre a porta; entra na sala e sopra uma poeirinha fina nos olhos dos meninos, fazendo com que eles teimem em se fechar, por mais que se tente mantê-los abertos. Depois, sopra a poeirinha em suas nucas e como as cabeças ficam pesadas! A criança faz força para erguê-la, mas a cabeça se inclina de novo, e o jeito é ir para a cama. E nada disso dói, pois o Velho Morfeu ama as crianças, e só quer que elas se deitem, para que ele possa contar-lhes suas lindas histórias, enquanto elas o escutam quietinhas sob as cobertas. Quando a criança adormece, ele se senta na beira da cama. É muito esquisita a sua roupa! É toda de seda, de uma cor impossível de ser definida, porque está mudando o tempo todo. Ora está verde, de repente torna-se vermelha, e daí a pouco está inteiramente azul. Ele traz um guarda-chuva debaixo de cada braço. Um deles é todo coberto de figuras: é o que ele abre sobre a cabeceira da cama dos meninos bonzinhos, para que sonhem a noite inteira com as histórias mais maravilhosas. O outro é um guarda-chuva preto, sem figura de espécie alguma: é o que ele abre sobre a cabeça das crianças que procedem mal. Estas remexem-se na cama durante toda a noite, têm um sono agitado, e, quando acordam pela manhã, não se lembram de ter sonhado com coisa alguma. Vou contar-lhes as histórias que o Velho Morfeu contou para um menino chamado Dalmar durante uma semana. São sete histórias, já que uma semana tem sete dias e sete noites. SEGUNDA-FEIRA. — Veja — disse o Velho Morfeu, depois que Dalmar já estava deitado em sua cama. — Vou fazer umas pequenas modificações em seu quarto. No mesmo instante, as flores nos vasos transformaram-se em árvores enormes, que iam do assoalho até o teto. Os galhos e ramos se espalharam por todo o aposento, que ficou parecendo um lindo caramanchão. De todos brotavam flores mais belas e perfumadas que rosas; e o melhor de tudo é que a gente podia comê-las, pois eram macias e docinhas como geleia. Havia também frutos naquelas árvores, e eram dourados e brilhantes. Os mais maduros se rachavam, deixando sair uma polpa deliciosa: pão de mel recheado de passas! Que maravilha! Entretanto, no meio de toda essa cena esplendorosa, havia alguem que não estava feliz, soluçando e gemendo sem parar. O som vinha da mesinha na qual Dalmar guardava seus livros e materiais escolares. — Que será isso? — perguntou o Velho Morfeu, abrindo a gaveta da mesinha. Era uma lousa, toda escrita a giz. Dalmar havia feito nela umas contas de somar, e os resultados não estavam certos. O giz, amarrado por um barbante ao canto da lousa, gania desesperadamente, como se fosse um cachorrinho preso a uma corrente. Estava querendo corrigir os erros, mas não podia. Outro que soluçava era o caderno de exercícios. Dava até pena escutar seus lamentos. É que na linha de cima havia uma serie de letras escritas com muito capricho, para Dalmar copiar nas linhas de baixo. Ele bem que tentara, mas suas letras não eram bonitas e certinhas como as do modelo, não seguiam a margem e não corriam direito sobre as linhas, ora subindo, ora afundando; ora caindo de costas, ora tropeçando para a frente. — Fiquem de pé! Tenham elegância! — ordenavam os modelos. — Olhem para nós e tentem imitar-nos! — Bem que queríamos ficar certinhas e elegantes — queixavam-se as letras escritas por Dalmar, — mas não conseguimos... Estamos sem forças... — Ah, estão fraquinhas, não é? Já sei — disse o Velho Morfeu, — vou dar para cada uma de vocês uma colherada de óleo de fígado de bacalhau. — Não, não! Já saramos! — gritaram as letras, assustadas, logo empinando o corpo elegantemente e se postando certinhas sobre as linhas do caderno. — Já vi que esta noite não teremos tempo para historias. Essas letras estão precisando de exercício — disse o Velho Morfeu, olhando para elas com severidade. O A ficou acanhado; o B, boquiaberto; o C, cabisbaixo. Como se fosse um sargento, o Velho Morfeu comandou: — Em marcha! Um, dois! Um, dois! E todas marcharam elegantemente, de cabeça erguida e peito estufado, igualzinho às letras do modelo, que assistiam imóveis ao desfile de suas cópias. Na manhã seguinte, porém, quando Dalmar abriu o caderno para espiá-las, estavam todas tão feias e deselegantes como na véspera. Logo que Dalmar se deitou, o Velho Morfeu tocou os móveis e utensílios do quarto com sua varinha de condão, e eles imediatamente começaram a falar. Todos contavam coisas sobre si próprios ou faziam comentários sobre os outros que ali estavam. Só uma velha escarradeira, que hoje em dia quase ninguém mais usa, ficou calada em seu canto, desgostosa com a vaidade e o egoísmo dos outros, que nem por um instante se lembraram dela, triste e solitária em seu canto. Presa à parede, acima da cômoda, estava a pintura de uma paisagem. Viam-se nela árvores, flores, uma extensa campina e, ao fundo, um imponente castelo. Era um belo quadro, com moldura dourada. O Velho Morfeu tocou-o com sua varinha mágica, e a pintura tornou-se viva. Os pássaros começaram a cantar, e os ramos das árvores agitavam-se ao sopro do vento. As nuvens flutuavam no céu, projetando suas sombras sobre a relva da campina. O Velho Morfeu tirou Dalmar de sua cama e o colocou dentro da paisagem representada no quadro. Ele sentiu o chão sob seus pés e viu que de fato estava lá dentro. TERÇA-FEIRA. O sol brilhava através das folhas das árvores. Dalmar correu para o rio, onde havia um barquinho ancorado junto à margem. Era um barco a vela, vermelho e branco. As velas refulgiam como se fossem de prata. Seis cisnes, com coroas de ouro na cabeça, deslizavam ali perto. Dalmar entrou no barco e se pôs a navegar pelo rio abaixo, bordejando a floresta. As árvores contaram-lhe histórias sobre salteadores, sobre feiticeiras e sobre os elfos que vivem no interior das flores, além de repetir-lhe os contos de fadas que as borboletas lhe haviam contado. Peixes maravilhosos, com escamas douradas e prateadas, nadavam atrás do barco. De vez em quando, um deles pulava para fora da água, pairando no ar por um breve instante, e em seguida mergulhava de novo, fazendo barulho. Aves de todas as cores e tamanhos voavam acima de sua cabeça. Todos os animais, até mesmo os insetos, como os mosquitos e besouros, queriam chegar perto dele para contar-lhe histórias. Que esplêndida viagem de barco! Ora ele atravessava uma floresta densa e escura, ora um belo jardim, repleto de flores e banhado de sol. Passou ao longo de lindos castelos de mármore, em cujos balcões descansavam princesas encantadoras, que lhe acenavam de longe. O mais estranho de tudo é que elas se pareciam muito com as meninas que brincavam com ele todo dia! Algumas lhe estendiam balas compridas, em forma de velas, mais gostosas que as vendidas nas confeitarias. Ele segurava uma ponta da bala enquanto a princesa segurava a outra, de modo que cada um ficava com um pedaço, e o de Dalmar quase sempre era o maior. À frente de cada castelo havia um principezinho montando guarda. Todos traziam uma espada de ouro e comandavam uma tropa de soldadinhos de chumbo. Eram príncipes de verdade, e muito gentis: tanto que atiravam passas quando Dalmar passava defronte ao castelo — e como eram doces e deliciosas! Às vezes ele parecia estar navegando através dos salões de ricos palacios, e outras vezes por dentro das ruas de uma cidade fantástica. Numa delas, avistou a querida babá que cuidara dele quando ainda era de colo. Que satisfação avistá-la, sorrindo para ele parada no meio de uma praça, e cantando a canção de ninar com a qual ela costumava fazê-lo adormecer: *Como eu gosto de ti, menininho!* Como eu gosto de ver-te a sorrir! Fecha os olhos e fica quietinho, Que agora o neném vai dormir. *O anjinho que te protegeu, Que brincou junto a ti todo o dia, Foi para o céu e já adormeceu, No regaço da Virgem Maria.* Todos os passarinhos fizeram coro com ela, as flores dançaram e as árvores inclinavam-se para um lado e para o outro, como se estivessem escutando uma linda história contada pelo Velho Morfeu. QUARTA-FEIRA. Lá fora chovia. Dalmar podia escutar as gotas caindo no telhado, mesmo enquanto dormia. O Velho Morfeu abriu a janela e entrou. A rua estava transformada num lago, e um navio estava ancorado logo abaixo do peitoril da janela. — Venha navegar, Dalmar — convidou o Velho Morfeu. — Esse navio levará você para terras distantes, e o trará de volta para a cama antes que acorde. Dalmar levantou-se, vestiu sua roupa de domingo e subiu a bordo. A chuva não mais caía, e um sol radioso brilhava no céu. Uma brisa suave enfunou as velas da embarcação, que se pôs a navegar pelas ruas, passando diante da igreja, até entrar no mar. Logo a terra desapareceu, e só se viam as águas do oceano, até onde a vista alcançava. Um bando de cegonhas passou voando por ele: estavam migrando para as terras quentes e distantes. Uma delas voava mais baixo, seguindo bem atrás de suas companheiras. Tinha vindo de mais longe, e estava fatigada. Suas asas batiam com lentidão cada vez maior. A pobre ave esforçava-se por ganhar altura, mas não conseguia. Ao passar perto da vela principal do navio, não conseguiu desviar, chocando-se contra ela e caindo pesadamente sobre o convés. O taifeiro apanhou-a e prendeu-a no pequeno galinheiro que havia próximo ao depósito de cargas. Ali ficou ela, triste e desenxabida, entre galinhas, patos e perus. — Que bicho mais esquisito! — cacarejaram as frangas. O peru arrepiou as penas, parecendo dobrar de tamanho, e, abrindo caminho entre os patos, que se encostavam uns nos outros intrigados, grasnando sem parar, indagou da estranha quem era ela, de onde vinha e para onde estava indo. A cegonha respondeu, falando-lhe das terras quentes, do Egito com suas pirâmides, da avestruz que cruzava o deserto em velocidade maior que a de um cavalo. Os patos não entenderam uma palavra do que ela disse, e puseram-se a cochichar entre si, debochando: — Quá-quá-quanta ignorância! — Gluglugluglu! — aplaudiu o peru, fazendo tal escarcéu, que a cegonha ate parou de falar. Sentindo-se fora de seu ambiente, ela foi ate o canto do galinheiro, e ali ficou quieta, voltando seus pensamentos para as terras quentes da Africa. — Que pernas mais compridas, criatura! — disse o peru, piscando o olho para as outras aves. — Não quer vender o pedaço que está sobrando? — Quá, quá, quá, quá, quá! — caíram os patos na risada. — Có, có, có, có, co! — acompanharam as galinhas. A cegonha continuou quieta, fingindo não ter escutado a graçola. — Não achou graça, criatura? — perguntou o peru, continuando a divertir-se às custas da cegonha. — Será que não entendeu a piada? Bem que eu desconfiava: pernas compridas, ideias curtas. Desça dessas pernas e venha cá para baixo divertir-se conosco! Glu, glu, glu! O peru grugulejava de satisfação, enquanto os patos grasnavam e as galinhas cacarejavam, todos rindo da pobre cegonha. Dalmar, irritado com aquilo, foi até o galinheiro e abriu a porta, deixando a cegonha sair. Descansada, ela alçou voo e seguiu em direção às suas companheiras, para as bandas quentes do Egito. Antes de desaparecer no ceu, voltou-se e inclinou a cabeça para Dalmar, num agradecimento. As galinhas abaixaram a cabeça, os patos se entreolharam e o peru ficou vermelho de vergonha. — Quero ver vocês rindo da cegonha quando estiverem em cima de uma bandeja, bem tostadinhos — disse Dalmar, olhando para as aves de cenho franzido. E aí ele acordou, de novo em sua cama. Dessa vez o Velho Morfeu tinha arranjado para ele uma viagem bem esquisita! QUINTA-FEIRA — Olhe quem está aqui — disse o Velho Morfeu, mostrando a Dalmar um camundongo. — Vamos, não tenha medo; ele e bonzinho. Veio convidá-lo para assistir a um casamento. Dois ratinhos que moram debaixo da despensa de sua mãe vão se casar hoje à noite. Precisa ver o apartamento deles: é uma gracinha! — Mas como vou fazer para passar por aquele buraquinho na parede? É tão pequeno! — disse Dalmar. — Hum... vejamos... — disse o Velho Morfeu, pensativo. — Já sei: vou diminuir seu tamanho. Tocou a varinha de condão na cabeça do menino, e ele foi ficando menor, menor, até chegar ao tamanho de um dedo mindinho. — Seria bom você pedir emprestado o uniforme do soldadinho de chumbo — aconselhou o Velho Morfeu. — Numa festa de casamento, é sempre elegante comparecer fardado. — Boa ideia — concordou Dalmar, dirigindo-se até o soldadinho de chumbo e trocando com ele algumas palavras. Pouco depois, lá estava ele trajado com o uniforme, enquanto o soldadinho de chumbo vestia seu pijama e se preparava para dormir. — Quer ter a bondade de tomar assento na carruagem? — disse-lhe gentilmente o camundongo, apontando-lhe o dedal de sua mãe. — Vou levá-lo até o local da festa. — Ué! — estranhou Dalmar. — Um camundongo servindo de cavalo? Essa não! E lá se foram eles até a despensa, seguindo depois por um corredor tão estreito que era a conta da largura de um ratinho. Curioso: não estava escuro ali dentro! Pedaços de madeira fosforescente tinham sido pregados no teto e iluminavam suavemente todo o corredor. — Que tal este cheirinho? — perguntou o camundongo a Dalmar. — Não é delicioso? É daquele toucinho que desapareceu da despensa de sua mãe. Nós o esfregamos na parede, e que perfume! Nota-se que é um toucinho de primeira! Finalmente, chegaram ao salão onde seria realizado o casamento. À direita, estavam as ratinhas solteiras, cochichando umas com as outras e dando risinhos disfarçados. À esquerda, os camundongos solteiros, torcendo seus bigodes e tentando namorar as ratinhas do lado oposto. Ratos e ratas espalhavam-se pelo salão, no meio do qual estava o casal de noivos, sentados sobre uma casca de queijo, trocando beijos, enquanto esperavam o inicio da cerimônia. Os convidados não paravam de chegar. O salão já estava tão repleto, que os ratinhos menores tiveram de encostar-se nos cantos das paredes, para não serem esmagados. Com tantos ratos a sua frente, Dalmar nem viu como foi a cerimônia, percebendo apenas o final, quando o casal de ratinhos acenou da porta

e seguiu para sua viagem de lua de mel. Em seguida, serviram pedacinhos de toucinho para os convidados. Por fim, cada qual recebeu um grão de ervilha como recordação da festa,

no qual haviam sido gravadas, com os dentinhos afiados dos parentes dos noivos, suas iniciais. De fato, era uma festa bem fora do comum! Ao saírem, todos os convidados elogiaram

os preparativos, afirmando que fora uma festa e tanto! Então o camundongo que havia convidado Dalmar fez-lhe um aceno e o levou de volta para seu quarto. Ele ali trocou de roupa

com o soldadinho, voltou a seu tamanho normal e se acomodou na cama, cansado mas satisfeito. Como dá trabalho ir a uma festa na toca dos ratos! SEXTA-FEIRA. — Há tanta gente

grande que vive insistindo comigo, implorando uma visita minha... — disse o Velho Morfeu. — Então os que têm consciência pesada... ih, não me deixam em paz! "Oh, Morfeuzinho",

suplicam, "vem me ver, vem? Quero dormir, mas não consigo pregar o olho. Fico rolando na cama, só me lembrando de minhas más ações. Elas ficam sentadas no canto da cama, como

se fossem capetinhas, fazendo careta e me espetando com um finco, só para não me deixarem dormir. Vem, querido Morfeu, e expulse-as daqui! Quero dormir!" E os que querem me

comprar? Esses são os piores. Dão soluços profundos e rogam, com voz insinuante: "Vem, Morfeu, que te darei uma recompensa. Basta que chegues de mansinho e me desejes boa

noite, Morfeuzinho do meu coração! Depois, vai ver no peitoril da janela o que foi que te deixei". Pobres coitados: acham que esse tipo de favor pode ser pago... — E o que vamos ter

esta noite? — perguntou Dalmar. — Que acha de outra festa de casamento? — riu o Velho Morfeu. — Só que será bem diferente daquela de ontem. Sabe aquele boneco de sua irmã que

vocês chamam de Armando? Ele quer casar-se com aquela boneca chamada Berta. Hoje é o aniversário dela, que certamente irá receber muitos presentes. — Ah, isso não é novidade

— disse Dalmar, demonstrando aborrecimento. — Minha irmã vive inventando festinhas de aniversário de suas bonecas e arranjando casamento para elas. É desculpa dela para lhes

dar roupas novas. Já deve ter feito isso umas cem vezes. — Mas o aniversário de hoje será o de número cento e um, e esse só acontece uma vez. E posso garantir que será uma festa

diferente. Por isso, vamos lá dar uma olhada. Dalmar olhou para a mesa onde estavam os brinquedos, e viu uma luz que saía da janela da casa das bonecas. Do lado de fora, seus sol-

dadinhos de chumbo estavam perfilados, apresentando armas. Os noivos estavam sentados no chão, com as costas apoiadas contra a perna da mesa. Olhavam um para o outro com

ar preocupado, o que não é para estranhar, pois afinal de contas iam casar-se dali a pouco. O Velho Morfeu vestiu a saia preta da avó de Dalmar e deu início à cerimônia. Quando termi-

nou, os móveis da sala entoaram uma canção muito bonita, cuja letra fora escrita pelo Lápis, especialmente para aquela ocasião. As palavras não faziam muito sentido, mas as rimas

eram excelentes. Vejam como era: *Lá vem a Berta. Séria e formosa, Enquanto o Armando está aqui todo prosa! Lá fora está Armando chuva, E a mão aberta carrega uma luva. O*

casamento De Armando e Berta É o cento e um, se esta conta está certa. Chegou a hora dos presentes. Os noivos pediram que não lhes dessem nada de comer, porque daquele dia

em diante queriam viver apenas de amor. — E quanto à lua de mel, querida? — perguntou Armando. — Vamos para o campo, ou você prefere viajar para o estrangeiro? Era um problema

difícil de resolver; assim, decidiram pedir conselhos a quem entendesse do assunto. Lá estavam a andorinha, que era muito viajada, e a velha galinha, que fora nascida e criada numa fazenda, antes de vir para a casa dos pais de Dalmar. A andorinha descreveu as maravilhas dos países quentes, onde as uvas pendiam das videiras em cachos enormes; e o ar era

ameno e quente. Falou ainda sobre as montanhas de cores belas e bizarras, tão diferentes das que se veem por aqui. — Ah, mas lá não tem couve! — interrompeu a galinha. — Lembro-

me do último verão que passei no campo, junto com minha ninhada de pintos. Fazíamos piquenique numa cascalheira. Nas partes fundas havia uma areia fininha, ótima de se ciscar.

Depois, íamos ao quintal, na horta de couves. Tinham uma cor verde maravilhosa: nunca vi nada igual. — Quem vê um pé de couve, já viu todos. São iguaizinhos! — contestou a ando-

rinha. — Além disso, quando o inverno é rigoroso (e o daqui sempre é), adeus couves! — Estamos acostumados com o frio que faz aqui — replicou a galinha. — Mas eu não! Agora, por

exemplo: estou congelada! — disse a andorinha, tremendo. — Um pouco de frio faz bem às couves — cacarejou a galinha. — E aqui não é sempre frio, quem disse que é? Às vezes até

faz calor! Lembro-me de um verão, acho que foi há quatro anos: durou quase cinco semanas! Sim, e como fez calor! Mal se podia respirar! Agora, nesses países quentes, há uns bichos

horrendos e venenosos que aqui não existem. Isso sem falar nos ladrões e assassinos que vagueiam por lá. Acho que quem não ama sua terra natal não passa de um patife, de um in-

grato, que devia ser proibido de morar lá! A galinha fez uma pausa, encarou os ouvintes e continuou, com voz trêmula: — Já fiz uma viagem, amigos... Sim, uma longa viagem: mais de

doze milhas, dentro de um engradado. Acreditem-me: não dá prazer algum viajar! — Acho que a galinha é muito sensata — disse Berta a Armando. — Não quero viajar para as montanhas,

não vale a pena. A gente sobe de um lado, e aí tem de descer do outro: que coisa mais sem graça! Prefiro antes ir conhecer a cascalheira, brincar na areia fina e depois passear por

entre os talos de couve. Fim de conversa e fim do passeio noturno de Dalmar. SÁBADO. — Hoje você vai contar uma história, não é? — perguntou Dalmar, logo que se ajeitou na cama.

— Não, hoje não tenho tempo — disse o Velho Morfeu, enquanto abria sobre a cama uma sombrinha vistosa e colorida. — Veja que sombrinha bonita: é chinesa. Dalmar olhou para a

sombrinha, e era como se estivesse contemplando um vaso chinês, todo enfeitado e decorado com figuras, mostrando uma paisagem estranha, com árvores azuis e pontes convexas,

cheias de chinesinhos que inclinavam a cabeça, saudando-o. — Hoje tenho muito que fazer. Tenho de deixar o mundo bem limpinho e arrumado, pois amanhã é domingo. Vou até a

torre da igreja, ver se os elfos que ali residem não se esqueceram de polir os sinos, senão eles vão tocar desafinado. Tenho ainda de fiscalizar os campos, para assegurar-me de que o

vento espanou as flores e as árvores. E a tarefa mais importante é trazer as estrelas aqui para baixo, a fim de dar-lhes uma boa engraxada e um lustre bem caprichado. Trago-as dentro

do meu avental, mas é uma trabalheira, que você nem queira imaginar! Tenho de marcar todas com um número, o mesmo que escrevo nos buracos do céu de onde elas saíram, para

depois colocá-las de volta direitinho, cada qual no seu lugar. Se eu trocar os buracos, elas não ficam bem encaixadas, e aí começam a cair uma após outra, formando uma verdadeira

chuva de estrelas cadentes. — Olha aqui, Senhor Morfeu — repreendeu um velho retrato pendurado na parede oposta à cama de Dalmar; — sou o bisavô do menino, certo? Agradeço-

te por contares histórias a ele, mas não queiras confundi-lo, certo? DOMINGO. Onde já se viu trazer as estrelas aqui para baixo e engraxá-las! Que ideia mais sem nexo! Estrelas são

astros, são corpos celestes como a Terra, e é exatamente nisso que reside a importância e o interesse de seu estudo! — Obrigado, muito obrigado, Senhor Bisavô — respondeu o Velho

Morfeu, sem parecer estar nem um pouco agradecido pela intromissão do outro. — És o chefe da família, o chefão, o chefíssimo! Mas acontece que sou ainda mais velho do que tu; muito, muito mais velho. E sou pagão. Os romanos e os gregos me veneravam e me consideravam o Deus dos Sonhos. Visitei os palácios mais magníficos, e ainda hoje sou bem recebido por onde quer que vá. Sei agradar tanto às crianças quanto aos adultos. Agora quero ver se tu também sabes contar uma história... Dizendo isso, o Velho Morfeu foi-se embora, levando a sombrinha com ele. — Hoje em dia não temos mais licença de expressar nossa opinião — resmungou o retrato do velho bisavô. Nesse momento, Dalmar acordou. — Boa noite — saudou o Velho Morfeu. Dalmar acenou-lhe com a cabeça; em seguida, levantou-se e correu até o retrato do bisavô, virando-lhe o rosto para a parede. Desse modo, ele não iria meter o nariz onde não era chamado. — Agora — disse ao Velho Morfeu — quero que me conte a história das cinco ervilhas numa vagem só, a do galo que cantava alto demais e a da agulha de sapateiro que julgava ser uma agulha de costura. — É muita história junta! — riu-se o Velho Morfeu. — Mas tenho coisa melhor para você. Prefiro mostrar-lhe coisas diferentes, do que contar histórias. Vou mostrar-lhe meu irmão, um outro Morfeu, igualzinho a mim em tudo por tudo, menos numa coisa: ele só visita as pessoas uma vez; depois que as faz cair num sono profundo, leva-as consigo em seu cavalo. Como eu, ele também conta uma história para a pessoa a quem vai visitar, mas só sabe duas. Uma é a história mais encantadora que se possa imaginar, a mais linda que alguém já escutou. A outra é tão terrível e apavorante, que nem dá para descrever. Erguendo o pequeno Dalmar até a janela, para que ele pudesse ver o que acontecia lá fora, o Velho Morfeu continuou: — Olhe! Aquele ali é meu irmão, o outro Morfeu, que alguns preferem chamar de Morte. Ele não é tão horroroso e assustador como costuma ser apresentado nas gravuras. Ele não é um esqueleto; apenas tem um bordado em prata sobre seu uniforme. Sim, ele usa um uniforme de cavalariano, veja. Lá vai ele cavalgando seu corcel, com sua bela capa de veludo preto ondulando ao vento! Dalmar viu o outro Morfeu passando a galope, parando aqui e ali para levar consigo as pessoas que acabavam de morrer. Na maior parte, era gente velha; de vez em quando, porém, lá se ia um jovem, ou mesmo uma criança. Alguns, ele levava na frente; outros, na garupa. E a cada qual que visitava, fazia sempre a mesma pergunta: — Que notas tirou no Boletim da Vida? Quase todos respondiam: — Tirei ótimas notas! Mas ele fazia questão de examinar o boletim. Se de fato as notas do morto fossem boas, ele o punha a sua frente e lhe contava a mais linda de todas as histórias. Já se a nota fosse ruim, lá ia o falecido para a garupa, tendo de escutar a história mais apavorante que se possa imaginar. Nesse caso, a pessoa ficava arrepiada e desesperada, fazendo o que podia para saltar do cavalo e fugir, só que isso era impossível. — Gostei desse outro Morfeu — comentou Dalmar. — Não tenho medo dele. — Muito bem. Não há razão para se temer a Morte — sorriu o Velho Morfeu. — O importante é tirar boas notas no Boletim da Vida. — Dessa história eu gostei — murmurou o retrato do bisavô, que agora sorria satisfeito. — Foi interessante e instrutiva. Como se vê, valeu a pena reclamar e expressar minha opinião. E você que me está lendo, gostou da história do Velho Morfeu? Se ele vier vê-lo hoje à noite, peça-lhe para contar uma bem bonita, entendeu? **Vovó.** Vovó é bem velhinha, mas muito velha, mesmo! Tem os cabelos inteiramente brancos, e o rosto todo sulcado de rugas. Mas que olhos tem! Brilhantes como duas estrelas, o que ainda os torna mais belos, doces, gentis, repletos de amor! Usa um vestido comprido, de seda, todo estampadinho de flores. Quando se escuta aquele frufru característico, a gente já sabe: lá vem a Vovó.

Quantas histórias ela sabe contar! Nisso, ganha longe do Papai e da Mamãe; mas também pudera: viveu bem mais tempo do que eles. Vovó vive lendo seu livro de orações, que é pequeno, de capa dura e tem um fecho de prata. Entre suas páginas, guardou uma rosa, que hoje está achatada e seca, tendo perdido o viço e a beleza que um dia ostentou. Já no vaso que fica em cima de sua mesa, há sempre uma rosa fresca e perfumada, bem mais bonita e agradável de se olhar. Pois, apesar disso, Vovó sempre sorri quando olha a flor seca, embora às vezes se note um toque de tristeza nesse sorriso, ou até mesmo uma lágrima furtiva tremulando em seus olhos. Por que será que a visão daquela rosa seca lhe traz tamanha emoção? Quer saber por quê? Eu conto: é porque, cada vez que uma lágrima cai de seus olhos sobre as pétalas secas daquela flor, ela readquire seu viço e seu colorido, e todo o quarto se enche de seu perfume. As paredes vão se desfazendo, como se fossem a névoa da manhã, até desaparecerem por completo. Então, ela volta a estar no meio de um bosque, sob um dossel verde de folhas, vazado aqui e ali por feixes de raios de sol. Torna-se de novo a menina loura e de faces coradas que um dia foi, linda e encantadora como um botão de rosa. Só seus olhos não mudam: continuam os mesmos, calmos, afáveis, gentis — os olhos da Vovó. Senta-se a seu lado um rapaz elegante e garboso, que colhe a rosa e a entrega a ela, que então sorri. Os olhos são dela, mas o sorriso não é. Ou melhor: é, sim! Basta reparar bem, para ver que continua o mesmo. O rapaz desaparece. Pessoas e cenas diversas vão desfilando pela floresta, esfumando-se ao longe, sumindo, do mesmo modo que o rapaz. A rosa voltou para seu lugar antigo, entre as páginas do livro de orações, e Vovó voltou a ser a velhinha que a contempla com um sorriso. Um dia, Vovó morreu. Estava sentada em sua espreguiçadeira e acabava de contar uma história muito comprida. — E assim, acabou-se o que era doce — disse ela, ao terminar a narrativa. — Estou cansada. Quero cochilar um pouco. Reclinou a cabeça no encosto da espreguiçadeira, fechou os olhos, suspirou suavemente — e acabou-se o que era doce. Uma calma enorme tomou conta do quarto. Seu rosto parecia tão tranquilo e feliz como quando ela saía para tomar sol. Disseram então que ela estava morta. Deitaram-na num caixão negro e cobriram seu corpo com um lençol branco. Ela estava bonita, mesmo de olhos fechados. As rugas desapareceram e havia um sorriso em seus lábios. Seus cabelos de prata davam tanta dignidade ao seu aspecto, que sua visão não me deu medo algum. Era a Vovó, a doce e boa Vovó. O livro de orações foi colocado sob sua cabeça, conforme ela havia pedido enquanto viva. Deixaram dentro dele a rosa seca. Pouco depois, ela foi enterrada. Sobre seu túmulo, junto ao muro do cemitério, alguém plantou uma roseira. Todo ano ela dava flor, e o rouxinol cantava, pousado em seus ramos. Da igreja vizinha chegava o som do órgão, tocando os hinos sacros que Vovó costumava trautear, quando lia seu livro de orações. Era sobre ele que Vovó agora descansava sua cabeça. O luar iluminava o túmulo, e mesmo à meia-noite qualquer criança poderia vir ali para colher uma rosa, sem receio dos mortos, pois eles não ficam vagando pelos cemitérios. Não, os mortos são muito mais sábios que nós, os vivos; conhecem-nos bem, sabem que temos medo de fantasmas, e, sendo mais gentis do que nós, jamais iriam querer apavorar-nos. A terra que recobre o caixão já está também dentro dele. O livro de orações e a rosa seca, guardiões de tantas lembranças, já se transformaram em pó. Mas aqui em cima, na superfície, novas rosas florescem e canta o rouxinol, enquanto o órgão toca na igreja. E existem aqueles que se lembram da velha Vovó, de olhos ternos e eternamente jovens. Os olhos não podem morrer! E os nossos haverão de vê-la um dia novamente, jovem e bela como da primeira vez em que beijou a rosa fresca e recém-colhida, a rosa que secou e que se reduziu a pó, repousando para sempre no fundo daquela sepultura. **O Linho.** O linho florescia. Brotavam nele florezinhas azuis

belíssimas, de pétalas delgadas e suaves como asas de mariposa, senão ainda mais delicadas. O sol trazia-lhe a luz, e as nuvens regavam-no, causando-lhe prazer igual ao que sente

a criança quando a mãe a lava e depois lhe dá um beijo. Para o linho, criança da natureza, o sol e as nuvens eram a mãe que o acariciava e o banhava, deixando-o feliz e fazendo com

que ele crescesse e desabrochasse. — Comentam por aí que a próxima colheita será a melhor dos últimos anos — disse um dia, dirigindo-se a cerca. — Falam também que estamos

crescendo bem mais do que nossos pais. Sabe que é de nossas hastes que se extrai aquele tecido fino e nobre que também se chama "linho"? Ah, como isso me deixa contente! Não

há planta que seja mais feliz do que eu! Sou forte e saudável, e tenho a satisfação de saber que um dia serei transformado em algo útil. Sim, eu sou a mais afortunada de todas as

plantas! — Refreie seu entusiasmo — aconselhou a velha cerca. — Conheço este mundo, bem mais do que você. Meus mourões são todos amarrados uns aos outros, fazendo com que

meus pensamentos e memórias venham de muito longe e sejam fruto de múltiplas observações e experiências. E a velha cerca rangeu, entoando uma canção tristonha: *Quebra, racha*

e se estilhaça, Vira pó, vira fumaça, Tudo acaba, tudo passa, Até mesmo esta canção... — Não! Não! — bradou o linho. — O sol voltará a brilhar amanhã, e o orvalho voltará a gotejar

de minhas folhas. Posso escutar os estalidos do meu crescimento, posso sentir cada flor que brota em mim. Sou feliz! Mas um dia chegaram por ali o fazendeiro e seus empregados, e

arrancaram a planta com raiz e tudo — como doeu! Dali, o linho foi atirado numa tina cheia de água, como se estivessem querendo afogá-lo. E quando de lá o retiraram, foi para torrá-lo

sobre o fogo. Oh, que tratamento mais cruel! "Não se pode ser feliz eternamente", soluçou o linho. "O sofrimento é um tipo de experiência da qual se devem tirar algumas lições." Mas

seu martírio não parou por aí. Depois disso, foi açoitado, batido, espancado, pisado, golpeado, cortado e, por fim, levado até à roda de fiar. Essa parte da tortura foi a pior de todas: ele

passava e repassava por aquela roda, ficando cada vez mais tonto, até que seus pensamentos começaram a se embaralhar. "Pensar que já fui tão feliz", lamentava-se o linho, "e que

agora estou sofrendo tanto! Ainda bem que curti bastante a felicidade que desfrutei na infância e na juventude... Foi bom, enquanto durou..." Pronto: estava desfiado. Agora, a mulher

do fazendeiro armou o tear e teceu com os fios um belo pano de linho. Ao ver-se estendido sobre a mesa, o linho pensou: "Ah, como fiquei maravilhoso! Nunca imaginei que me fosse

transformar numa peça tão linda e elegante! Acabou-se a tortura, e a felicidade voltará a reinar. Bem que eu sabia que a cerca não tinha razão, quando cantou: Quebra, racha e se es-

tilhaça, Vira pó, vira fumaça, Tudo acaba, tudo passa, *Até mesmo esta canção...*Quem disse que uma canção acaba? Basta recomeçar a cantá-la. E a minha canção mal começou, se-

gundo me parece. Sofri muito, é verdade, mas agora estou sendo recompensado pelo que padeci. A felicidade voltou a sorrir para mim. Estou diferente do que fui: hoje sou branco,

resistente e macio. E muito mais do que ser uma simples planta, mesmo uma daquelas que têm flores. E muito melhor, também, pois não preciso me preocupar com a sobrevivência, nem

ficar aflito quando a chuva tardar a cair. Agora, a empregada me estende ao sol pela manhã, e me borrifa com água, quando estou muito seco. A esposa do pastor esteve aqui outro dia, e

declarou que sou a peça do linho mais fino de todo este distrito. Sim, voltei a ser feliz, e muito mais do que já fui". O pano de linho já estava pronto para ser cortado e costurado. Recomeçou o sofrimento: agora, era a tesoura que cortava, e a agulha que perfurava... Como veem, um tratamento nada agradável. Por fim, terminou. E sabem em que tipo de roupa ele se transformou? Para não deixar o pano de linho constrangido, direi apenas que foi naquela peça de roupa que nós, os homens, usamos por debaixo das calças. E como o pano era grande, deu para fazer não uma, mas doze delas. "Agora, sim, já sou alguma coisa", pensou o linho. "Já tenho serventia. É uma bênção ser útil neste mundo. Como estou satisfeito! Eu, que era um, agora sou doze: uma dúzia de peças iguaizinhas. A felicidade voltou a sorrir para mim!" Passaram-se os anos, e mesmo as mais finas cambraias de linho desgastam-se com o tempo. Não foi diferente com aquelas doze peças. "Estou chegando ao final de meu tempo de uso", pensava cada uma delas. "Bem que gostaria de durar mais um pouco, mas sei que isso seria impossível." E, de fato, aquelas roupas foram encostadas, utilizadas como panos de limpeza, até que se transformaram em trapos, sendo cortadas em tiras finas. Aí, sim, o linho imaginou que tinha chegado ao fim, pois suas tiras foram reduzidas a pedacinhos, esfiapadas e depois fervidas. Tudo aconteceu tão depressa, que ele nem compreendia direito o que estava sendo feito, até que, por fim, se viu transformado numa folha branca de papel. "Oh, mas que surpresa!", pensou, sorrindo internamente. "Que maravilha! Estou ainda mais branco e elegante do que antes! É fantástico! Que será que vão escrever em mim?" Uma história belíssima foi escrita nele, e todos que a liam ou escutavam ficavam encantados com ela. Aquelas palavras representavam uma verdadeira bênção, um motivo real de alegria e felicidade. "Isso é bem mais do que julguei ser possível acontecer comigo, quando não passava de uma simples planta, cultivada no campo. Olhando a florzinha azul que brotava em mim, quando poderia imaginar que me transformaria num mensageiro da alegria e do conhecimento para os seres humanos? É simplesmente fabuloso! Só Deus poderia dizer o que fiz para merecer tal prêmio. Quantas vezes cheguei a pensar que estava próximo do fim de minha existência... Mas não: era apenas o início de uma nova vida, o recomeço de tudo, e eu me tornava mais fino, mais útil, mais belo do que antes. Quem sabe irei agora viajar pelo mundo e ser lido por pessoas de outras terras? É provável que isso aconteça. Se eram belas as flores que nasciam em meu corpo, no início de minha vida, mais belos ainda são os pensamentos que hoje trago escritos sobre mim. É a glória! Sou o objeto mais feliz de todo o mundo!" Mas foi bem curta a única viagem que fez: apenas o percurso entre a casa do autor da história e o escritório de uma editora, onde as palavras que ele continha foram copiadas, levadas ao prelo e impressas, sendo reproduzidas em centenas de volumes, todos iguaizinhos, de modo a permitir que milhares de pessoas lessem as palavras que uma vez foram escritas à mão no papel de linho. Este, por sua vez, compreendeu o que representava tudo aquilo, e pensou: "É assim mesmo que se deve proceder. Como é que nunca pensei nisso? Não devo ficar rodando por aí, passando de mão em mão, desgastando-me todo. Afinal de contas, sou um original, escrito à mão pelo autor da história. Meu destino é ficar exposto em sua casa, honrado e respeitado como se fosse um velho avô, enquanto os livros se espalham por aí, cumprindo sua finalidade. Serei examinado apenas pelos estudiosos, pelos pesquisadores, como um objeto raro, uma venturosa peça de museu, uma verdadeira relíquia. Como sou feliz!" Em vez de voltar para a casa do autor, o manuscrito foi colocado dentro de uma gaveta, junto com outros papéis. "Puseram-me aqui para descansar. Bem que mereço, depois de tudo que passei. Vou ter tempo de analisar e compreender bem as palavras que estão escritas em mim. Com isso, hei de adquirir bom senso e sabedoria. Mas bem que gostaria de saber o que está reservado em breve para mim. Garanto que será coisa melhor e mais maravilhosa do que tudo o que já me sucedeu até hoje." Um dia, o editor resolveu limpar suas gavetas de originais. Chegou a pensar em vender aquela papelada toda para o dono da mercearia, que comprava papéis velhos. Mas desistiu, ao pensar que os papéis poderiam acabar servindo para embrulhar mercadorias. E se um dos autores deparasse com um de seus originais embrulhando um pedaço de toucinho ou meia dúzia de velas? Poderia ficar zangado. Desse modo, achou melhor pôr fogo naquela papelada sem serventia. Colocou as folhas dentro da lareira, formando uma pilha. As crianças da casa acorreram para ver o espetáculo das labaredas que iriam erguer-se em breve, para depois arrefecerem, reduzindo-se a brasinhas que se desprenderiam das cinzas, como estudantes saindo da escola. A última que se erguesse seria o mestre-escola, que, encerrada a sua tarefa, estaria voltando para casa. Flup! O fogo ergueu-se subitamente na pilha de papéis, produzindo um clarão que iluminou a sala. Foi um momento de êxtase para o linho: ele jamais havia brilhado tanto, nem mesmo quando fora transformado em cambraia e ficava exposto ao sol. As letras que nele estavam escritas tornaram-se rubras, antes de desaparecerem totalmente, consumidas pelo calor. "É como se estivéssemos no sol!", exclamaram milhares de vozes dentro da labareda. Eram pequeninos seres brilhantes, que luziam por entre as chamas. Cada qual correspondia a uma flor que um dia havia brotado nas plantas transformadas em papel. À medida que as folhas enegreciam, esses seres corriam para cima delas, e seus passos eram as fagulhas que se desprendiam das cinzas, "como estudantes saindo da escola". A última fagulha rebrilhou: era o mestre-escola, indo para casa. As crianças bateram palmas e cantaram: *Quebra, racha e se estilhaça, Vira pó, vira fumaça. Tudo acaba, tudo passa, Até mesmo esta canção...* Mas os pequeninos seres, agora invisíveis, continuavam a flutuar, e não concordaram com aqueles versos. "Não, crianças, uma canção nunca acaba; apenas se interrompe. Pode ser recomeçada, sempre, sempre. É isso que torna maravilhosas as canções que gostamos de cantar. Sabemos disso, por conseguinte, somos os seres mais felizes que existem." Assim como não podiam vê-los, as crianças também não podiam escutá-los. E, mesmo que pudessem, não teriam compreendido o significado de suas palavras. Melhor que fosse assim, pois, pensando bem, há coisas que é melhor que as crianças não entendam. **A Velha Lápide.** Numa das menores cidades da Dinamarca, em agosto, ao cair da noite, toda a família estava reunida na sala de estar da casa de um dos cidadãos mais ricos do lugar. O verão já ia chegando ao fim, e as noites começavam a ficar mais escuras. A lâmpada estava acesa, e as cortinas cerradas, de modo que só as flores sobre a janela recebiam a luz do luar. A conversa girava sobre uma velha laje existente no pátio da casa. As crianças gostavam de brincar em cima dela, e as criadas utilizavam-na para colocar sobre ela, nos dias de sol, as panelas e caçarolas de cobre acabadas de lavar, para secarem. Tempos atrás, aquela pedra servira de lápide para um túmulo. — Acredito que essa pedra tenha pertencido à antiga igreja do convento — disse o dono da casa. — Quando o derrubaram, tudo que ali havia foi vendido, inclusive o púlpito e as lápides funerárias. Meu pai comprou várias delas, utilizando-as para fazer o revestimento da estrada. Só uma lápide sobrou, e foi deixada aí no pátio, de onde nunca a tiraram. — Pode-se ver que ela foi de fato uma lápide de túmulo — disse um dos filhos mais velhos. — Dá para distinguir a figura de um anjo e a de uma ampulheta. Mas os nomes dos mortos que ficavam sob ela, esses quase desapareceram inteiramente. Depois de uma chuva, quando ela ficou bem lavada, consegui ler o nome "Preben" e uma letra "S", e mais embaixo um outro nome, creio que era "Martha". — Deus do céu! — exclamou um ancião que assistia à conversa, velho suficiente para ser avô de qualquer outra pessoa que ali se encontrava. — Então deve ser a lápide do velho Svane Preben! De fato, sua esposa chamava-se Martha. Lembro-me deles. Foram os últimos a serem enterrados no velho cemitério do convento. Era um casal de velhos muito simpáticos. Como me lembro deles... Naquele tempo, eu ainda era menino. Todo mundo gostava dos dois. Formavam o casal mais antigo da cidade. Dizia-se que eram muito ricos, e que guardavam no porão uma barrica cheia de moedas de ouro. Na verdade, vestiam-se com simplicidade, com roupas feitas em casa; entretanto, suas roupas de cama e de mesa eram feitas de linho da melhor qualidade. Sim, posso até vê-los, o velho Preben e Dona Martha... gente boa! Lembro-me quando se sentavam num banco diante da escada de sua casa, à sombra de uma tília que ali fora plantada. A todos que passavam, dirigiam um cumprimento e um sorriso, com aquela gentileza própria das pessoas boas e educadas. E também eram muito caridosos. Nenhum pobre batia em sua porta sem sair de lá com alguma roupa usada ou algum alimento. Eram verdadeiros cristãos: prestativos, caridosos, além de muito sensatos. "Dona Martha morreu primeiro. Ah, como me lembro daquele dia... Meu pai foi fazer a visita de pêsames ao velho Preben, e levou-me com ele. O velho chorava como uma criança! O corpo ainda se achava no quarto do casal, e daí a pouco seria levado para a sala, a fim de ser velado. Entre lágrimas, o velho lamentava sua sorte e a solidão em que iria viver daí em diante, sem a presença daquela companheira suave e gentil. Contou como foi que a conhecera e como a pedira em casamento. Já falei que eu não passava então de um garotinho, mas me lembro de tudo isso, como se tivesse acontecido ontem. As palavras dele me comoveram. À medida que falava, o velho foi-se tomando de uma espécie de entusiasmo. Seu semblante até se animou, e seus olhos voltaram a brilhar, quando descreveu as artimanhas que tivera de engendrar para se encontrar com a noiva, naqueles velhos tempos de costumes rígidos e severas proibições. Eram truques ingênuos, infantis, que certamente não passavam desapercebidos aos pais da noiva. Ao descrever o dia de seu casamento, ele até pareceu readquirir a juventude esperançosa e alegre dos bons tempos. E pensar que não passava de um ancião, caminhando para o fim da existência, enquanto no quarto ao lado jazia o corpo de sua velha companheira de lutas e sofrimento. Enfim, a vida é assim. O tempo passa e ficam as lembranças. Naquele tempo, eu jamais poderia imaginar que um dia chegaria a ser tão idoso quanto era aquele velho que eu escutava, e que estaria contando para outras crianças a mesma história que ele então me contou. É, o tempo não para... mas a vida continua. "Depois, veio o funeral. O velho Preben caminhava à frente do cortejo. Ele já tinha providenciado sua lápide funerária, bem antes daquele dia. Mandara inscrever seus nomes, começando pelo dele próprio, já que imaginava morrer primeiro. Faltava apenas inscrever as datas de suas mortes. Naquela mesma noite, a lápide foi colocada sobre o túmulo de sua mulher. Passado um ano, chegou a sua vez. Depois que ele morreu, procuraram em vão pela barrica cheia de moedas de ouro que se acreditava estar escondida no porão de sua casa. Seus bens foram herdados por uns sobrinhos que moravam numa cidade vizinha. Sua casa ficou abandonada, ameaçando ruir, e acabou sendo demolida, por ordem do Conselho Municipal. Destino idêntico tiveram o convento e o velho cemitério. As lápides foram vendidas, sendo utilizadas para pavimentar estradas. Sobrou uma, justamente a do velho Preben e de sua mulher Martha, que hoje serve para secar panelas de cobre e como palco de folguedos infantis. Quanto às outras, desapareceram.

afundadas pelas rodas dos carros que trafegam pela rodovia. Com elas, perdeu-se a memória de tanta gente boa, da qual ninguém mais se lembra. É esse o destino de todos nós: vida,

morte e esquecimento." E o velho parou de falar, meneando a cabeça tristemente. Depois de um breve silêncio, a conversa recomeçou, girando sobre outros assuntos. Uma das crianças,

porém, continuou a cismar sobre tudo aquilo que acabara de escutar. Era o menorzinho da turma, um menino de olhos grandes e pensativos. Saindo dali sem que o notassem, subiu

numa cadeira e pôs-se a contemplar o pátio, através das vidraças da janela. O luar iluminava a laje, que para ele nunca passara de uma simples pedra chata. Mas agora era diferente,

pois ela se transformara na página de um livro de histórias. Embaixo dela estava guardado tudo aquilo que ele escutara sobre o velho Preben e sua esposa Martha. Depois de contem-

plá-la por bom tempo, ergueu seus olhos para o céu. Era noite de lua cheia, e ela luzia no céu escuro, como se fosse a face de um deus, dardejando seus raios luminosos sobre a Terra.

— Um dia, tudo será esquecido — disse alguém, em meio à conversação. Nesse momento, um anjo beijou-lhe os cabelos e segredou em seu ouvido: — Enterre essa semente no solo

fértil de sua memória, e deixe que ela um dia germine, para que você possa fazer com que reviva a velha inscrição semiapagada da lápide funerária. Ela assim poderá ser lida pelas

gerações futuras, como se gravada em letras douradas e nítidas. Desse modo, o velho casal voltará a caminhar pelas ruas da cidade e a sentar-se à porta de sua casa, cumprimentan-

do as pessoas, sorrindo-lhes, assistindo os pobres e deixando para todos o exemplo de uma existência bela e bem vivida. Enterre essa semente, que ela um dia brotará, abrindo-se em

poesia. Nem tudo passa, nem tudo será esquecido. Aquilo que é verdadeiramente bom e belo sempre será lembrado, pois há de perpetuar-se na memória dos homens, sobrevivendo

em suas lendas e canções. **Cada Coisa em Seu Lugar.** Faz mais de cem anos, perto de uma floresta, havia uma herdade circundada por um fosso, o que lhe dava a aparência de um

castelo. Juncos e taboas cresciam dentro dele. Para transpô-lo, havia uma ponte, junto à qual se via um enorme salgueiro, cujos ramos pendiam sobre a água. Da estrada que para lá

levava chegaram os sons de trompas de caça e de cavalos a galope. A menina que cuidava dos gansos apressou-se a tangê-los para a ponte, antes que os caçadores ali chegassem,

mas não o conseguiu, pois eles vinham em desabalada carreira. Para não ser atropelada, teve ela de sair da estrada, subindo numa das pedras que ficavam ao lado da ponte. Era

pouco mais que uma criança, de corpo esguio e semblante doce e gentil, em meio ao qual se destacavam dois olhos excepcionalmente claros. O dono da herdade, porém, nunca havia

reparado nesses pormenores. Ao passar a galope pela ponte, empurrou a menina com o cabo de seu chicote, de modo a fazê-la perder o equilíbrio. — Cada coisa em seu lugar! —

gritou, ao passar. — E o seu é na lama! E deu uma gargalhada, satisfeito por ter dito uma frase tão espirituosa. Seus companheiros também apreciaram a tirada, e soltaram boas risadas.

Até os cães puseram-se a latir, juntando-se ao coro dos que dela debochavam. Quem ria mais era o dono, porque, como o povo costuma dizer, "rico ri à toa". Acontece que sua riqueza

já não era tanta quanto ele imaginava ser, e Deus é que sabia até quando ainda iria durar. Para não cair na lama, a menina agarrou-se a um galho do salgueiro, ficando pendurada. Depois

que os cavaleiros desapareceram de vista, tentou voltar para a pedra, mas um estalido indicou que o ramo estava prestes a partir-se. Nesse momento, ela foi segura por uma forte mão,

que a puxou para a margem, trazendo nas mãos o galho que acabava de se partir. Seu salvador tinha sido um mercador ambulante, que assistira de longe a toda a cena, correndo em seu socorro e chegando a tempo de impedi-la de cair no lamaçal. — Cada coisa em seu lugar — disse ele, rindo, enquanto a trazia para a estrada. Em seguida, tentou encaixar o galho

no seu lugar de origem, mas em vão. — Nem tudo pode voltar ao lugar de onde saiu — comentou com um sorriso, desistindo da ideia e enfiando o galho na terra fofa à beira da estrada.

— Vê se consegues crescer aí nessa terra, para que um dia o dono dela dance ao som da flauta que de ti for feita. O que queria dizer com isso é que tanto o desaforado dono da terra,

como seus amigos insolentes, mereciam receber uma boa coça. Dali, o mercador seguiu para o casarão da herdade, entrando não pela porta principal, mas pela que levava aos aloja-

mentos dos criados. Foi para eles que expôs suas mercadorias, constituídas principalmente de meias de lã e agasalhos. Enquanto discutiam sobre os preços e condições de pagamento,

escutavam, vindos do salão principal, as vozes dos convidados, num alarido em que se misturavam gritos, risadas e cantos. Parecia uma reunião de baderneiros; no fundo, eles não passavam

disso. De vez em quando, somavam-se às vozes os latidos dos cães e o tilintar de uma taça que acabava de se espatifar. Era uma festança das boas! As taças de vinho e os canecões

de cerveja não se esvaziavam nunca. Os restos do banquete eram atirados ao chão, onde os cães os disputavam ferozmente. Um dos fidalgos beijou seu cão favorito; mas antes, por

uma questão de asseio, enxugou-lhe o focinho, usando como toalha as orelhas longas e peludas do próprio animal. Ao tomarem conhecimento de que havia um mercador ambulante por

ali, mandaram chamá-lo ao salão, intencionados a se divertirem à sua custa. O vinho já lhes subira à cabeça, de onde a razão há tempos já saíra. Um deles despejou cerveja numa das

meias de lã do mercador, ordenando-lhe que a tomasse, mas bem depressa, antes que ela escorresse pelos furinhos. Ah, como riram daquela brincadeira! Era divertido demais! Depois

disso, resolveram jogar cartas, a valer. As apostas eram altíssimas. No final, cavalos, vacas e até fazendas haviam trocado de donos. "Cada coisa em seu lugar", pensou o mercador,

logo que o esqueceram e que ele pôde sair de *Sodoma e Gomorra*, que era como chamava aquele casarão. "Meu lugar é na estrada, e não naquele salão de festas. Ali, sinto-me como

um peixe fora da água." Ao vê-lo seguindo para longe, a menina dos gansos acenou-lhe com a mão, desejando-lhe boa viagem. Sucederam-se os dias, passaram-se as semanas. O

galho de salgueiro lançou raízes e brotou. A menina cuidava dele, satisfeita de ter uma árvore só sua. Enquanto o salgueiro crescia e ganhava porte, todo o resto da herdade murchava

e dava para trás. Bebedeira e jogatina dão cabo de qualquer patrimônio. Seis anos depois, o dono da casa estava na miséria, tendo de vender tudo o que tinha, para pagar o que devia.

A herdade foi comprada por um rico comerciante, que seis anos antes não passava de um mercador ambulante. Diligência e honestidade tinham-no levado ao topo do sucesso. Um dia,

naquele salão, tinham-no obrigado a beber cerveja na meia; agora, toda a casa e todos os terrenos em volta lhe pertenciam. Daí em diante, nunca mais entrou um baralho naquela casa.

"As cartas de jogar são as páginas da bíblia do diabo", dizia o mercador. "Sua leitura não é recomendável." Não demorou muito, e o novo proprietário casou-se. E sabem com quem?

Com a menina dos gansos, que se tinha tornado uma bela jovem, simpática, bondosa e gentil. Vestida agora com distinção e elegância, nada ficava a dever às moças nascidas em

berço de ouro e criadas entre sedas e alfaias. Como foi que tudo isso aconteceu? Bem, isso é uma longa história, que agora não temos tempo de contar. Basta que saibam que foi assim

que se deram os fatos, e é nesse ponto que tem início a parte mais importante desta história. Tudo prosperava na velha herdade. O dono dirigia a fazenda, e sua esposa cuidava da casa. Tudo corria às mil maravilhas, e atrás da riqueza sempre vinha mais riqueza. O velho casarão foi pintado e reformado, por dentro e por fora. O fosso foi aterrado, e no local foram plantadas árvores frutíferas, formando um belo pomar. O piso do salão foi esfregado até retornar a sua primitiva cor branca, e ali, durante as longas noites de inverno, a dona da casa e suas criadas dedicavam-se a trabalhos de bordado e costura. Nas noites de domingo, o dono da casa — que já não era um mercador, mas sim o Senhor Conselheiro — lia em voz alta as passagens da Bíblia. Os filhos nasceram, cresceram e tornaram-se adultos. Todos receberam uma boa educação, mas, como acontece na maior parte das famílias, uns eram muito inteligentes, e outros nem tanto. O salgueiro tornou-se uma árvore enorme e encantadora, e o velho casal nunca permitiu que ele fosse podado, deixando-o desenvolver-se livremente.

— Essa é a árvore da nossa família — ensinavam os dois aos seus filhos, tanto aos mais inteligentes, como aos menos, — pois nasceu e cresceu junto com ela. Lembrem-se sempre de honrá-la e protegê-la. Passaram-se cem anos. Chegamos aos dias atuais. O pomar desapareceu, e o local transformou-se num brejo. Do velho casarão, nem sinal. Algumas pedras talhadas indicam o lugar onde ficava a antiga ponte. Mas o velho salgueiro de outrora ali ainda se encontra, viçoso, exuberante. A velha "árvore da família" constitui um belo exemplo de como se desenvolve um salgueiro, se lhe for permitido crescer livremente, sem a desnecessária colaboração do homem. A bem da verdade, deve ser dito que uma tempestade lhe provocara danos, envergando-lhe o tronco e rachando-o de alto a baixo. Em todas as suas fendas e gretas, o vento tinha depositado poeira, terra e sementes, e delas brotavam flores e capim. Na parte de cima do tronco, onde os galhos se desprendiam cada qual para seu lado, crescia um verdadeiro jardim suspenso, no qual se misturavam flores silvestres e pés de framboesa. Até uma pequena sorveira criara ali raízes, erguendo-se, esguia e retilínea, acima de sua copa. Quando o vento sopra do sul, as plantas aquáticas são empurradas para o lado oposto do charco, e a velha árvore pode contemplar seu reflexo no espelho negro das águas. O caminho que cruza o campo passa ali bem ao lado. A nova sede da fazenda ergue-se sobre uma colina, de onde se descortina uma vista maravilhosa. É um belo casarão, com grandes janelas envidraçadas, tão limpas e polidas, que chega a ser difícil ver que ali existem vidros. Uma larga escadaria leva à porta de entrada. De ambos os lados, veem-se lindas roseiras em flor, destacando-se em meio ao gramado, tão verde e bem cuidado, que se chega a pensar numa possível fiscalização diária de cada colmo e de cada folha. De todas as paredes internas pendem belos quadros. Os móveis são de primeira: cadeiras e poltronas forradas de seda e couro, com braços e pés de madeira lavrada, figurando patas de leão, tão bem feitas que davam a impressão de a qualquer momento saírem andando. Sobre as mesas de mármore, viam-se livros encadernados em marroquim, com frisos dourados nas bordas. Não resta dúvida: a propriedade pertence a uma família muito rica, gente de posses e de bom gosto. E não é para menos, pois o patriarca é um barão. Os membros dessa família também achavam que devia estar "cada coisa em seu lugar". Assim, os velhos quadros que outrora ocupavam lugar de honra no antigo casarão, agora enfeitavam os corredores que davam para os quartos dos empregados. Eram considerados trastes sem valor, especialmente dois retratos: o de um homem de peruca, envergando um manto cor-de-rosa, e o de uma mulher de cabeleira empoada, segurando uma rosa na mão. As duas figuras eram rodeadas por uma coroa de ramos de salgueiro. As telas estavam cheias de furos, pois os filhos do barão as tinham usado como alvos de seus exercícios de arco e flecha. O casal ali representado era o que havia dado origem àquela família: o Senhor Conselheiro e sua digníssima esposa. Certa vez, explicando o tratamento desrespeitoso que era dispensado aos dois retratos, disse

um dos rapazinhos: — Não podemos considerar esses dois como membros efetivos de nossa família. Na juventude, o velho não passava de um caixeiro-viajante, enquanto que a velha

era uma guardadora de gansos, pobre e descalça. Não tinham qualquer semelhança com nosso pai e nossa mãe. Os dois retratos estavam velhos e desbotados, e como "cada coisa

em seu lugar" era o lema da família, não lhes restava outro, senão o corredor dos empregados, ainda que se tratasse dos bisavôs do dono da casa. Um dia, o filho do pastor, que ali

servia como preceptor dos filhos do barão, levou-os para um passeio, seguindo com eles na direção do brejo que se estendia atrás do velho salgueiro. A filha mais velha, que fora

crismada poucos meses antes, compunha um ramalhete de flores silvestres, colhendo-as enquanto caminhava. Arranjava uma por uma com todo cuidado, a fim de que formassem um

conjunto harmonioso, "cada flor em seu lugar". Enquanto arranjava o ramalhete, escutava com prazer e atenção as palavras do jovem preceptor, que fazia uma preleção sobre o poder

da natureza, ao mesmo tempo em que traçava os perfis de diversas figuras importantes da História. A moça era dotada de índole doce e afável, de nobreza de sentimentos e de um

coração aberto a tudo quanto Deus havia criado. Chegando ao lado do velho salgueiro, pararam, e o irmão caçula pediu ao preceptor que fizesse para ele uma flauta, com um dos galhos

cilíndricos daquela árvore. Para atender seu desejo, o rapaz escolheu um de grossura adequada, e quebrou-o. — Não, não faça isso! — tentou impedir a pupila, mas já era tarde. — Oh,

que pena... Devia ter avisado antes. Essa árvore é uma espécie de relíquia da nossa família. Amo-a, como se fosse uma parente minha. Chegam a rir de mim por causa disso, mas não

ligo. Existe até uma história a seu respeito, quer ouvir? E contou o caso da guardadora de gansos e de seu encontro com o mascate, de onde havia surgido o tronco ancestral de uma

família nobre. — O velho casal não aceitou o título de nobreza que lhe foi oferecido —, continuou a jovem, — por causa do lema que dizia: "cada coisa em seu lugar". Não achavam que

o simples fato de terem feito fortuna lhes granjeasse o direito de pertencerem à nobreza. Os salões aristocráticos não eram o seu lugar. Mas seu filho, o primeiro barão, pensava diferen-

te. Foi ele o nosso avô. Era muito instruído, e sempre o convidavam para visitar a corte real. Sua memória é cultuada até hoje em nossa família. Quanto a mim, porém, guardo maior esti-

ma pelo velho casal. Consigo até visualizá-los em meu pensamento: enxergo o velho patriarca lendo as passagens da Bíblia, enquanto minha bisavó o escuta calada, junto com suas

criadas, tecendo e bordando na velha sala de estar. — Sim, devem ter sido pessoas maravilhosas, de vida exemplar — concordou o jovem preceptor. Em seguida, a conversa desviou-

se para uma discussão sobre os princípios e valores da aristocracia e da burguesia. Era curioso ver como o filho do pastor defendia a nobreza, como se fosse ele, e não sua interlocu-

tora, um membro da aristocracia. — Feliz daquele que pertence a uma família de nobre estirpe — dizia. — Basta esse fato para incitá-lo a progredir. É uma bênção possuir um nome que

abre todas as portas. A nobreza apura-se com o tempo. Seu valor está estampado na fisionomia de quem a possui, qual se estivesse cunhado na face de uma moeda de ouro. "Sei que

está em voga falar mal da nobreza — e quantos poetas têm embarcado nessa onda! — e afirmar que todo aristocrata é estúpido e mau. Chega-se a dizer que o verdadeiro berço da

nobreza de sentimentos só se encontra entre os pobres — tanto mais nobre, quanto de mais baixa extração. Discordo inteiramente dessas ideias. Não só é errada, como é absurda. É nas classes mais elevadas que se podem encontrar os melhores exemplos de distinção e dignidade. Minha mãe já me contou mil casos a esse respeito; vou repetir-lhe um deles. Certa

vez, ela foi visitar a mansão de uma das famílias mais aristocráticas de Copenhague. Parece que minha avó materna tinha sido ama da dona da casa. Pois lá estava minha mãe no salão,

conversando com o dono da mansão, quando ele avistou pela janela uma velha mendiga que pedia esmolas. Ela caminhava com extrema dificuldade. "Pobre criatura", disse ele, indo

pessoalmente até a rua para dar-lhe uma esmola. Veja que aquele fidalgo já passava dos setenta, e mesmo assim não se furtou a cumprir o que lhe parecia ser um dever de caridade.

Mais que o valor da esmola, o que importou foi a nobreza do gesto, comparável à do óbolo da viúva, de que fala o Evangelho, já que também proveio do coração. E de ações como

essas que nossos poetas deveriam se ocupar, pois elas edificam e confortam o espírito. Todavia, quando a nobreza do sangue sobe até a cabeça, fazendo com que o homem se

comporte como um cavalo árabe, corcoveando e escoiceando apenas para alardear sua origem fidalga e genuína, aí se pode dizer que ela degenerou. Quando um desses entra num

recinto de onde acaba de sair o plebeu, fareja o ar com desdém e diz com sarcasmo: "Aqui está cheirando a povo", esse aí demonstra não ser digno do título que ostenta, merecendo

antes ser satirizado, do que respeitado. Foram essas as palavras ditas pelo filho do pastor. O discurso foi um pouco longo, mas durou tempo suficiente para que a flauta ficasse pronta

e acabada. Poucos dias mais tarde, houve uma grande festa no casarão da família. Vieram convidados dos arredores, e até mesmo de Copenhague. Havia damas vestidas com bom

gosto, e outras apenas vestidas. O salão regurgitava de gente. Os clérigos da região formaram um pequeno grupo postado humildemente num canto. Embora estivessem com cara de

funeral, na realidade estavam divertindo-se bastante. Melhor dizendo, estavam prontos para se divertir, já que a festa ainda não tinha começado. O ponto alto da cerimônia seria a

execução de um concerto; por isso, o filho caçula do barão trazia consigo a flauta de galho de salgueiro, da qual não havia conseguido extrair sequer uma nota, por mais que tentasse.

Mesmo o Papai Barão fracassara ao tentar tocá-la, desistindo de fazê-lo e declarando que a flauta não fora bem feita. A música começou, e era daquele tipo que dá maior prazer a quem

toca e canta, do que a quem escuta. No todo, porém, dava para suportar. Depois do último número, um jovem fidalgo, desejando pregar uma peça no preceptor dos filhos do barão,

dirigiu-se a ele com ar pernóstico, dizendo: — Ouvi dizer que o professor possui dotes musicais. Contaram-me que não só executa lindas peças na flauta, como até mesmo fabrica esse

instrumento. Trata-se de um dom, de um raro talento, benza-o Deus. Quisera possuí-lo, mas isso é para poucos. Vamos lá, professor, dê-nos o prazer de escutar um solo tirado desse

seu delicado pífaro! E, entregando a flauta ao jovem preceptor, anunciou em voz alta o próximo número musical: um solo, executado por um talentoso músico local, na flauta que ele

próprio havia fabricado. Adivinhando a intenção do seu interlocutor, o rapaz tentou recusar-se a atendê-lo, mas teve de voltar atrás, ante a salva de palmas que se sucedeu ao anúncio

de sua apresentação. Constrangido, levou o instrumento aos lábios e começou a soprá-lo. Que flauta mais esquisita! Ao invés de notas musicais, o que dela saiu foi um apito estridente,

parecido com o de uma locomotiva, e tão alto que pôde ser escutado em toda a propriedade, ultrapassando os limites da floresta e ecoando por milhas e milhas ao redor. Logo em se-

guida, um trovão ribombou e uma ventania entrou pelo salão, assoviando as palavras: "Cada coisa em seu lugar!" O pé-de-vento carregou o barão, atirando-o dentro da cabana onde morava o vaqueiro da fazenda. Este, por sua vez, saiu voando pelos ares, indo parar não no salão de festas, já que ali não era "o seu lugar", mas no quarto reservado aos criados mais importantes, aqueles que usam meias de seda. Já estes ficaram atônitos ao ver aquele camponês rústico entrando sem cerimônia em seu recinto. No salão, a jovem filha do barão voou para a cabeceira da mesa, onde merecia sentar-se, sendo a cadeira ao lado ocupada pelo jovem preceptor, como se ambos formassem um casal de noivos. Na outra cadeira já estava sentado um velho conde, pertencente a uma das mais antigas famílias do país, e ele dali não saiu, uma vez que aquele era de fato "o seu lugar" — e com isso a flauta demonstrou que sabia ser justa. O fidalgo responsável por tudo aquilo, o que imaginara a brincadeira destinada a ridicularizar o preceptor, foi cair de ponta-cabeça no galinheiro, acompanhado de vários outros convidados. Como se disse, a flauta pôde ser ouvida a milhas de distância, e seu efeito não se restringiu ao casarão. Um rico mercador, que costumava sair com a família em sua carruagem puxada por quatro cavalos, foi soprado para fora dela, juntamente com a mulher e os filhos, nenhum deles conseguindo um lugar nem mesmo na rabeira do veículo. Dois camponeses vizinhos, que se haviam enriquecido recentemente sem que se soubesse direito a origem de sua fortuna, foram erguidos nos ares e atirados de costas num fosso cheio de lama. Que flautinha mais perigosa! Para felicidade geral, ela rachou ao primeiro sopro, voltando logo em seguida para o bolso de seu dono. Também ela teve de obedecer à ordem de "cada coisa em seu lugar". No dia seguinte, ninguém quis comentar sobre os estranhos acontecimentos da véspera. A vida retomou seu ritmo normal. A única coisa que mudou na mansão foi o lugar destinado aos retratos do casal de antepassados. O vento tinha arrancado os dois de onde estavam, deixando-os pendurados na parede mais iluminada do salão. Vendo-os ali, um perito afirmou que se tratava de duas obras-primas, pintadas por um dos maiores artistas do século passado. Em vista disso, foram restaurados, passando a ocupar o lugar de honra entre os outros quadros que ali estavam. Afinal de contas, tratava-se de pinturas preciosas, coisa que ninguém sabia antes, conforme explicou o barão. E acrescentava:

— Coloquei-as num local de destaque, pois comigo é assim: cada coisa em seu lugar. Com efeito, há de chegar o tempo em que cada qual ocupará o lugar que é seu de direito. Para tanto, teremos a eternidade, que é longa, bem mais longa que esta história que acabo de contar. O Cofrinho. O quarto das crianças era repleto de brinquedos. Na prateleira de cima da estante de livros via-se um porquinho de barro. Era um cofre de guardar moedas. Sorridente e rechonchudo, tinha nas costas uma fenda, alargada a canivete, para deixar passar as moedas de prata, maiores e mais grossas que os tostões. O porquinho estava tão cheio, que não mais chocalhava quando sacudido. Na realidade, a maior parte do que ele continha eram tostões, pois só duas moedas de prata tinham passado pela sua fenda, desde que ele começara a ser enchido. Agora, lá estava ele, de barriga cheia, satisfeito e imponente no topo da estante, contemplando de cima tudo o que havia naquele quarto. E mais inchado ficava ao imaginar que a pequena fortuna amealhada em sua barriga era suficiente para comprar tudo aquilo, o que não deixava de ser um pensamento bastante confortador. Os móveis e brinquedos que ali estavam também imaginavam a mesma coisa, mas nenhum deles comentava o assunto com os outros. Numa das gavetas do armário, que naquela hora estava aberta, havia uma boneca. Pelo seu aspecto e por certa marca que tinha no pescoço, via-se que era uma boneca muito velha, e que um dia já perdera a cabeça, tendo de ser submetida a um tratamento médico especial, à base de cola-tudo. Sentando-se na borda da gaveta, ela propôs: — Que tal se brincássemos de gente? Vai ser bem divertido! Todos aprovaram a sugestão, e imediatamente puseram-se a pular e a gritar. Os quadros pendurados na parede viraram-se de costas, para que todos vissem que eles tinham algo mais que apenas as frentes. A boneca irritou-se com aquilo, achando que era uma grande deselegância, feita apenas com o intuito de ofendê-la. Isso tudo estava acontecendo em plena noite, mas o luar penetrava pelas vidraças das janelas, iluminando todo o aposento. A proposta da boneca era dirigida a todos os objetos existentes no quarto, mesmo aos que não eram móveis ou brinquedos. Assim, valia também para o carrinho de neném, que costumava dizer: — Não sei por que chamam de "móveis" os objetos que raramente são tirados de seu lugar, e de "brinquedos" os que raramente servem para brincar. Quanto a mim, que vivo me movendo para cá e para lá, e que divirto todos que me movimentam, não sou "móvel", nem "brinquedo"... Enfim, a vida é assim: enquanto uns nasceram em berço de ouro, outros têm de trabalhar para viver. E o porquinho? Como agir em relação a ele? Ficava tão afastado de todos... Se gritassem, convidando-o a participar da brincadeira, será que iria escutar? Por via das dúvidas, resolveram convidá-lo por escrito. Ele não mandou resposta, imaginando que todos compreenderiam sua situação: preferia ficar lá de cima, assistindo a tudo. E, de fato, todos compreenderam sua intenção, ainda que ela não tenha sido manifestada senão em pensamento. A boneca ordenou que o palco fosse erguido num lugar situado defronte à estante, de modo que o porquinho pudesse assistir a toda a representação. A ideia era a de, primeiro, encenar uma peça; segundo, servir um chá; por fim, encerrar a brincadeira com uma reunião social, onde todos poderiam conversar e trocar ideias, participando daquilo que se chama um "papo legal". Enquanto se erguia o palco, alguns já começaram a conversar animadamente. O cavalinho de pau pôs-se a discorrer sobre corridas de cavalo e provas de equitação, enquanto o carrinho de bebê analisava o problema da construção e conservação de estradas. Ah, esses dois... como eram profissionais! Já o relógio de parede só queria falar sobre política, afirmando que era hora de mudanças. Seus interlocutores discordavam de suas ideias, achando-as muito atrasadas. Sem nada dizer, a bengala ficou passeando pelo quarto, deixando que todos admirassem seu castão de prata. Outras que também nada disseram foram as duas almofadas que enfeitavam o sofá. Sem saírem do lugar, ficaram ali quietas, dando risinhos sem quê nem por quê. Eram ambas bem bonitas, mas também eram burrinhas de dar dó. Estava na hora de encenar a representação. Os assistentes que não tivessem como aplaudir poderiam manifestar sua satisfação por meio de seus ruídos próprios, estalando, rangendo, batendo no chão ou nas paredes, dobrando, franzindo, abrindo, apitando ou chiando. O chicotinho, que ficava ao lado do cavalo de pau, disse que iria estalar apenas quando surgissem atrizes jovens e bonitinhas; quanto ao restante do elenco, faria a fineza de não se manifestar, pois a vontade que tinha era de expulsá-los do palco com umas boas lambadas. Já os traques, que estavam guardados dentro de uma caixinha, afirmaram não ter preferências por esse ou aquele tipo de atores ou atrizes, estalando em homenagem a qualquer um que surgisse no palco. O urinol, que nunca saía de seu esconderijo debaixo da cama, dessa vez foi postar-se humildemente num dos cantos do quarto, de onde poderia assistir ao espetáculo, sem incomodar e sem ser incomodado. A peça era bem ruinzinha, mas os atores deram tudo de si, salvando o espetáculo com seu entusiasmo. Todos queriam ficar bem no meio do palco, a fim de exibir seus dotes artísticos. A boneca fazia tantos trejeitos e virava tanto o rosto para um lado e para o outro, que quase quebrou outra vez o pescoço. Conteve-se a tempo, pensando: "É melhor sossegar, antes que eu perca a cabeça de novo!" De cima de sua estante, o porquinho assistia a tudo, imóvel. Bem que teria gostado de participar da peça,

mas não sabia como. Que poderia fazer? Se houvesse um modo, ele tiraria da barriga algumas moedas e as atiraria ao palco, para serem recolhidas pelos atores. Ao final, estavam todos

tão entusiasmados com o resultado, que resolveram esquecer a segunda parte do programa, ou seja, o chá, passando diretamente para a terceira, a do "papo legal". Sentiam-se por

dentro como se fossem "gente de verdade", e isso mostra a ideia que os objetos fazem de nós, os humanos. Cada qual achava que suas opiniões eram as mais inteligentes, e que suas

frases eram mais espirituosas que as de seu vizinho. Mas o que todos tinham curiosidade de saber era o que o porquinho de barro estaria pensando naquele momento. Nunca poderiam

imaginar que ele tinha a mente voltada para testamentos e partilhas de bens. Que iria acontecer a fortuna que trazia em seu interior, no dia em que ele se quebrasse? Pena que a morte

costuma chegar bem antes do que se espera. De repente, crec! — ele desabou da estante e se espatifou no chão, espalhando moedas por todo o assoalho. As duas moedas de prata

e as dezenas de tostões tentaram sair pelo mundo afora, rolando o mais que podiam, mas foram barradas pela porta, que não quis abrir, por mais que elas rogassem. Quanto aos cacos

do porquinho, foram recolhidos pela manhã e atirados na lata de lixo. Não era esse, certamente, o tipo de funeral que ele esperava ter. No dia seguinte, um novo porquinho de barro era

posto no alto da estante, para substituir o que se tinha quebrado. Era muito parecido com o outro, e também não chocalhava quando sacudido, só que por outra razão: estava vazio. Era

estreante na profissão e apenas começava a entender os segredos da vida e os ossos de seu ofício. Enquanto ele está no seu processo de iniciação, vamos tratar de pôr um ponto final

nesta história. **O Ninho do Cisne**. Entre o Báltico e o Mar do Norte, situa-se um velho ninho de cisne chamado Dinamarca. Nele já nasceram e ainda vão nascer cisnes cuja fama jamais

desaparecerá. Tempos atrás, um bando de cisnes em voo atravessou os Alpes e penetrou nas planícies verdejantes da terra onde reina a eterna primavera, a mais aprazível de se viver.

Esses cisnes eram chamados de Lombardos. Outro bando veio de Bizâncio. Brancas e brilhantes eram suas penas, e cheios de confiança seus olhos. Reuniram-se diante do trono do

imperador e suas asas formaram verdadeiros escudos para protegê-lo. Deram-lhes o nome de Varangianos. Ouviram-se gritos de susto e terror vindos da França. Cisnes sanguinários,

com asas flamejantes, ali haviam pousado, provenientes das terras setentrionais. O povo bradava, implorando: — Livrai-nos, Senhor, dos Normandos selvagens! Vindo de alto-mar e

sobrevoando os extensos campos verdes da Inglaterra, estava o Cisne Dinamarquês da Tríplice Coroa, dominando todo o país com seu cetro dourado.Os bárbaros da costa da Pome-

rânia prostraram-se de joelhos quando da chegada dos cisnes dinamarqueses, empunhando numa das mãos a espada, e na outra o estandarte da Cruz. — Mas isso tudo aconteceu no

passado, nos tempos que não voltam mais — poderia alguém contrapor. Pois foi numa época não muito distante de hoje que um cisne alçou voo, deixando o seu ninho, projetando sua

luz não só na direção dos céus, como iluminando todos os povos e países do mundo. Ao ruflar de suas asas, a névoa dissipou-se e todas as estrelas tornaram-se mais nítidas e visíveis,

como se o céu estivesse mais próximo da Terra. Esse cisne chamava-se Tycho Brahe. — Ah, isso também foi há muito tempo... — escuto o mesmo alguém objetar. — Que há para ser

dito em época mais recente? Pois também nós temos visto cisnes a voar com suas asas poderosas nas alturas do céu. Um deles roçou as asas sobre as cordas da harpa de ouro, e sua música ressoou pelas terras do Norte. Os montes desnudos da Noruega ergueram-se resplandecentes, à luz de um antigo sol. Os deuses nórdicos e os heróis *vikings* voltaram a caminhar pelas sendas da floresta densa e verdejante. Com suas asas, um outro cisne golpeou o penhasco de mármore, com força tal, que ele se quebrou. Foi então que a beleza aprisionada na pedra veio à luz, tornando-se visível para todos. Houve ainda outro cisne que interligou os países por meio de fios que transmitem o pensamento, de modo que as palavras, com a rapidez da luz, podem agora viajar de uma terra para outra, permitindo a seus habitantes dialogarem entre si. Deus ainda ama o ninho de cisne encravado entre o Báltico e o Mar do Norte. Podem as gigantescas aves de rapina se unirem para destruí-lo — ele sempre sobreviverá a seus ataques. Até mesmo os filhotes nascidos nesse ninho, tão jovens que a penugem ainda não recobriu seu peito, não hesitarão em alinhar-se em círculo ao redor dele, protegendo-o com o risco de suas próprias vidas, como os vimos fazer em tempos recentes. Muitos séculos haverão de passar, e muitos cisnes haverão de alçar voo desse ninho, deixando-se ver e ouvir pelo mundo afora, antes que chegue o tempo em que se possa dizer definitivamente: "*Eis o canto do último cisne nascido naquele abençoado ninho*". **Uma Folha Caída do Céu.** Alto, bem alto, onde o ar é leve e rarefeito, voava um anjo, levando nas mão uma flor colhida no Paraíso. Num momento em que inclinou a cabeça para beijar a flor, uma folhinha desprendeu-se da haste e caiu sobre a terra, no meio de uma floresta. Encontrando solo fértil, deitou raízes e começou a crescer em meio a tantas outras plantas verdes. Notando seu aspecto diferente, os outros vegetais comentaram entre si: — Que plantinha mais engraçada! De onde será que veio? Nenhum deles, porém, quis fazer amizade com a plantinha, nem mesmo a urtiga ou o cardo. — Pelo jeito, deve ser alguma planta de jardim — cochicharam entre si, dando gargalhadas. Certamente pensaram que ela ficaria envergonhada se escutasse aquilo. Pode ser que sim, pode ser que não; o fato é que ela continuou crescendo e espalhando seus ramos pelo ar. — Aonde pensa que vai? — perguntou-lhe um dia o cardo, que se erguia orgulhoso, ostentando um espinho na ponta de cada uma de suas folhas. — Que negócio é esse de crescer para os lados? O correto é para cima, ora! Acha que teremos obrigação de amparar e sustentar seus ramos? Com a chegada do inverno, o mundo embranqueceu. A neve cobriu a plantinha que veio do céu, tornando-se brilhante e cintilante como se houvesse raios de sol debaixo dela. Quando teve início a primavera, a plantinha desabrochou, e suas flores eram mais bonitas que qualquer outra da floresta. Passou por ali um professor de Botânica. Era um perito no assunto, e podia prová-lo, exibindo diversos certificados e diplomas. Ao deparar com aquela planta, deteve-se, examinou-a atentamente; depois arrancou uma de suas folhas, mastigou-a, franziu a testa e declarou solenemente: — Esta planta não está catalogada em nenhum livro de Botânica! É impossível determinar sequer a qual família ela pertence! Depois de um pigarro, concluiu: — Trata-se de uma subespécie, provavelmente, mas que ainda não foi estudada, nem descrita, nem classificada. — Nem descrita, nem classificada! — exclamaram os cardos e urtigas. As árvores altas que cresciam ao redor escutaram tudo, sem nada dizer. Era evidente que a plantinha não pertencia a alguma de suas famílias. Por outro lado, que comentário poderiam fazer, se nada sabiam a favor ou contra aquela plantinha? Assim, mantiveram-se caladas, atitude mais prudente que se pode tomar, quando nada se sabe acerca de um assunto. Passou por ali uma garotinha doce e inocente, tão pobrezinha, que a única coisa que possuía era a Bíblia que trazia nas mãos. Era de suas páginas que recolhera a lição ministrada pelo próprio Deus: "Se alguém quiser prejudicar-te, lembra-te da história de José do Egito, e de como Eu transformei em benefício o mal que lhe queriam fazer." Nelas lera também a frase proferida pelo Salvador, no momento em que era pregado na Cruz e escutava as zombarias e gracejos de seus algozes: "Pai, perdoai-os, porque não sabem o que fazem". Vendo aquela planta diferente, parou para observá-la. Suas folhas verdes desprendiam uma fragrância doce e refrescante. Flores multicoloridas brotavam de seus ramos, refletindo a luz do sol, como se fosse um espetáculo de fogos de artifício. A menina ficou extasiada ante aquela beleza celestial. Com respeito, aproximou o rosto da planta, a fim de admirar melhor suas flores e sentir seu doce aroma. Pensou em colher uma flor, mas desistiu da ideia, preferindo deixá-la ali mesmo, linda e viçosa como só na planta poderia permanecer. Em vez disso, arrancou uma folhinha que crescia solitária num galhinho, colocando-a entre as páginas de sua Bíblia. E ela ali permaneceu, sem jamais murchar, mantendo-se sempre verde e tenra como no dia em que foi colhida. Encerrada entre as páginas da Bíblia, ali ficou a folha; encerrada no fundo do chão, logo depois ficou a Bíblia, pois a menina morreu, e o livro foi posto sob sua cabeça, como se fosse um travesseiro. A expressão solene da Morte espalhou-se sobre seu semblante, como se a argila de que somos feitos quisesse mostrar que tinha voltado às mãos de seu Criador. No meio da floresta, a planta estranha e maravilhosa continuava a crescer, tornando-se alta como uma árvore. As aves migratórias demonstravam grande respeito por ela, especialmente as cegonhas e as andorinhas, que sempre inclinavam a cabeça ao avistá-la. — Essas estrangeiras... — comentavam os cardos e urtigas com azedume. — Onde já se viu tamanha idiotice? Nós, que nascemos aqui, jamais procedemos desse modo! As lesmas negras que viviam na floresta deixaram seu rastro viscoso na planta, que agora já não era pequena. Um sujeito que criava porcos veio até a floresta, em busca de alimento para seus leitões. Colheu urtigas e cardos, e, vendo a maravilhosa planta que viera do céu, arrancou-a também, com raiz e tudo. "Pode ser que os bichinhos gostem disso aí", pensou. O rei que governava aquela terra estava sofrendo de profunda melancolia. Era tal a tristeza que o dominava, que nem mesmo o trabalho conseguia fazer com que ele se distraísse. Tudo foi tentado para levantar-lhe o moral: leram em voz alta livros sérios e profundos, depois obras mais leves e humorísticas, mas em vão. Por fim, chegou-lhe às mãos uma carta, remetida por um dos homens mais sábios do reino, ao qual ele havia recorrido, expondo seu problema. Dizia ele na carta que havia um remédio eficaz para curar o rei de sua aflição: "Trata-se, Majestade, de uma planta que cresce aqui mesmo no reino. Suas folhas são...(assim, assim) e suas flores são...(assim, assado). É fácil reconhecê-la (seguia-se um desenho da planta). O vegetal mantém-se verde, tanto no verão como no inverno. Arranque uma folhinha dele noite após noite e aplique-a sobre a testa antes de ir dormir. Verá como a melancolia aos poucos desaparecerá. Doces sonhos haverão de povoar a mente de Vossa Majestade durante o sono, aliviando o peso de sua aflição e conferindo-lhe forças para enfrentar as lides do dia seguinte. Todos os médicos do reino, além daquele professor de Botânica, logo reconheceram a qual planta se referia o sábio conselheiro. Saíram imediatamente para a floresta, rumando para o lugar onde a haviam visto. Ali chegando, nada! Onde estaria a planta maravilhosa? Pergunta daqui, pergunta dali, indagaram do criador de porcos, que baixou a cabeça, envergonhado, confessando: — Ih, aquela planta esquisita? Ai, ai, ai—arranquei-a, tempos atrás, para dar de comer aos meus leitões! Os senhores vão me desculpar... Eu não sabia quanto ela valia... — Não sabia quanto valia! Pois você vale tanto quanto sabe, isso é, nada! — vociferaram os médicos e o professor. —

Santa ignorância! Como pode alguém ser tão idiota assim? O criador de porcos engoliu em seco, achando que a repreensão era só para ele, no que fez muito bem, pois era mesmo. Não se pôde encontrar nem mesmo uma folhinha perdida. Entretanto, havia uma: a que a menina tinha guardado dentro das páginas de sua Bíblia, e que agora jazia enterrada sob sete palmos. Mas, disso, ninguém tinha conhecimento. Desesperado, o rei em pessoa fez questão de seguir com uma comitiva até a floresta, a fim de contemplar o local onde a planta outrora tinha crescido. — De hoje em diante — declarou, — este lugar e considerado sagrado! Um gradil de ouro foi erigido naquele pequeno trecho da floresta, assinalando o local onde estivera a planta caída do céu. Uma sentinela passou a montar guarda ali, dia e noite. O professor de Botânica redigiu um artigo científico a respeito do magnífico vegetal, e por causa disso recebeu como condecoração uma medalha de ouro, da qual nunca mais se separou, legando-a em testamento a seus descendentes. E essa e a parte alegre desta história, já que a planta desapareceu mesmo, e o rei continuou mergulhado em sua melancolia, tristonho e deprimido. — Não há por que reclamar — filosofou a sentinela. — Ele sempre foi assim mesmo... **A Última Pérola.** Aquele era um lar próspero e feliz. Naquele dia, em particular, o júbilo era geral, e dele participavam o dono e a dona da casa, além dos criados e dos amigos que ali se encontravam. O herdeiro do casal acabara de nascer, e tanto a mãe como o recém-nascido passavam bem. Apenas uma lâmpada ardia no quarto, iluminando ligeiramente o aposento. Pesadas cortinas de seda recobriam as janelas. Sobre o assoalho estendia-se de fora a fora um tapete felpudo e macio como musgo. O ambiente era suave e acolhedor, convidando ao sono. A criada que estava encarregada de passar a noite em vigília também cochilava, e isso não tinha a menor importância, pois tudo ali respirava paz e segurança. O espírito guardião daquela casa velava junto á cama, onde o bebê dormia ao lado da mãe. Ao redor da criança via-se um círculo de estrelas cintilantes: eram as pérolas do Colar da Fortuna. As boas fadas tinham vindo até ali, trazendo presentes para o recém-nascido: saúde, abastança, amor e felicidade — tudo o que a pessoa pode desejar para si neste mundo. — Não podia haver presentes melhores que esses. Obrigado — agradeceu o espírito guardião. — Mas ainda falta um — replicou a voz do anjo da guarda da criança, postado á cabeceira da cama. — Ainda não chegou a fada que haverá de trazer a ultima pérola do Colar da Fortuna. E ela tanto pode chegar agorinha mesmo, como poderá demorar anos até que venha. — Que história é essa? — retrucou o espírito guardião. — Nada disso! Aqui estão todos os presentes. Se duvida, vamos procurar a Rainha das Fadas e perguntar-lhe se está faltando alguma pérola. — Pois é dela mesma que estou falando: da Rainha das Fadas. Falta o seu presente. Sem a pérola que ela haverá de trazer, o colar não pode ser fechado. Tenha paciência, pois so ela sabe quando deverá vir até aqui.— Não! Quero prender o colar agora mesmo. Diga-me: onde mora a Rainha das Fadas? Vou até sua casa buscar a pérola que está faltando. — Já que insiste, levá-lo-ei até la — respondeu o anjo da guarda. — Ela não tem paradeiro fixo, está sempre viajando por ai, visitando ora o rei em seu castelo, ora o pobre em sua choupana. Não existe casa pela qual ela passe sem entrar ao menos uma vez. A todas as pessoas, entrega um presente. Por isso, não deixará de vir com o seu para este neném que aqui está. Mas já que você não quer esperar, vamos atrás dela... - Dando-se as mãos, foram-se os dois pelos ares, em busca do lugar onde ultimamente a Rainha das Fadas coslumava repousar. Era um casarão enorme, cheio de quartos vazios, ligados por corredores muito compridos. Tudo ali era estranhamente calmo e silencioso. Pelas janelas abertas entrava um ar úmido e pesado, fazendo as cortinas se agitarem suavemente. Os dois percorreram os aposentos da casa, até que, num amplo salão, depararam com um caixão, dentro do qual

estava o corpo de uma mulher. Não era jovem nem velha, mas estava justamente naquela idade que as pessoas costumam indicar como sendo a melhor fase de nossa existência. Botões

de rosas cobriam-lhe todo o corpo, deixando de fora apenas seu rosto e suas mãos. Seu semblante nobre, transfigurado pela morte, demonstrava uma expectativa ansiosa, como se

seus olhos estivessem voltados para Deus. Ao redor do caixão estavam um homem e um bando de crianças; provavelmente, pai e filhos. Uma delas era tão nova, que ainda tinha de ser

carregada nos braços. Estavam todos ali, trazendo seu último adeus àquela que tinha sido sua esposa e mãe. O homem inclinou-se e beijou as mãos da mulher, mãos que outro dia eram

tão fortes e tão carinhosas, e que agora estavam inertes e inúteis como uma folha murcha. Em todos aqueles olhos viam-se lágrimas, mas ninguém dizia uma só palavra; nem mesmo um

soluço quebrou o silêncio daquele salão, onde a dor reinava, soberana e muda. O anjo da guarda fez um sinal para o espírito guardião, e os dois ali permaneceram, aguardando o de-

senrolar dos acontecimentos. Uma vela ardia, solitária. Sua chama ondulava, movida pela brisa; às vezes, bruxuleava, chegando quase a apagar, para no instante seguinte crescer e

rebrilhar. Algumas pessoas entraram ali, fecharam o tampo do caixão e prenderam-no com pregos. O som das marteladas ecoou através dos corredores e quartos, tornando mais

amarga a dor de quantos ali estavam. — Por que me trouxe aqui? — protestou o espírito guardião. — Não é possível que esteja neste lugar a Rainha das Fadas, nem o valioso presente

que ainda falta ser entregue ao recém-nascido. — Engana-se, meu amigo — retrucou o anjo da guarda, — ela está aqui, neste exato momento, neste instante de dor e aflição. Vê aque-

la cadeira de balanço, ali no canto do salão? Era nela que a falecida mãe costumava sentar-se. Era ali, rodeada de flores, que ela, a boa fada deste lar, sorria para seus filhos, para seu

marido, para os amigos da casa. Esse assento era o centro da vida familiar, o próprio coração desta casa. Agora, em seu lugar, quem é que está? Veja bem e conseguirá enxergar ali

uma pessoa, uma mulher, vestida com uma longa túnica negra: é a Dor. Agora, é ela quem reina neste lar, em lugar daquela que se foi. Uma lágrima escorreu dos olhos da Dor, caiu em

seu regaço e transformou-se numa pérola brilhante, que refletia todas as cores do arco-íris. O anjo apressou-se em recolhê-la. — Era esta a pérola que faltava no Colar da Fortuna: a

pérola de sete cores da Dor e da Saudade, — disse ele ao espírito guardião. — Ela faz com que as outras pérolas rebrilhem muito mais, e que fiquem ainda mais belas do que já são. O

arco-íris que ela reflete representa o elo de ligação entre o céu e a Terra. Quando perdemos na Terra um ente querido, ganhamos outro no céu, e é para lá que se voltam nossos pensa-

mentos saudosos. Quando na Terra é noite escura, volvemos os olhos para as estrelas, e que contemplamos? A consumação dos séculos, a última destinação. Olhe bem, mire detida-

mente a Pérola da Dor, pois nela estão contidas as asas de Psique, que um dia haverão de levar-nos embora deste mundo, libertando-nos do tempo e de todo sofrimento terreno. **A**

Criada. Entre os alunos da Escola Pública, havia uma garota judia. Além de excelente aluna, sempre atenta e bem-comportada, era ela a criança mais bonita dentre todas as que ali

estudavam. Entretanto, todo dia, durante uma aula inteira, ficava inteiramente alheia ao que o professor dizia, sem prestar a mínima atenção aos seus ensinamentos. Isso acontecia du-

rante a aula de Instrução Religiosa, já que se tratava de uma escola cristã. O próprio mestre ordenava-lhe passar o tempo resolvendo o para-casa de Aritmética ou estudando a lição de

Geografia. Acontece que ela era boa de contas, e logo resolvia todos os problemas; depois, abria o livro de Geografia, e em poucos minutos repassava toda a lição, que em geral era curtinha. Durante todo o restante da aula, embora mantivesse o livro aberto sobre a carteira, apenas fingia lê-lo, enquanto ficava escutando o que o professor dizia, e mais atentamente que qualquer outro de seus colegas. Ao notar que ela prestava atenção às suas palavras, o mestre admoestava, com brandura: — Vamos, Sara, leia seu livro. Às vezes, para ver se ela realmente havia estudado a lição de Geografia, o mestre interrompia sua aula de Instrução Religiosa e lhe formulava algumas perguntas sobre a matéria. Fitando-o com seus olhos escuros e brilhantes, Sara respondia-lhe tudo, mostrando que de fato havia aprendido bem aquela lição. O pai era um homem pobre e gentil. Concordara em deixar que a filha estudasse naquela escola, mas com a condição de não lhe ser ministrado qualquer ensinamento sobre o Cristianismo. No início, o professor pensou em mandá-la para o pátio de recreio, durante a aula de Instrução Religiosa, mas logo desistiu da ideia, receando que essa atitude acabaria provocando a inveja nos outros alunos. "Vai ficar parecendo que estudar Religião é um castigo", pensou, "e isso em nada contribuirá para a formação desses jovens. Não, é melhor deixar que ela fique dentro da sala, mas sem participar da aula." E foi assim que ele agiu. Um dia, o professor resolveu fazer uma visita ao pai da menina. — Receio que sua filha acabará por se tornar uma cristã — disse ele, — se continuar frequentando a escola. Por mais que eu tente impedir, ela insiste em escutar minhas lições, demonstrando tal interesse, que é como se sua alma estivesse sequiosa de aprender os ensinamentos de Cristo. Como assumi um compromisso com o senhor, quero mantê-lo, mas não sei como poderia agir. — Nesse caso, professor, não tenho outra alternativa senão retirá-la da escola. Até que não me importo muito com isso que o senhor me contou. Não sou praticante de minha religião, e entendo muito pouco do assunto. Mas com minha falecida mulher era diferente. Ela sempre conservou a fé de nossos pais. Em seu leito de morte, fez-me prometer que nunca deixaria nossa filha converter-se ao Cristianismo. Dei-lhe minha palavra, invocando Deus por testemunha. Foi por esse motivo que a pequena garota judia teve de abandonar escola. Anos depois, numa das casas mais modestas de uma cidadezinha da Jutlândia, vamos encontrar uma criada judia de nome Sara. Pelos seus cabelos, negros como ébano, e por seus olhos brilhantes, via-se que era uma filha do Oriente. O lampejo de seu olhar ainda possuía a mesma expressão aguda e cismadora dos tempos em que ela frequentava a escola. A casa em que Sara trabalhava ficava defronte à igreja. Aos domingos, enquanto cumpria seus afazeres matinais, ela podia escutar o som do órgão e dos cânticos que ali eram entoados. "Lembra-te de santificar o dia do sábado", dizia o Mandamento que ela devia observar; não obstante, para os cristãos, o sábado era um dia de trabalho como outro qualquer, e o máximo que ela podia fazer era guardá-lo internamente, em seu coração. Muitas vezes perguntou-se se esse seu modo de agir era suficiente para santificar aquele dia, duvidando de que o fosse. Certo dia, porém, ocorreu-lhe que, para Deus, horas e dias possivelmente teriam um significado diferente daquele que têm para nós, mortais. Daí em diante, passou a não se perturbar com os sons do órgão e dos cânticos, aos domingos, ouvindo-os com prazer, na certeza de que, ali onde se encontrava, junto à pia da cozinha, era um lugar sagrado, e que seu trabalho silencioso era uma forma digna de guardar o dia santificado. Da Bíblia, Sara leu apenas o Velho Testamento, o maior tesouro pertencente ao seu povo. Estivera presente à conversação travada entre o pai e o professor, da qual resultara sua saída da escola, tendo ficado profundamente impressionada ao tomar conhecimento da promessa que ele fizera à esposa, em seu leito de morte, de não permitir que a filha renegasse a fé de seus antepassados. Certa noite, estan-

do ela no canto da sala onde costumava ficar, num lugar que a luz da lamparina mal iluminava, aconteceu que o dono da casa tomou de um velho livro e começou a lê-lo em voz alta.

Como não se tratava de uma obra religiosa, Sara deixou-se ficar por ali, prestando atenção nas palavras lidas pelo patrão. Era a narrativa de uma história acontecida muito tempo atrás,

a respeito de um cavaleiro húngaro capturado por um paxá turco. Implacável e cruel, o paxá ordenou que seu prisioneiro fosse tratado como uma besta de carga. Assim, atrelaram-no

a um charrua e puseram-no a trabalhar sem descanso, à custa de gritos e chicotadas. A esposa do nobre húngaro vendeu todas as suas joias, hipotecou seu castelo e as terras de seus

antepassados, e, com a ajuda de amigos generosos, conseguiu por fim arrecadar a incrível quantia exigida pelo turco como resgate. Só assim pôde a pobre criatura ser libertada de

sua miserável escravidão, regressando enfermo e combalido para o meio dos seus. Pouco tempo depois, sem que se tivesse recuperado dos maltratos que lhe haviam sido infligidos,

sobreveio nova investida dos inimigos da cristandade. Embora sem força, o cavaleiro ordenou que o montassem em seu cavalo, replicando à esposa, que entre lágrimas lhe suplicava

permanecer em repouso: — Não poderei descansar enquanto minha alma não estiver em paz. Foi só dizer isso, e logo as cores reapareceram-lhe no rosto e o antigo vigor ressurgiu em

seu corpo. Seguiu para a batalha, e, dessa vez, regressou vitorioso. Por ironia do destino, um dos prisioneiros que capturou era justamente aquele paxá turco que o havia tratado com

tamanha crueldade pouco tempo atrás. Depois de repousar algumas horas, o cavaleiro mandou trazer o prisioneiro a sua presença, perguntando-lhe: — Sabe o que irá receber de mim?

— Sei — disse o paxá com altivez. — Vingança! — Isso mesmo — concordou o cavaleiro. — Mas não a vingança à qual você está acostumado, e sim a vingança cristã. Jesus ensinou-

nos a perdoar os inimigos e amar o próximo como a nós mesmos. Nosso Deus é clemente e misericordioso. Você está livre, pode voltar em paz para o meio dos seus. No futuro, aprenda

a tratar com benevolência aqueles que sofrem. Surpreso e desconcertado, o prisioneiro desatou em pranto. — Por essa eu não esperava! Como poderia adivinhar que, depois do trata-

mento desumano que lhe dispensei, não fosse condenado a padecer o mais pungente castigo? Nesta certeza, e antes de ser submetido à humilhação e à tortura, ingeri um veneno

mortal, contra o qual não existe antídoto. Em poucas horas, estarei morto. Antes que isso aconteça, porém, suplico-lhe que me fale desses ensinamentos repletos de amor e misericórdia,

pois agora entendo que eles provêm do verdadeiro poder de Deus. Se fosse possível, gostaria de poder tornar-me cristão, antes de morrer. Seu desejo foi atendido, e ele morreu em

paz. Tratava-se apenas de uma lenda, de uma história de ficção, que todos escutaram atentamente e apreciaram, mas nenhum tanto quanto Sara, a criada judia, que se mantinha modes-

tamente sentada no canto mais escuro e afastado da sala. A narrativa tocou seu coração, e lágrimas emocionadas escorriam-lhe dos olhos negros e brilhantes. Ali estava ela, com o

mesmo interesse que tinha nos tempos de criança, quando escutava a leitura do Novo Testamento na escola. Vieram-lhe à mente as palavras da mãe agonizante: "Não quero que minha

filha se torne uma cristã!", enquanto em seus ouvidos ressoava a prescrição divina: "Honrarás pai e mãe." Seu pranto recrudesceu, enquanto ela dizia para si própria: — Não sou cristã!

Não posso esquecer-me do olhar fulminante que me lançaram os filhos dos vizinhos, ao me verem parada diante da porta da igreja, contemplando as luzes do altar e ouvindo embevecida os cânticos da congregação, tampouco da maneira irada e desdenhosa com que se dirigiram a mim, murmurando entre dentes: "Judia!" No entanto, o Cristianismo, desde os tempos de escola, influencia fortemente a minha vida, como se fosse um raio de sol, brilhando em meu coração até mesmo enquanto estou dormindo. Mas não pretendo traí-la, Mamãe. Não quebrarei a promessa feita por meu pai. Não, jamais lerei a Bíblia cristã. Hei de adorar o mesmo Deus de meus pais. Passaram-se os anos. O dono da casa morreu. A família empobreceu, não tendo mais condição de manter uma criada. Mas Sara ficou com eles, ajudando-os, agora que precisavam dela. E foi ela quem os manteve unidos. Arranjou um trabalho à noite, e era com seu pequeno salário que eles agora se sustentavam. Nenhum parente se dispôs a ajudá-los, mesmo sabendo que a viúva havia adoecido, ficando de cama por meses a fio. Nos momentos em que tinha uma folga, Sara sentava-se à beira de seu leito, fazendo-lhe companhia. Sua generosidade e seu carinho eram a maior bênção que aquela família pobre poderia almejar. Certa noite, a viúva pediu a Sara que lesse para ela. Queria escutar a palavra de Deus, e por isso entregou-lhe uma Bíblia. Ela hesitou a princípio, mas logo depois aquiesceu, abrindo o volume a esmo e lendo alguns trechos para a enferma. E mesmo que as lágrimas lhe tenham assomado aos olhos, sentiu que estes enxergavam melhor, e que sua alma estava bem mais leve do que antes. Enquanto lia, dirigia-se à mãe em pensamento, dizendo-lhe: — Mantive a promessa de meu pai, querida Mamãe. Não fui batizada. Judia sou, e como judia sou considerada pelos cristãos. Mas lembre-se das palavras divinas: "Ele estará conosco na morte... *Ele visitará a terra, fará dela um deserto, e depois transformá-la-á num lugar fecundo e frutífero...*" Agora compreendo o sentido dessas palavras, embora sem saber de onde provém esta compreensão. Deve ser da graça de Cristo! Ao murmurar o nome sagrado do Filho de Deus, um tremor perpassou-lhe por todo o corpo. Como se tivesse recebido um golpe, vergou-se e caiu ao chão, desfalecida. Quem há pouco ali assistia uma enferma, agora teria de ser assistida, já que sua vida estava por um fio. — Pobre Sara — comentaram os que a conheciam. — No afã de ajudar os outros, esqueceu-se de si própria, esforçando-se mais do que podia... Levaram-na para o hospital dos indigentes, de onde ela saiu pouco depois, para ser enterrada no cemitério. Como não era cristã, seus restos mortais não puderam ser sepultados no campo santo, sendo enterrados numa cova rasa, do lado de fora do muro. Quando os raios de sol que Deus envia brilham sobre os túmulos cristãos, iluminam também a sepultura humilde da criada judia. E quando os cristãos se reúnem para enterrar um dos seus que acaba de morrer, suas preces chegam até lá, até onde Sara repousa: "*Creio na ressurreição da carne... Em nome de Jesus Cristo*". Foi esse mesmo Jesus quem um dia disse aos seus apóstolos: — João batizou com água, mas vós sereis batizados com o Espírito Santo! **As Cegonhas.** No telhado da última casa que se erguia nos confins da cidade, as cegonhas fizeram seu ninho. Mamãe Cegonha estava ali contemplando seus quatro filhotes recém-nascidos. Eles esticavam o pescoço para olhar do lado de fora do ninho, e ficavam piscando, espantados com tudo o que viam. Seus bicos iriam tornar-se vermelhos um dia; por enquanto, porém, ainda eram pretos. Pouco acima, na cumeeira do telhado, seu pai montava guarda, firme como uma sentinela. Mantinha-se tão imóvel sobre uma perna só, que até parecia uma estátua. "Só uma família de alta consideração pode ter uma sentinela postada diante de sua casa", pensava ele. "Quem passar pela rua há de imaginar isso, pois ninguém sabe que esta família é a minha própria. E para mim ela é a mais importante de todas as famílias." Imerso nesses pensamentos, Papai Cegonha continuou em posição de sentido, sem sequer piscar. Um grupo de crianças brincava na rua. Num dado momento, um deles, o mais levado de todos, olhou para cima e começou a cantar uma velha cantiga de roda a respeito das cegonhas. Logo, todos os demais fizeram coro com ele. Era aquela canção que dizia assim: *Cegonha, cegonha, de perna comprida, de asas enormes, que voa tão só; regressa ao seu ninho, à família querida, aos quatro filhotes que são seu xodó. O número um vai morrer enforcado; o número dois, sob o sebo enterrado; o número três vai ficar sapecado, e o número quatro vai ser pendurado.* — Escuta, mãe, o que esses meninos estão cantando — disseram os filhotes. — Estão dizendo que vamos ser enforcados, queimados e sabe-se lá mais o quê! — Não lhes deem ouvidos — aconselhou a mãe. — O que não escutamos não nos pode aborrecer. Mas os garotos continuaram a cantar, enquanto apontavam com os dedos a família das cegonhas. Só um deles, chamado Peter, não quis participar da brincadeira maldosa, repreendendo os outros por estarem procedendo daquela maneira. Mamãe Cegonha tentou consolar os filhotes: — Não lhes deem atenção. Olhem como seu pai se mantém calmo, montando guarda ao ninho numa perna só. — Estamos com medo, mãe — choramingaram os pequenos, escondendo-se debaixo de suas asas. No dia seguinte, quando os meninos novamente brincavam naquelas imediações, um deles reparou nas cegonhas e voltou a cantar, acompanhado pelos demais: O número um vai morrer enforcado; o número dois, sob o sebo enterrado; o número três vai ficar sapecado, *e o número quatro vai ser pendurado.* — É verdade o que eles estão dizendo, mãe? — perguntaram os quatro. — Claro que não, meus filhos! Quando aprenderem a voar, vamos conhecer o prado e o lago. As rãs irão saudar-nos, coaxando: croc! croc! Depois de retribuirmos seu cumprimento, nós as comeremos — ah, vocês vão ver como são deliciosas! — E depois, mãe? — Depois vocês aprenderão a participar das manobras aéreas, juntamente com todas as outras cegonhas desta região. Terão de voar com rapidez e precisão — isso é muito importante! Se cometerem erros nas evoluções, o General Cegonha irá matá-los! Dará uma bicada certeira e mortal bem no coração daquele que errou. Por isso, prestem muita atenção nas lições e treinem bastante. — Quer dizer que os meninos estão certos: de um modo ou de outro, estamos condenados a morrer! E lá estão eles cantando de novo! — Já falei para não lhes darem ouvidos — ralhou a mãe. — Prestem atenção apenas no que eu digo. Depois das manobras aéreas, voaremos para os países quentes, que ficam bem longe daqui. Para chegarmos lá, teremos de atravessar florestas e montanhas. Viajaremos até o Egito, onde existem umas casas de pedras triangulares enormes, tão altas que sua extremidade até toca as nuvens. Chamam-nas de "pirâmides". São tão antigas, que nenhuma cegonha, nem as bem velhinhas, se lembram de quando foram construídas. Perto delas corre um rio semeado de bancos de lama. Ali podemos comer rãs o dia inteiro! — Oh! — suspiraram os filhotes. — Sim, filhinhos — continuou a mãe, — o que não falta ali é comida da boa! Enquanto estivermos desfrutando dessa vida boa, aqui nesta terra estará fazendo um frio de rachar. As árvores estarão despidas, sem uma única folha, e as nuvens congeladas, desfazendo-se em pedacinhos que caem sobre o chão, em forma de flocos brancos. — As crianças maldosas também se desfazem em pedacinhos? — perguntaram os filhotes. — Não, seu castigo é outro — respondeu Mamãe Cegonha. — Elas têm de ficar presas dentro de casa, em quartinhos escuros, enquanto nós temos a liberdade de voar por entre as flores das terras quentes. O tempo passou e os filhotes cresceram, tornando-se grandes o bastante para ficarem em pé no ninho e olharem o que havia ali ao redor. Seu pai saía toda manhã, voltando mais tarde com um sortimento de rãs, minhocas, cobrinhas e outras guloseimas que as cegonhas apreciam. Tinha muito orgulho de seus pequenos, e fazia tudo o que podia para diverti-los. Dobrava o pescoço para trás, batia o bico produzindo ruídos estranhos, entretinha-os contando histórias acerca do brejo. — Hoje vou ensinar-lhes a voar — disse um dia Mamãe Cegonha, levando-os para a cumeeira do telhado. Os filhotes subiram ali com muito medo. Como era difícil equilibrar-se naquele lugar! Eles não conseguiam ficar firmes, tendo de bater as asas para não caírem. — Agora olhem para mim — ordenou a mãe. — Vejam como se deve manter a cabeça e as pernas. Vamos lá: batendo as asas! Um, dois! Um, dois! Lembrem-se: essas asas levarão vocês pelo mundo afora. A mãe voou em círculo ao redor da casa e pousou de novo. Os filhotes arriscaram uns pulinhos desajeitados, e um deles quase caiu de cima do telhado. — Não quero mais aprender a voar! — reclamou ele, voltando para o ninho. — Não quero saber de ir para as tais de terras quentes! — Ah, é? Quer ficar por aqui e morrer de frio quando o inverno chegar? Já sei o que vou fazer: vou chamar os meninos maldosos, para que eles enforquem e sapequem você! — Não, mãe, não! Vou voltar para a lição de voo! — disse o filhote, assustado, regressando imediatamente para a cumeeira do telhado. No terceiro dia do treinamento, conseguiram voar. Um deles achou que podia sentar-se no ar, como fazia no ninho, mas levou uma queda. Assim, aprendeu que só se mantém no ar aquele que usa suas asas. Enquanto arriscavam seus primeiros voos, viram lá embaixo os meninos, sempre cantando sua cantiga idiota. — Por que não descemos e furamos os olhos deles a bicadas? — propôs um dos quatro. — Onde já se viu propor uma coisa dessas? — zangou a mãe. — O importante agora é prestar atenção em mim. Vejam a sequência de movimentos: um, dois, três. Vamos circular a chaminé pela esquerda, depois pela direita. Venham atrás de mim. Isso! Muito bem! Cabeça para a frente, pernas para trás! Pronto. Perfeito! Amanhã já poderemos voar até o brejo. Vamos encontrar ali outras famílias distintas de cegonhas. Quero ver o comportamento, ouviram? Nada de falta de educação! Meus filhos têm de ser os mais bem-comportados de todos! Na hora de caminhar, todos de cabeça erguida e pisando firmes. Além de ficarem elegantes, isso fará com que todos os respeitem. — E quando é que vamos poder tirar desforra desses meninos desaforados? — perguntou um dos filhotes. — Nem pensar nisso! Deixem que eles gritem e chiem o quanto quiserem. Vocês voarão mais alto que as nuvens e estarão vendo as pirâmides, enquanto eles ficarão por aqui, morrendo de frio e de fome, sem terem uma folha verde sequer, nem uma única maçã para comer. — Mas ainda vamos tirar nossa desforra — sussurraram os quatro, sem que dessa vez a mãe os escutasse. O menino que havia começado a brincadeira, cantando para provocar as cegonhas, tinha apenas seis anos de idade e, além do mais, não era muito desenvolvido, parecendo até ter menos do que isso. Para os filhotes de cegonha, porém, ele devia ter uns cem anos, pois era bem maior do que seu pai e sua mãe. Eles ainda não compreendiam bem a diferença entre crianças e adultos, e aquele menino em particular era para eles apenas uma pessoa igual às outras, mas era contra ele que dirigiam todo seu rancor e desejo de vingança. Era ele que sempre começava aquela cantoria irritante; por isso, era nele que desejavam despejar sua raiva. À medida que iam crescendo, mais aumentava seu ressentimento. Por fim, Mamãe Cegonha teve de prometer-lhes que os deixaria tirar sua desforra, desde que esperassem até a véspera de sua partida para as terras quentes. — Quero ver primeiro como é que vocês vão se portar nas manobras aéreas. Se não voarem bem, o General Cegonha dará uma bicada em seu coração, mostrando desse modo que os meninos estavam certos ao preverem sua morte. — Faremos o melhor que pudermos

— prometeram eles, e de fato o fizeram. Treinaram com afinco dia após dia, e logo aprenderam a voar em formação, com tanta graça e elegância, que era um prazer observá-los em seus exercícios de voo. Chegou o outono, e as cegonhas começaram a se reunir, preparando-se para a grande migração rumo às terras quentes da África. Era o início das grandes manobras. Voavam todas em grandes bandos sobre as cidades e as florestas, sempre fiscalizadas pelo General, nos menores detalhes de suas evoluções. As quatro cegonhas jovens de nossa história saíam-se particularmente bem nesses treinamentos. Como recompensa, tiveram permissão para aumentar sua cota diária de rãs e cobrinhas. Era o melhor prêmio que podiam almejar, e elas mostraram sua satisfação em recebê-lo, pois comiam rãs e cobrinhas para valer! — Chegou a hora da desforra — disseram um dia para a mãe. — Está certo — concordou a mãe. — Tenho pensando nisso, e já decidi quanto ao que devem fazer. Existe um poço onde as criancinhas ficam guardadas até que tenham permissão de nascer. Somos nós que carregamos essas criancinhas no bico e as entregamos nas casas dos pais que as estão esperando. Enquanto permanecem nesse poço, elas dormem a sono solto, e têm sonhos tão maravilhosos, que nunca mais terão outros iguais, durante toda a sua vida. Qual o pai ou a mãe que não quer ganhar uma criancinha dessas? E qual o menino ou a menina que não deseja ter um irmãozinho novo em sua casa? Pois bem: vamos até esse poço buscar os bebês, mas só os entregaremos nas casas dos meninos que não cantarem aquela música desaforada. Estes vão ganhar um irmãozinho novo. Quanto aos meninos maldosos que entoaram a cantiga ofensiva: estes não vão ganhar irmãozinho algum em suas casas. — Mas o que faremos ao pior de todos, àquele que sempre deu início à cantoria, só para nos provocar? Ele tem de receber um castigo mais violento! — protestaram os filhos. — Há um bebezinho morto lá no poço — segredou-lhes a mãe — Morreu enquanto estava sonhando. Levaremos essa criancinha morta para a casa daquele menino maldoso, e ele vai chorar de mágoa, por ter ganhado um irmãozinho morto. E o que me dizem daquele garoto que repreendeu os outros por assustarem vocês? Esqueceram-se dele? Não acham que ele merece um prêmio? Então levem para a casa dele dois bebês: um irmãozinho e uma irmãzinha. — É mesmo, mãe, boa lembrança. Aquele menino bonzinho sempre foi nosso amigo. Como é o nome dele? — Peter. — Bonito nome. Gostaríamos que fosse o nosso. — Pois de hoje em diante vocês serão chamados de Peter. E foi assim que, aqui na Dinamarca, todas as cegonhas passaram a ser chamadas de Peter. E até hoje em dia, quando uma cegonha passa voando no céu, os dinamarqueses olham para cima, sorriem e dizem: — Lá vai o Peter! **O Rei Perverso (uma lenda).** Houve uma vez um rei perverso e arrogante, cuja ambição era conquistar todos os países do mundo e tornar seu nome temido por toda parte. A ferro e fogo, espalhou a devastação. Seus soldados saíam pelos campos, destruindo as plantações e incendiando as propriedades. Nem mesmo as macieiras carregadas escapavam de sua sanha avassaladora. No lugar onde antes ostentavam seus frutos e flores, só se viam troncos enegrecidos, galhos desfolhados e restos de maçãs queimadas pelo chão. As mães, apavoradas, fugiam com seus filhinhos nos braços, procurando esconder-se atrás das ruínas fumegantes de suas casas. Mas eles saíam a sua procura, e, quando as encontravam, debochavam de seu pavor, dando-lhes morte instantânea. Seu prazer era semear o medo, a miséria e a morte. Isso não trazia preocupação alguma ao rei perverso, já que ia ao encontro de seus planos. A cada dia que passava, seu poder tornava-se maior, e seu nome mais temido. A sorte parecia sorrir-lhe, ajudando-o em suas pretensões. Pilhava as cidades conquistadas, carreando para sua capital todos os tesouros que encontrava. Logo tornou-se indescritivelmente rico. Com a fortuna que amealhou, passou a construir palácios luxuosos, igrejas majestosas, edifícios suntuosos.

Quem via aquelas construções, não continha o espanto, exclamando: — Nenhum rei pode igualar-se a esse! Esqueciam-se dos sofrimentos que ele havia causado, fingiam não escutar os ecos dos soluços, dos gritos de dor e dos lamentos, saídos das ruínas de tantas cidades arrasadas por ele. Contemplando seu tesouro e suas obras, ele dava razão a seus admiradores, murmurando para si mesmo: — Nenhum rei pode igualar-se a mim! Mas logo em seguida acrescentava: — Porém, ainda não estou satisfeito. Quero mais, muito mais! Quero ser o rei mais rico e poderoso que jamais houve ou haverá neste mundo! E enviou seus exércitos para mais longe, conquistando novas terras e espalhando ainda mais o medo, a miséria e a morte. Os monarcas derrotados eram trazidos até sua capital, tendo de desfilar pelas ruas presos por correntes de ouro à sua carruagem. À noite, quando ceava, submetia-os à humilhação de ficarem de quatro no salão de refeições, andando como cães por entre as pernas dos convivas, e tendo de se contentar com os restos que lhes eram atirados. O rei perverso mandou que erigissem estátuas representando a sua pessoa em todas as praças e castelos das cidades sob seu domínio. Ordenou também que fossem postas nas igrejas, acima dos altares, mas dessa vez encontrou a resistência dos sacerdotes, que se recusaram a cumprir tal ordem, dizendo-lhe: — Sois um grande rei, Majestade, mas lembrai-vos: Deus é maior do que vós. — Ah, é? — esbravejou o rei perverso. — Então não me resta outra alternativa: vou combater Deus e derrotá-Lo. Em sua arrogância sem limites, ordenou que construíssem um navio que podia voar. Fizeram-no. Era uma embarcação colorida como a cauda de um pavão, parecendo possuir mil olhos. Cada um desses "olhos", porém, era a boca de um canhão. O rei quis experimentar pessoalmente a eficiência do armamento, e, sentado no meio do navio, apertou um botão, disparando simultaneamente mil balas. Se quisesse, poderia logo em seguida repetir a saraivada de tiros, pois os canhões se recarregavam automaticamente. Para singrar os ares, o navio seria puxado por uma centena de águias, treinadas especialmente para isso. A intenção era voar na direção do sol. E lá se foi o navio, deixando a Terra debaixo de si. Ao início da viagem, o mundo parecia um campo preparado para a semeadura, pois as montanhas lembravam a terra revirada pelo arado, e as florestas davam a impressão de formar os trechos de relva deixados intatos no chão. À medida que o navio ganhou altura, foram aparecendo os contornos das terras, como num mapa, até que tudo ficou encoberto por nuvens e névoa. As águias subiam cada vez mais. Por fim, avistaram um dos incontáveis anjos de Deus, voando em sua direção. O rei perverso logo ordenou que atirassem contra ele. Disparados ao mesmo tempo, mil projéteis partiram em direção ao mensageiro de Deus, que se cobriu com suas asas alvas e reluzentes, a fim de se proteger. Ao atingi-lo, as balas se espatifavam como se fossem de granizo, ricocheteando para todos os lados. Uma única e solitária gota de sangue verteu de seu corpo, caindo sobre o navio. Embora não passasse de uma simples gota de sangue, seu impacto foi tremendo. Era como se toneladas de chumbo tivessem desabado sobre a embarcação. As águias não conseguiram resistir ao peso, e o navio começou a cair. O vento passava zunindo pelas orelhas do rei, que se viu rodeado por nuvens de formas estranhíssimas, resultantes da fumaça das cidades que ele havia mandado incendiar. Uma delas tinha o formato de um gigantesco caranguejo, com as pinças prestes a agarrá-lo; outra, o de um dragão furioso. Para sua sorte, o navio não se despedaçou sobre os rochedos, tendo sua queda amortecida pelas copas das árvores de uma floresta.

Prostrado semimorto no chão, o rei não se deu por vencido, e, contemplando os destroços de sua embarcação, ainda teve forças para rosnar: — Hei de derrotar Deus! Juro que o farei!

Nos sete anos que se seguiram, ordenou que construíssem toda uma frota de navios voadores, dotados de armas que disparavam raios de puro aço, com os quais planejava destruir as

fortalezas celestes. Convocou guerreiros em todos os países que conquistara, formando o maior exército que jamais se viu. Quando as tropas se dispunham em formação de desfile, até

se perdiam de vista, cobrindo milhas e milhas em todos os sentidos. Todos embarcaram nos navios aéreos, sólidos e bem equipados, esperando apenas que chegasse o rei perverso,

para seguir com eles até seu destino. O rei preparou-se para embarcar, quando ali também chegou uma nuvem de mosquitos, enviada por Deus. Os insetos enxamearam em redor do

monarca, picando-o no rosto e nas mãos sem a menor cerimônia. Furioso, ele desembainhou a espada, pondo-se a desferir golpes a torto e a direito, mas sem conseguir ferir um único

mosquito. Vendo-se impotente para espantá-los, mandou trazer cobertas caríssimas, enrolando-se nelas para impedir que os vorazes insetos o atacassem. Quase deu certo seu plano,

exceto por um pequeno detalhe: um mosquito conseguiu esconder-se numa das dobras do tecido, ficando do lado de dentro da proteção. Dali, voou até a altura da orelha do rei, pican-

do-a o mais fundo que podia e deixando verter todo o veneno que trazia dentro de si. A picada ardeu como fogo, e o veneno misturou-se ao seu sangue, subindo até o cérebro, deixan-

do-o ensandecido de dor e desespero. Sem ver o que fazia, o rei arrancou as cobertas, rasgou as roupas e pôs-se a berrar desesperadamente, dando pulos de dor. Assistindo àquela

dança ridícula, entremeada de pulos e gritos, a soldadesca não se conteve, explodindo em gargalhadas maldosas e zombeteiras. E era mesmo para se rir: onde já se viu pretender

enfrentar e derrotar o poder de Deus, quando não era capaz de se defender do ataque de um simples e minúsculo mosquito? **Os Dois Irmãos** Numa das ilhas da Dinamarca, onde os

túmulos dos *vikings* ainda sobressaem entre os trigais, à sombra das faias gigantescas, existe uma cidadezinha de casas baixas, com telhados vermelhos. Numa delas estavam acon-

tecendo coisas muito estranhas. Em tubos de vidro, líquidos eram fervidos e destilados, enquanto ervas diversas eram esmagadas e reduzidas a pó em grandes almofarizes. Todo esse

trabalho estava sendo feito por um homem já de certa idade. — É preciso procurar a verdade — dizia ele, — pois ela pode ser encontrada em tudo o que existe, e sem ela nada pode

ser realizado. Na sala de estar, sentavam-se sua mulher e seus dois filhos. Ainda eram crianças, mas tinham ideias de adulto. A mãe já lhes tinha falado sobre a importância do certo e

do errado, e eles sabiam a diferença entre um e outro. Falara também da verdade, definindo-a como sendo "o reflexo da face de Deus". O irmão mais velho era falante e brincalhão.

Gostava de ler livros sobre a natureza e a ciência. Dava-lhe maior prazer a leitura de assuntos sobre o sol e as estrelas, que a de um conto de fadas. Como seria maravilhoso se pudes-

se tornar-se um explorador, ou estudar o voo dos pássaros, aprendendo com eles a também voar. "Sim", pensava, "meu pai e minha mãe estão certos: as leis da natureza são verdadei-

ras, porque foram criadas por Deus". O irmão mais novo era mais sossegado. Também gostava de livros, lendo-os com avidez. Quando leu na Bíblia como foi que Jacó, usando de um

estratagema, obteve para si o direito de primogenitura, tirando-o de Esaú, ficou revoltado, cerrando os punhos com raiva. Sempre que deparava com a narrativa de atos de tirania,

crueldade e injustiça, seus olhos se enchiam de lágrimas. A Justiça e a Verdade guiavam seus pensamentos. Certa noite, ao se deitar, mesmo estando com sono, resolveu prosseguir a leitura que havia interrompido pouco antes, aproveitando a luz que a cortina entreaberta deixava passar. Estava lendo um livro que narrava a história de Sólon. Deixando-se levar pela imaginação, empreendeu uma estranha viagem. A cama transformou-se num barco, pondo-se a flutuar sobre um mar imenso. Ele não sabia se tudo aquilo seria verdade, ou se não passaria de um sonho. O barco singrou pelo oceano do tempo, levando-o à época de Sólon, no momento em que o arconte discursava. Embora ele falasse numa língua estrangeira, o menino compreendeu perfeitamente suas palavras, ouvindo-o citar uma frase que tantas vezes já escutara em seu país: — Uma nação deve ser construída sobre o alicerce da Lei!

Nesse instante, o Gênio da Humanidade entrou no quarto daquela casinha modesta, beijou a fronte do menino e disse: — Não lhe faltarão bravura e força para enfrentar a batalha da vida. E que sua existência represente um voo rumo à Terra da Verdade. O irmão mais velho ainda não tinha ido para a cama. Estava parado junto à janela, contemplando os campos encobertos por uma ligeira neblina. Uma velha tinha-lhe dito certa vez que a neblina era produzida pelos elfos, pois eles gostavam de dançar à noite, levantando poeira do chão. Mas o garoto não lhe deu ouvidos; sabia que aquilo não passava de um fenômeno natural, produzido pelo calor, que fazia evaporar a água contida na terra. Ao ver uma estrela cadente, deixou que sua mente se desprendesse, voando até aquele meteoro em chamas. As estrelas cintilavam e piscavam, como se estivessem ligadas à terra por fios de ouro. "Venha para cá", chamou-o o pensamento. Rápido como um raio, ele subiu para o espaço, onde se concentra a luz do universo. De lá avistou a Terra a girar, cercada pela delgada camada de ar, e as grandes cidades, que agora pareciam tão perto uma das outras. "Não importa que estejam longe ou perto", pensou, "mas sim que tenham sido erguidas por obra do Gênio da Humanidade." Ei-lo de novo postado à janela, enquanto seu irmão mais novo por fim adormeceu. Contemplando-o com ternura, a mãe murmurou seus nomes: — Anders e Christian! A Dinamarca conhece bem esses dois irmãos, e sua fama já se espalhou por todo o mundo: são os irmãos Oersted! **A Borboleta.** Era uma borboleta chamada Borbolúcio; portanto, do sexo masculino. Era jovem, e estava a fim de arranjar uma namorada. Mas não queria de sua própria espécie: seu desejo era namorar uma flor. Qual poderia ser? Voou sobre o jardim, examinando uma por uma. Eram todas recatadas, postando-se quietinhas sobre seus talos, como é próprio de mocinhas bem-educadas. Ih, mas eram tantas! Seria difícil escolher uma, e que trabalho mais fatigante! Pousou junto ao malmequer. Tanto faz chamá-lo de "malmequer" como de "bem-me-quer". Dizem que essa flor sabe prever o futuro. Rapazes e moças, quando estão apaixonados, fazem-lhe uma pergunta, e encontram a resposta arrancando suas pétalas uma a uma. Enquanto vão despetalando a flor, costumam recitar um verso, que geralmente é assim: *Bem-me-quer, malmequer, Me responda, se puder, Se meu bem ainda me quer, Onde for que ela estiver.* Há outros versos parecidos. Pode-se perguntar ao malmequer qualquer coisa que se quiser. Borbolúcio não quis arrancar suas pétalas: preferiu beijar a flor, pois era de opinião que a gentileza é sempre mais proveitosa do que a violência. — Ó florzinha mimosa, conhecedora do nosso futuro, a primeira entre todas as outras flores; você que é tão inteligente e sagaz, responda-me: que flor devo escolher para ser a minha namorada? Esta daqui, ou aquela dali? Diga-me qual é, para que eu possa ir agora mesmo declarar-me a ela. O malmequer não respondeu. Irritado, Borbolúcio começou a ofendê-la, chamando-a de solteirona. Em seguida, repetiu a pergunta uma e duas vezes, sempre sem resposta. Aborrecido, saiu voando, prosseguindo sua busca. Era o início da primavera. Galantos e açafrões ainda estavam floridos. Ao vê-los, Borbolúcio comentou consigo mesmo: — São doces e singelas essas flores, sem dúvida, mas ainda não formaram sua personalidade. Como acontece a tantos rapazes, ele também preferia garotas mais velhas. Voou para junto das anêmonas, mas achou-as muito cáusticas. As violetas eram excessivamente românticas, e as tulipas um tanto espalhafatosas para seu gosto. Flor bonitinha era o lírio-do-vale, que floresce por ocasião da Páscoa, mas muito sistemática, e de hábitos um tanto burgueses. As flores de tília eram muito pequeninas, embora sua família fosse muito numerosa. As flores-de-maçã eram tão bonitas, que até podiam ser confundidas com as rosas; mas hoje estão aqui, abertas e viçosas, e amanhã já terão morrido. "Nosso casamento iria durar muito pouco", pensou a borboleta. Uma flor que muito o atraiu foi a ervilha-de-cheiro. Era vermelha e branca, pura e delicada; além disso, era uma daquelas raras beldades que conhecem como é uma cozinha por dentro. Ele já ia pedi-la em casamento, quando notou a presença de uma vagem de ervilha com uma flor murcha na ponta. — Quem é essa daí? — perguntou, alarmado. — E minha irmã — respondeu a ervilha-de-cheiro. — Quer dizer que você, mais tarde, acabará parecida com ela! Estou de saída. Adeus! A madressilva tinha espalhado seus ramos pela cerca. Lá estavam suas flores, sorridentes, um bando de garotas de rosto comprido e pele amarela. A borboleta nem ligou para elas. Afinal de contas, quem ele iria querer? Só perguntando seria possível saber... Passaram a primavera e o verão, chegou o outono. Borbolúcio ainda não havia casado. As flores estavam vestidas deslumbrantemente, mas já haviam perdido o frescor da inocência e o viço da juventude. À medida que o coração envelhece, é necessário que haja fragrância, aromas, olores e perfumes, para que ele desperte, e isso era coisa inexistente nas dálias e nas malvas-rosas. Borbolúcio topou com um pé de menta de folhas enroscadas. "Essa planta não dá flor, mas ela é a própria flor, da raiz à pontinha das folhas. Além disso, cheira como uma flor. Vou pedi-la em casamento." E foi o que ele fez. Depois de escutar sua proposta, a plantinha manteve-se silente e imóvel. Estava pensando. Por fim, respondeu. — Amizade, é tudo que lhe posso oferecer. Não somos mais jovens. Podemos até viver um para o outro, mas nada de casamento. Em nossa idade, seria ridículo. E foi assim que Borbolúcio acabou não se casando. Tanto procurou, que só foi encontrar quando já era tarde. Desse modo, tornou-se um solteirão. Aproximava-se o final do outono. As chuvas já tinham chegado, e os ventos faziam vergar as copas dos salgueiros. O tempo não convidava a sair de casa, e muito menos a usar roupas leves e frescas. Borbolúcio não estava propriamente fora de casa: é que tinha entrado numa sala, dentro da qual havia uma lareira acesa, sentindo-se ali aquecido como se estivesse no auge do verão. — Calor, e nada mais; isso é vida? — lamentou-se. — Viver é mais do que isso; é desfrutar do sol, da liberdade e do convívio de uma florzinha gentil. Entediado, voou e pousou sobre a vidraça de uma janela. Alguém notou-o, apreciou-o, capturou-o e enfiou-lhe um alfinete. Pronto: ele acabava de ser "colecionado" — é assim que os seres humanos costumam demonstrar sua admiração pela beleza das borboletas. — Preso na ponta desse alfinete, até que fico parecendo uma flor — disse ele. — Não é lá muito confortável, mas a gente se acostuma. Deve ser mais ou menos como o casamento... Seus comentários, feitos em voz alta, foram escutados pelas plantas que viviam dentro dos vasos enfileirados sobre o beiral da janela. Entreolhando-se, elas comentaram, com um sorriso: — Cada qual se consola como pode..."Talvez tenham razão, talvez não", pensou a borboleta. "Prefiro fingir que não ouvi. Não, não confio em plantas cultivadas em vasos. De tanto conviverem com os seres humanos, acabam ficando muito parecidas com eles..." **O Tesouro Precioso.** Toda povoação que julga merecer o nome de "cidade", e não de "vila" ou "aldeia", tem de ter seu arauto. E todo arauto tem de ter dois tambores. Um,

ele toca quando dá os avisos normais e comuns, do tipo: *"Hoje tem peixe fresco lá no mercado!"*; outro, é um tambor mais largo, de som mais grave, usado apenas quando se convoca

o povo a enfrentar alguma calamidade, especialmente se se trata de debelar algum incêndio. Por isso, costumam chamá-lo de "tambor de fogo". A esposa do arauto tinha ido à igreja

ver o novo retábulo do altar, cheio de anjinhos; uns, pintados; outros, esculpidos em madeira. Suas auréolas eram brilhantes e douradas, assim como os cabelo, que pareciam raios de

sol. Ah, que maravilha! Ela saiu de lá encantada com tanta beleza. Ao chegar à rua, porém, mudou de ideia: mais bela ainda era a luz do sol poente, fulgurando em raios rubros através

das árvores escuras. Olhar para o disco vermelho do sol era a mesma coisa que contemplar a face radiante de Deus. Com o rosto banhado de luz, a mulher do arauto pensou na crian-

ça que em breve lhe seria trazida pela cegonha. "Ah, Senhor", implorou, enquanto fitava o sol, "deixai com que parte desse fulgor se reflita no rosto de meu filho, e que ele se pareça

com um daqueles anjinhos do retábulo." Quando a criança nasceu, ela a tomou nas mãos e mostrou-a ao marido, pondo-se ambos a contemplá-la e admirá-la. O bebê de fato se pare-

cia com um dos anjinhos, e seu cabelo era da cor do sol poente. — Oh, meu tesouro precioso, meu sol, minha vida! — disse a mãe, beijando a cabeça do filho. Suas palavras soaram

como uma canção, e o arauto logo foi espalhar a novidade, fazendo rufar o tambor pequeno, próprio para divulgar notícias alegres. O tambor grande — "tambor de fogo" — tinha uma

opinião diferente, achando que era melhor bater nele, já que o pirralho tinha cabelos vermelhos. Sem nada dizer, pensava: "Boas coisas não devem ser esperadas — bum! — de um

menino de cabeça vermelha — bum!" A maior parte dos moradores da cidade concordava com ele. Dias depois, levaram o menino à igreja e ele foi batizado. Deram-lhe um nome comum:

Peter. Mas ninguém se referia a ele por esse nome. Todos, inclusive o "tambor de fogo", mencionavam-no como sendo "o ruivinho do arauto". Nem mesmo sua mãe o chamava de Peter,

preferindo tratá-lo por "meu tesouro precioso". No talude da estrada, muitas crianças — e muitos adultos também — inscreveram seus nomes, na esperança de perpetuá-los. "Vale a

pena ser famoso", pensou o arauto, inscrevendo seu nome e o de seu filho entre os outros que ali estavam. As andorinhas chegaram junto com a primavera. Como viajam essas aves!

Acabavam de chegar do Hindustão, onde tinham visto inscrições feitas nos rochedos e nos muros dos templos, narrando os feitos e as façanhas dos poderosos reis. Entretanto, ninguém

sabia decifrar aquelas letras, desconhecendo inteiramente os nomes dos reis e seus feitos heroicos. A fama é assim... As andorinhas construíram seus ninhos na argila dos taludes, que,

desse modo, ficaram cheios de buracos. Quando as chuvas vieram e a água escorreu pela sua superfície, lá se foram os nomes ali inscritos. — O nome que desapareceu por último foi

o de Peter — afirmou orgulhosamente o arauto. — Ele ali permaneceu por um ano e meio! Seu entusiasmo não foi compartilhado pelo tambor de fogo, que nada disse, mas ribombou em

pensamento. O "ruivinho do arauto" era cheio de vida. Tinha uma bela voz e vivia a cantar. Suas canções eram como as das aves da floresta: tinham melodia, e, ao mesmo tempo, não

tinham. — Quando estiver na idade, ele irá cantar no coro da igreja — dizia a mãe. — Quando isso acontecer, quero vê-lo embaixo dos anjos do retábulo, com os quais ele tanto se pa-

rece. "Cabeça de cenoura", chamavam-no os espirituosos da cidade. Até a mulher do vizinho chamou-o um dia desse nome, mas so o tambor de fogo escutou. — Não vá para casa,

Peter — disseram-lhe os moleques da rua, com ar zombeteiro. — Se você dormir no porão, sua cabeça acabará incendiando a casa, e seu pai terá de tocar o tambor de fogo! — Vou

mostrar como é que ele toca o tambor! — replicou Peter, tomando de um pedaço de pau e zurzindo-o com tanta força contra um dos moleques, que ele até caiu. Intimidados ante sua

reação, os meninos de rua fugiram em disparada. O maestro da orquestra era um músico de nascença, pois seu pai tinha tocado para o rei. Gostava de Peter e mantinha com ele longas

conversas, que duravam horas e horas. Um dia, deu-lhe de presente um violino, e começou a ensiná-lo a tocar. O menino empunhou o instrumento como se já fosse um músico expe-

riente. Sim, ele saberia fazer algo mais do que apenas tocar tambor. A quem lhe perguntava o que queria ser quando crescesse, porém, ele afirmava que seria um soldado, pois nada

lhe parecia mais maravilhoso do que usar uniforme, ter espada e rifle, e marchar: "um, dois; um, dois". — Ele vai aprender a obedecer ao nosso comando — disseram os dois tambores.

— Ele fará carreira militar — dizia o pai. — Começará como soldado, acabará como general. Para tanto, basta acontecer uma guerra. — Deus nos livre e guarde disso! — exclamou a

mãe, apreensiva. — Por que diz isso, mulher? Não temos coisa alguma a perder! — Como não temos? E o nosso filho? — A guerra será sua oportunidade de se tornar um general! —

replicava o pai, rindo, porque não estava falando seriamente. — Se ele não perder a vida — prosseguiu a mulher, sem entender que se tratava de uma brincadeira, — poderá perder um

braço ou uma perna. Não quero que isso aconteça! Quero meu tesouro precioso saudável e inteiro. — Bum! Bum! Bum! — soou o tambor de fogo. O mesmo fizeram todos os tambores

de fogo do país. Era a guerra. Os soldados seguiram para o campo de batalha, e o filho do arauto era um deles. — Até a vista, cabeça de cenoura! — despediram-se os moradores da

cidade. — Até breve, meu tesouro precioso — despediu-se a mãe. O pai sonhava em ver o filho coberto de glória e honrarias. O maestro desaprovou sua ida. Achava que ele deveria

ficar ali mesmo, aprendendo música, uma das artes da paz. Quando os outros soldados chamaram-no de "Vermelho", ele riu. Mas quando um deles chamou-o de "Raposa", não gostou,

mordendo os lábios com força e fingindo não ter escutado, a fim de não ser obrigado a tomar satisfação. Era um bom rapaz, o tempo todo bem-humorado e cordial, "como um cantil

cheio de vinho", conforme o definiam seus companheiros de caserna. Às vezes, a noite estava úmida, e a tropa mesmo assim era obrigada a dormir ao relento. Quando chovia, todos

ficavam molhados até os ossos, mas o soldado ruivo não desanimava, e logo fazia rufar seu tambor: tarara-tatá; tarara-tatá enquanto os companheiros formavam fileiras ou marchavam.

Oh, sim, ele era o tocador de tambor do regimento. Chegou o dia da batalha. O sol ainda não havia aparecido, mas já era de manhã. O ar era úmido e frio. A paisagem estava encoberta

pela neblina resultante da fumaça das explosões. Obuses e balas voavam sobre as cabeças dos soldados. A seus pés, rostos lívidos e inertes olhavam sem ver as manchas escuras de

sangue que cobriam o chão. Os sobreviventes marchavam em frente. O jovem tocador de tambor ainda não fora ferido, e se divertia com o cãozinho que era a mascote do regimento. O

animal corria e saltava a seu redor, imaginando que as balas e obuses que zuniam no ar não passavam de brinquedos. "Em frente, marche!", tinha sido a ordem, logo traduzida em

rufos de tambor e toques de corneta. Depois de dada essa ordem, o comandante não volta atrás, e muitas vezes agiria sensatamente se assim o fizesse. "Vamos fugir, gente!", gritou

alguém, assustado, mas o tambor continuou rufando a ordem de seguir em frente, e os soldados preferiram obedecer a ele. O toque incessante impeliu-os para a frente, evitando que retrocedessem e levando-os a uma expressiva vitória, ao final do dia. Naquela batalha, foram perdidas muitas vidas e amputados muitos membros. Explosões, projéteis e estilhaços

dilaceraram as carnes, transformando-as em postas sangrentas. Propagaram-se incêndios, levando a morte a muitos que se haviam escondido sob ruínas ou pilhas de feno. Não houve

tempo de cuidar dos feridos, que ficaram sem atendimento por horas e horas, até não mais precisarem de assistência. É terrível ficar pensando nessas coisas, mas é o que fazem

aqueles que estão distantes do campo de batalha, especialmente quando se trata de gente como o arauto e sua mulher, cujo filho lá estava, exposto às balas e ao azar. "A choradeira

desses dois me deixa doente", pensou o tambor de fogo. Chegou de novo o dia da batalha. O sol ainda não havia aparecido, mas já era de manhã. Depois de uma noite passada em

claro, o arauto e sua esposa por fim adormeceram. Durante a madrugada, tinham conversado sobre o filho e implorado a Deus que o protegesse, onde quer que ele estivesse naquele

momento. Dormindo, o arauto sorria, pois sonhava que a guerra havia acabado, e que seu Peter regressava a casa, trazendo ao peito uma condecoração: a Cruz de Prata, conferida aos

que se distinguiram por seus atos de bravura. A mãe também dormia e sorria. Sonhou que tinha ido à igreja, e que contemplava o retábulo. Um daqueles anjos era seu filho. Ele olhou

para ela e começou a cantar, com uma voz que somente os anjos possuem. Ao terminar, ele também sorriu e a cumprimentou, inclinando a cabeça. "Ah, meu tesouro precioso", murmu-

rou ela, despertando em seguida. Tomada de apreensão, disse em voz baixa: — Já sei o que aconteceu: Deus levou-o para sempre. Juntou as mãos em prece e, escondendo a cabeça

no cortinado da cama, chorou, enquanto se lamentava: — Onde será que ele está repousando? Será na cova rasa onde enterram todos os que pereceram durante uma batalha? Ou quem

sabe estará afogado nas águas paradas e profundas de algum pântano... Ninguém jamais saberá onde ele está enterrado... Jamais alguém dirá uma prece sobre seu túmulo!... Num

sussurro inaudível, rezou o Pai-Nosso. Depois disso, sua cabeça pendeu novamente sobre o travesseiro, e ela adormeceu, vencida pelo cansaço. Passaram-se os dias, entre sonhos e

receios. Entardecia. Um arco-íris emoldurava o campo de batalha. Suas extremidades tocavam a floresta e o pântano. O povo acredita que haja um tesouro precioso enterrado na

ponta de um arco-íris. Esse tesouro devia ser seu filho, pensava a mãe do soldado que tocava o tambor. E os dias continuaram a passar, entre sonhos e receios. Eram vãos os maus

pressentimentos da mulher. Nada lhe havia acontecido. Não lhe fora arrancado sequer um único fio de cabelo. O tambor parecia ter contado isso para ela, entre rufos e repiques: "Ra-

tatatá-ratatatá: ele está vivo, ele está vivo!" Mas ele preferiu guardar para si essa informação, adiando a alegria e o júbilo da pobre mulher. Entre fanfarras, foguetes e festas, eles regres-

saram. Eram vencedores. A guerra tinha terminado, e a paz voltara a reinar. O cão que era a mascote do regimento vinha à frente da tropa, andando em círculos, como se desejasse

multiplicar por três o percurso da viagem de volta. Passaram-se semanas, e com elas os dias. Enfim: Peter voltou para casa! Ei-lo, tisnado como um selvagem, olhos claros e rebrilhantes,

rosto refletindo a luz do sol. Em passos firmes, entrou em casa. Sua mãe envolveu-o em seus braços e beijou-o calorosamente. Seu menino estava ali, novamente. É bem verdade que

não tinha recebido a Cruz de Prata, conforme o pai sonhara, mas estava vivo e gozava de boa saúde, como ela havia imaginado. Era felicidade demais para que os três não contivessem

o pranto, misturado aos risos de alegria pelo reencontro. — Ah, patife, voltei a encontrá-lo! — disse ele sorrindo para o velho tambor, enquanto o alisava, numa carícia. O pai não perdeu a oportunidade: bateu com força no tambor de fogo, alardeando a novidade: "Bum-bum-bum-bum-bum! Incêndio nos corações! O tesouro precioso voltou para casa! Brrrum!" E o que

foi que aconteceu depois disso? Deixemos que o músico nos conte: — Peter superou a fase do tambor. Ele vai tornar-se um músico e bem maior do que eu. Em seis meses, aprendeu

mais do que eu aprendi durante toda a minha vida! Uma coisa não se podia negar: era um rapaz gentil, e sempre bem-humorado. Pelo brilho de seus olhos, dir-se-ia que eles jamais

haviam contemplado algo que não fosse belo e agradável. E seus cabelos continuavam como sempre: ruivos e brilhantes. — Ele devia tingi-los — dizia a vizinha. — A filha do policial

tingiu os dela, e teve seu lucro: está noiva. — Mas e a trabalheira que ela tem? — replicou seu marido. — É obrigada a pintá-los toda semana, senão eles ficam verdes como a grama...

— E daí? O gasto é pouco. Acho que Peter faria bem se pintasse seus cabelos. Ele agora frequenta as casas das melhores famílias da cidade. Está até ensinando a filha do prefeito a

tocar piano! Peter tocava maravilhosamente. As mais belas peças brotavam de seu coração, e ainda não tinham sido postas em pauta. Em casa, ele tocava sempre que podia, geral-

mente à noite, fosse durante as curtas de verão, fosse durante as longas de inverno. — É bonito, mas cansa... — reclamavam os vizinhos. O tambor de fogo concordava com eles. Lotte,

a filha do prefeito, estava sentada ao piano. Seus dedos delicados percorriam as teclas velozmente, e a música que ela executava saía do instrumento e entrava no coração de Peter,

fazendo suas cordas repercutirem. E ele então batia acelerado, como se houvesse pouco espaço no peito para encerrá-lo. Isso aconteceu não uma, mas muitas vezes. Certa noite, o

professor não resistiu: segurou a mão da aluna, levou-a aos lábios e beijou-a apaixonadamente. Em seguida, olhando para dentro de seus olhos castanhos, disse-lhe... não, para que

repetir o que ele disse? Só Deus sabe o que foi, mas cada um de nós bem pode adivinhar as palavras. Lotte nada respondeu, mas enrubesceu, ficando quase da cor dos cabelos de

Peter. Nesse exato momento, foi anunciada a entrada de um convidado. Era o filho de um dos conselheiros do rei. Sua testa era alta e lisa, como se tivesse sido encerada. Seu crânio

reaparecia no alto da nuca, liso e encerado como a testa. Peter ficou, e Lotte dividiu sua atenção entre ambos os hóspedes, mas seus olhares mais ternos eram dirigidos ao professor

de piano. Quando voltou para casa, tarde da noite, Peter conversou com o tambor, dizendo-lhe o que esperava lucrar com seu violino: fama e imortalidade. O tambor nada respondeu,

mas pensou: "Bum! Brrrrrum! Ele está ficando doido! Seu cérebro incendiou!" No dia seguinte, ao voltar das compras, a mãe lhe disse: — Sabe da novidade, Peter? Lotte, a filha do

prefeito, ficou noiva! Ela vai se casar com o filho do conselheiro. O noivado foi acertado ontem. — Quê? Não! — exclamou Peter, erguendo-se num salto da cadeira. A mãe confirmou a

notícia. Quem lhe contara aquilo fora a mulher do barbeiro, que ouvira a novidade do marido, o qual, por sua vez, ficara sabendo de tudo pelo próprio prefeito. O rosto de Peter empali-

deceu, e ele sentou-se de novo, arrasado. — Que houve? Diga, meu filho, está passando mal? — Não, não! Estou bem. Só quero ficar sozinho — respondeu Peter, enquanto as lágrimas

lhe escorriam pelo rosto. — Ah, meu filhinho, meu tesouro precioso — disse a mãe, entendendo a aflição do jovem. — É melhor esquecê-la. — Lotte se foi! Lotte se foi para sempre! —

ribombou o tambor de fogo. — Não haverá mais lições de piano. Bum! Brrum-de-Ninguém o escutou. Mas não foi verdade o que disse o tambor de fogo. Houve lições; mais do que isso,

houve exibições. A vida do tesouro precioso foi cantada em verso e prosa. — Ela está toda metida — dizia a vizinha, — toda cheia de nove horas! Sua vida, agora, é vangloriar-se e contar vantagens. Vive com as cartas do filho nas mãos, mostrando-as para todo mundo. Ah, porque o Peter fez isso e fez aquilo, tocou nesse e naquele lugar, porque ele está famoso,

porque os jornais estão falando dele; ih, parece não ter outro assunto! Só fala no seu "tesouro precioso", que está tocando violino pelo mundo afora. Ainda bem que ele lhe manda dinheiro, pois ela bem que precisa, depois que o marido morreu. — Peter está sendo convidado a tocar para os reis e os imperadores — afirmava orgulhosamente o maestro. — Não nasci para ser famoso, mas ele nasceu; mesmo assim, nunca se esqueceu de seu velho professor de música! Ah, Peter, meu querido pupilo! — O pai dele sonhou que ele voltaria para casa trazendo no peito uma condecoração: a Cruz de Prata. Isso não aconteceu, infelizmente — dizia sua mãe. — Em compensação, o rei lhe conferiu o título de Cavaleiro do Estandarte Nacional. Embora não seja uma distinção heroica, mesmo assim seu pai ficaria orgulhoso se pudesse vê-lo. — Ele agora é famoso! — ribombou o tambor de fogo, acompanhado por todos os moradores da cidade. Sim, o "ruivinho do arauto", que todos haviam conhecido quando criança, usando tamancos de madeira; o rapaz, que todos viam a tocar tambor no regimento, agora era famoso! — Antes de tocar para o rei, ele tocou para nós — dizia orgulhosamente a mulher do prefeito. — E sabe de uma coisa? Ele era apaixonado pela nossa Lotte. Ah, coitado, sempre teve ambições altas demais para sua condição modesta... Quando nos pediu sua mão em casamento, até nos rimos de sua impertinência e pretensão. Era um pedido absurdo e ridículo, conforme definiu meu marido. Lotte, hoje, está casada com o conselheiro real! Havia um tesouro precioso no coração e na alma daquele jovem nascido na pobreza; naquele pequeno tocador de tambor, que rufara seu instrumento num instante de perigo, ordenando "em frente, marche!", e assim restaurando a coragem da tropa, que já se preparava para debandar. E o tesouro que ele agora dividia com os outros brotava dos sons mágicos de seu violino. Quando o tocava, era como se um órgão estivesse escondido dentro daquela pequena caixa de madeira. Eram tão doces os acordes que arrancava de seu instrumento, que quem o escutava dizia estar ouvindo o farfalhar dos pés de mil fadas, dançando durante uma noite de verão, enquanto o tordo cantava ao longe, escondido no seio da floresta. As notas pungentes lembravam ainda o som de uma voz humana, tão pura, bela e cristalina, que levava o ouvinte a sentir o êxtase da arte. Seu nome passou a ser conhecido e comentado em todos os países, e sua fama se alastrava como fogo, incendiando os corações de todos que o escutavam. — E vejam como ele é bonito! — segredavam entre si as moças, bem como as senhoras. — Houve até aquela, com mais de setenta anos, que tinha um álbum no qual guardava "os cachos e madeixas dos homens célebres", e que fez questão de aumentar sua coleção com um pequeno tufo tirado da cabeleira do jovem violinista. O jovem transpôs as portas da casa modesta do arauto. Estava elegante como um príncipe e mais feliz que um rei. Abraçando a mãe, ergueu-a no ar e beijou-a. Ela gritou, como se costuma fazer quando se está no auge da felicidade. Em seguida, ele cumprimentou tudo o que havia naquela sala: a arca, o guarda-louças, os copos de cristal e as chávenas que estavam dentro dele, e o berninho no qual ele havia dormido tantas vezes, quando era criança. Em seguida, pegou o velho tambor de fogo e o colocou no meio do cômodo. Sob o olhar sorridente da mãe, dirigiu-se ao velho instrumento, dizendo-lhe: — Se meu pai estivesse aqui, ele agora faria você rufar bem alto, para comunicar sua alegria a toda a cidade. Em sua homenagem, é isso que irei fazer. E ele tocou o tambor de fogo, fazendo-o rufar e ribombar, como se fosse uma tempestade. Tocado pela homenagem, o velho tambor não resistiu, e seu couro rasgou.

"Ele sabe tocar tambor muito bem!", pensou; "tão bem quanto seu pai tocava. Não vou poder esquecer-me nunca mais deste dia. Até rasguei de alto abaixo, de tanto orgulho. Receio que o mesmo venha a ocorrer com sua mãe ..." Mas ela não se rasgou de alto a baixo, embora seu orgulho e sua alegria fossem maiores que os do tambor de fogo. Por isso, nada impede que encerremos por aqui a história feliz do seu tesouro precioso. **Pedro, Pedrinho e Pedroca.** É inacreditável o tanto de coisas que sabem as crianças de hoje em dia. E até difícil imaginar o que é que elas não sabem. Numa coisa, porém, estão muito erradas: em não acreditarem que foram trazidas pela cegonha, e que esta as tirou de um poço ou de uma cisterna. É uma pena que não acreditem nisso, pois é a pura verdade. E como será que os bebezinhos chegaram àquele poço ou àquela cisterna? Isso é algo que nem todo mundo sabe, só umas poucas pessoas. E eu sou uma delas. Vou contar. Você já viu o céu durante uma noite bem clara, quando todas as estrelas estão brilhando? Então, já viu as estrelas cadentes. Elas parecem que estão caindo, caindo, e de repente desaparecem. Não é preciso ser estudado para saber por que essas estrelas fazem assim, como se fossem luzinhas de árvore de Natal, caindo do céu. Aquilo é o brilho de uma alma, saindo do regaço de Deus e vindo para a Terra. Quando entra em nossa atmosfera pesada, seu fulgor se torna tão tênue, que nossos olhos já não conseguem enxergá-la. Aquele anjinho que vem dos céus é pequenino e frágil, e não tem asas, pois seu destino é tornar-se um ser humano. Lentamente, desliza pelo ar. O vento carrega-o consigo, até depositá-lo no interior de uma flor, que pode ser uma violeta, uma rosa ou um dente-de-leão. E ele ali permanece durante algum tempo. É tão pequeno e leve, que até mesmo uma mosca — melhor dizendo, uma abelha — poderia carregá-lo e levá-lo para longe. Quando os insetos vêm colher o pólen da flor, a criancinha etérea ali está, estorvando o seu caminho. Mas eles não passam por cima dela, nem a empurram para o lado, pois são muito gentis. O que fazem é pegar aquela semente de bebê e levá-la pelos ares, até depositá-la sobre um lírio-d'água. Ali, elas rastejam pela corola adentro, escondendo-se na parte submersa, onde ficam dormindo e crescendo, até atingirem a idade certa de nascer.

É então que chega a cegonha, apanha a criancinha pelo bico e voa com ela, levando-a para uma família que esteja querendo recebê-la. Conforme o que ela bebeu enquanto esteve adormecida no poço, será mansinha ou brava. Se bebeu água limpinha e clara, será mansa; se bebeu água suja de barro ou de restos de plantas aquáticas, será brava. Quanto aos pais, a cegonha não os escolhe, nem os submete a qualquer tipo de teste. A ave sempre acha que o primeiro lugar é o melhor. Assim, há crianças que recebem pais maravilhosos, enquanto outras são levadas para casais brigões e mal-educados. Às vezes acontece de os pais escolhidos pela cegonha serem tão ruins, que melhor seria para a criancinha ter permanecido lá mesmo no poço. Os bebês não se lembram do que sonharam enquanto estavam sob os lírios-d'água e as rás cantavam para eles: croc... croc... croc! Isso, em língua de gente, significa: "Dorme e sonhe, criancinha!"Outra coisa de que não se recordam é qual a flor que os abrigou antes que a cegonha os pegasse. Quando se tornam adultos, porém, é possível que gostem mais dessa ou daquela flor — geralmente, é a flor em cujo interior estiveram dormindo, quando não passavam de sementes de bebês. As cegonhas vivem muito, e jamais perdem o interesse pelas crianças que trouxeram do poço e entregaram para algum casal. É verdade que elas nada podem fazer pelos seres humanos que trouxeram ao mundo, pois têm sua própria família para cuidar. Mas elas nunca os perdem de vista, e sempre acompanham seus passos durante toda a sua existência. Conheci uma velha cegonha, ave muito honesta e muito culta. Durante sua vida, fora responsável pelo nascimento de centenas de bebês, e dava notícia da vida de cada um deles. Todos tinham bebido água contendo alguma impureza, fosse lama, fosse folhas de ervas daninhas. Pedi-lhe para me contar a vida de um deles, e ela me contou a de três, todos com o mesmo sobrenome: Peitersen. A família Peitersen era muito respeitável. O pai era um dos trinta e dois conselheiros da cidade, coisa que lhe dava grande orgulho, tanto assim, que passou a vida toda como conselheiro, aconselhando todos, e nunca precisando de pedir conselhos a quem quer que fosse. Quando a cegonha lhe trouxe um bebê pela primeira vez, ele lhe deu o nome de Pedro, pois havia um com esse nome em cada geração dos Peitersen. No ano seguinte, a mesma cegonha lhe trouxe outro bebê, e ele lhe deu um nome que era apenas uma variação do primeiro: Pedrinho. E quando chegou o terceiro, um ano depois, não teve dúvidas: deu-lhe o nome de Pedroca. Assim, já que tinham o mesmo sobrenome — Peitersen — nada impedia que tivessem o mesmo nome: Pedro e sua variações. Eram três irmãozinhos, três estrelas cadentes. Cada qual tinha sido depositado numa flor, e depois levado para um lírio-d'água que flutuava no tanque do moinho. Dali, a cegonha os trouxe para a família Peitersen, que morava numa casa de esquina, conhecida de todos da cidade. Os três cresceram em corpo e em espírito, e sonhavam em tornar-se algo mais que um dos trinta e dois conselheiros da cidade. Pedro dizia que seu sonho era tornar-se um ladrão. Acontece que ele havia assistido a uma comédia chama Fra Diavolo, e ela o convenceu de que a profissão de ladrão era a mais nobre e digna que existia. Já Pedrinho queria ser um trompetista, enquanto Pedroca, o mais simpático dos três, fofo e gordinho, cujo único defeito era roer as unhas, sempre dizia que, quando crescesse, "queria ser pai". Ao chegarem à idade, foram mandados para a escola. Um deles era adiantado, outro, mais ou menos; e o outro, o piorzinho. Entretanto, os três eram igualmente estudiosos e inteligentes. E quem dizia isso eram seus pais, pessoas dotadas de perspicácia e conhecimento de causa. O tempo foi passando. Cada qual foi ao seu primeiro baile, cada qual fumou escondido, e de modo geral os três foram ficando mais cultos e cada vez mais educados. Pedro era o de temperamento mais difícil, coisa não muito rara entre os ladrões. Era uma criança muito levada, o que, segundo sua mãe dizia, era devido aos vermes. Toda criança levada tem vermes. Deve ser porque há lodo em seus estômagos. O fato é que sua teimosia acabou acarretando um desastre: estragou inteiramente o vestido novo de seda de sua mãe. Vou contar como foi. — Pare de sacudir a mesa de café, meu queridinho — disse ela um dia. — Assim, você pode derrubar a vasilha de creme e manchar meu vestido novo de seda. Ouvindo isso, o queridinho tomou a vasilha e a virou de borco no colo da mãe. A pobre nada pôde fazer senão lamentar-se: — Ah, queridinho da mamãe, por que fez isso? Mas ela sabia o porquê. O queridinho era dono de uma personalidade muito forte. Sim, ele tinha caráter, coisa que deixa as mães muito orgulhosas de seus pimpolhos. Mesmo quando perdem seus vestidos novos por causa disso. Pedro podia ter-se tornado um ladrão, mas acabou não se tornando. Ele apenas se vestia como um ladrão. Deixou o cabelo crescer e sempre usava um chapéu velho e gasto. Deu-lhe na cabeça de ser pintor, mas tudo o que fez foi vestir-se como um deles. Quem o via de longe, chegava a confundi-lo com uma malva-rosa, de tão amarfanhado e amarrotado. E ele não acharia ruim se alguém lhe dissesse isso, pois a malva-rosa era a sua flor predileta. Antes de ir para o lírio-d'água, foi numa malva-rosa que ele repousou, segundo me confidenciou a cegonha. E foi ela que continuou a descrição, dizendo: — Já Pedrinho tinha repousado num copo-de-leite. Talvez fosse por isso que os cantos de sua boca davam a impressão de estar lambuzados. Sua pele era tão oleosa e amarelada, que eu poderia jurar: se o barbeiro desse um lanho em seu rosto, não iria sair sangue, e sim manteiga. Acho

mesmo que ele devia ter entrado no ramo do comércio, tornando-se um atacadista de manteiga, mas não foi isso o que ele quis. Corria em sua veias sangue de músico. Seu sonho era ser um

trompetista. Era ele o membro musical daquela família, e vivia ensaiando seus solos. Segundo os vizinhos, Pedrinho era mais barulhento que todo o resto dos Peitersen. Quando cresceu,

compôs dezessete polcas numa só semana, enfeixando-as todas numa sinfonia para trompete e tambores. Uau! Foi um estouro! Pedroca era um menino pálido, pequeno e sem coisa

alguma de especial. Quando era semente de bebê, repousou numa margarida. Nunca reagia quando os outros meninos lhe batiam. Era sensato, e as pessoas sensatas sabem se vale

ou não a pena lutar por alguma coisa. Quando menininho, colecionava pedaços de giz. Mais tarde, colecionou selos. Finalmente, deram-lhe de presente um armário, e ele ali passou a

guardar sua coleção de espécimes zoológicos. Dentro pôs um peixe seco, três ratinhos cegos recém-nascidos, conservados em álcool, e uma toupeira empalhada. Pedroca era um

cientista, um naturalista. Seus pais tinham muito orgulho dele, que também se orgulhava muito de si próprio. Pedroca preferia ficar caminhando pela floresta, ao invés de frequentar a

escola. Sentia-se mais atraído pela natureza do que pela educação. Os irmãos mais velhos ficaram noivos, enquanto Pedroca só se preocupava em completar sua coleção de ovos de

aves palmípedes. Para dizer a verdade, ele entendia muito mais dos animais que das pessoas. Na realidade, achava que os homens eram inferiores aos animais, especialmente com

respeito ao amor. "Vejam o rouxinol, por exemplo", dizia ele. "O macho pode passar uma noite inteira cantando para a sua amada, enquanto ela está no ninho, chocando os ovos. Nenhum

homem é capaz de fazer isso — nem mesmo eu." Outra coisa que não poderia fazer era passar toda uma noite sobre uma perna só, em cima de um telhado, vigiando seu ninho e sua

família, como o fazem os machos das cegonhas. "Eu poderia ficar, quando muito, uma hora seguida — e olhe lá!" — era o que ele dizia. Num dia em que estava observando uma aranha

em sua teia, desistiu de vez da ideia de se casar. Viu que o macho da aranha constrói sua teia com o objetivo de apanhar moscas distraídas, sejam jovens ou velhas, gordas ou magras.

Existe unicamente para essa finalidade: construir teias e sustentar sua família. Já a fêmea só tem um pensamento na cabeça: seu companheiro. Gosta tanto dele, que acaba por devo-

rá-lo: isso é que é amor! Come-lhe o corpo, a cabeça, o coração. Só não engole as pernas longas e magras, que ficam pendendo à teia, ali onde ele antes se sentava, preocupado com

o bem-estar da família. Se duvidam disso, consultem um livro de zoologia, e vejam se não é verdade. Pedroca observou-o, e ficou matutando a respeito daquilo. "Adorar o companheiro,

a ponto de devorá-lo — não há esposa que proceda assim, entre os seres humanos. E é melhor que não haja." Pedroca decidiu nunca se casar; pior: jurou que jamais daria um beijo

numa garota, pois é assim que se dá o primeiro passo rumo ao matrimônio. E não deu, mesmo. Mas recebeu aquele beijo do qual nenhum de nós escapa: o beijo da Morte. Quando a

gente já viveu o suficiente, a Morte recebe a ordem de: "Vá até ele e lhe dê o beijo da despedida". E ela vem, e a gente se vai. A luz que emana de Deus bate de cheio em nossos olhos,

cegando-nos inteiramente. Tudo escurece. A alma humana, que desceu do céu como uma estrela cadente, volta a alçar voo, mas não para descansar no interior de uma flor. Seu des-

tino, agora, é outro: ela voa para a Eternidade, que ninguém sabe onde fica, nem como é. Ninguém a viu até hoje, nem mesmo a cegonha, que enxerga longe e que conhece tanta coisa. Foi isso o que ela me contou a respeito de Pedro, Pedrinho e Pedroca. Talvez soubesse mais, mas achei que era o bastante, e penso que vocês também nada mais precisam

saber sobre eles. Assim, disse-lhe muito obrigado. Pois não é que aquela ave esperta queria pagamento pela história que acabara de contar? E não queria pagamento em dinhei-

ro, mas sim em espécie: três rãs e algumas cobrinhas — vejam vocês! Dá para imaginar uma coisa dessas? Aquilo me deixou bastante aborrecido. Dei-lhe as costas e fui-me em-

bora, sem pagar. Mesmo que quisesse, não teria como recompensá-la — por acaso ando com os bolsos cheios de rãs e de cobrinhas? Espero que ela tenha entendido isso, pois a

última coisa que quero na vida é ficar com fama de ser mau pagador. **O Boneco de Neve.** "Dentro de mim chia e estala. Faz muito frio — que delícia!", pensava o boneco de neve.

"Quando o vento me fustiga, sinto a vida dentro de mim. Enquanto isso, aquele esquentado ali fica olhando para mim, todo embasbacado" (estava referindo-se ao sol, prestes a desa-

parecer no horizonte). "Coitado, está tentando ofuscar-me e fazer-me piscar. Pois não vai conseguir. Posso olhá-lo firme e de frente." O boneco de neve tinha dois cacos triangulares em

lugar dos olhos, e um ancinho de brinquedo no lugar da boca. Portanto, era uma boca com dentes. Seu nascimento fora saudado pelos meninos com gritos de alegria, estalos de chi-

cotes no ar e tilintar dos guizos de trenós. O sol cedeu seu lugar à lua, que surgiu no céu redonda e linda, realçando sua silhueta contra o fundo azul-escuro do firmamento. — Lá vem o

esquentado de novo — murmurou o boneco de neve. — Saiu por um lado, entrou pelo outro. Deve ter-se cansado, porque esfriou. Antes assim, iluminando a paisagem, para que eu

possa enxergá-la, sem que seu calor me derreta. Ele é sortudo: desliza pelo céu, enquanto eu não sei como sair deste lugar. Ah, se eu pudesse mover-me... Desceria até o lago e iria

patinar no gelo junto com as crianças. Mas se nem sei andar, quanto mais correr ou patinar... — Au-au-au! — latiu o velho cão de guarda, acorrentado do lado de fora da casa. No pas-

sado, vivia lá dentro, até o dia em que resolveram prendê-lo ali na corrente. Desde então, ficara rouco. Ah, como era bom naquele tempo, quando ele podia cochilar junto à lareira. O cão

voltou-se para o boneco de neve e falou: — Gostaria de sair daí, não é? Não se preocupe, o sol vai ensiná-lo a correr. Foi isso o que aconteceu ao boneco que estava aí no ano passado,

e ao que aí esteve no ano atrasado. Estou dizendo isso porque vi. Au-au-au! Todos sumiram... — Não estou entendendo, companheiro — disse-lhe o boneco de neve. — É aquele disco

redondo, lá em cima, que me vai ensinar a correr? Como poderia? Quando olhei fixamente para ele, desapareceu num canto do céu, e agora vem voltando sorrateiro pelo outro, como

quem não quer nada... — Nossa, como você é ignorante! — exclamou o cão. — Também, pudera: ainda não completou nem um dia de vida! O que você chama de "coisa redonda, lá em

cima" é a Lua, e o que antes brilhava no céu é o Sol, que há de reaparecer amanhã. É ele que vai ensiná-lo a correr, ou, melhor dizendo, a escorrer, descendo a ladeira e indo direto para

o lago. Estou sentindo uma fisgada na pata traseira esquerda, e isso é sinal de que o tempo vai mudar. "Não compreendi bem o que esse cara disse", pensou o boneco de neve, "mas

tenho a impressão de que suas previsões eram um tanto negativas para mim. O disco quente, que estava aqui antes e depois desapareceu, aquele que ele chama de Sol, parece não

ser meu amigo. Até agora, ele nada me fez, mas devo tratá-lo com alguma desconfiança..." De fato, o tempo mudou. Quando amanheceu, um pesado nevoeiro cobria a paisagem. Com

o passar das horas, foi se dissipando; então, o vento começou a soprar, trazendo consigo o frio. Só aí surgiu o sol — que linda visão! A geada que cobria as árvores e os arbustos fazia a floresta lembrar um recife de coral. Pingentes de gelo pareciam pender dos galhos e dos ramos. No verão, quando se revestem de folhas, não se pode ver o emaranhado desses galhos,

formando figuras fantásticas e encantadoras. Agora, porém, pareciam toalhas de renda, de um branco brilhante que dava a impressão de irradiar luz. Os ramos pendentes das bétulas

oscilavam ao vento, como costumavam fazer no verão. Era bonito demais! À medida que o sol avançava no céu, sua luminosidade aumentava, e seus raios incidiam mais fortemente

sobre toda a paisagem, revestindo-a de uma tênue poeira refulgente, como se formada de diamantes pulverizados. No tapete de neve que recobria o chão surgiam aqui e ali enormes

diamantes, cintilando como velas acesas, que ardiam aos milhares, lançando uma luz branca como a neve. — Não é de uma beleza indescritível? — perguntou uma jovem ao rapaz que

caminhava com ela pela neve. — Acho o inverno mais lindo do que o verão. Seus olhos rebrilhavam, como se a beleza da paisagem neles se refletisse. Os dois pararam junto ao boneco

de neve para apreciar a visão da floresta. Olhando para ele, o rapaz comentou: — Você tem razão. No verão, não temos por aqui esse galã — disse sorridente, apontando para o bone-

co. A moça riu, fazendo uma curvatura graciosa para cumprimentar o boneco de neve. Em seguida, dando-se as mãos, o casal começou a dançar sobre a neve, fazendo-a ranger sob

seus pés, como se estivessem pisando sobre grãos de trigo. — Quem eram esses dois? — perguntou o boneco de neve ao cão. — Você vive aqui há mais tempo que eu. Já os tinha

visto? — Já. Ela costuma afagar-me, e ele me traz ossos para mim. Esses dois são legais. Eles, eu não mordo. — Mas por que caminham de mãos dadas? Os outros humanos são menores

e não fazem isso. — É que eles são noivos — respondeu o velho cão, fungando. — Em breve, estarão morando numa casinha igual a esta minha, partilhando o mesmo osso. — E são

pessoas importantes, como você ou como eu? — São. Eles moram dentro das casas grandes, e são nossos donos. Para quem já tem um dia de vida, seu entendimento é curto demais!

Custo a crer que alguém possa ser tão ignorante. Enfim, não me custa ensinar-lhe, já que tenho idade, experiência e sabedoria. Conheço todos que moram na casa grande, e eu mesmo

já morei lá, antes de ter de ficar aqui, ao relento, acorrentado e morrendo de frio... Au-au-au! Isso é mau! — Adoro sentir frio. Fale-me sobre seu tempo de juventude, mas pare de ficar

arrastando a corrente para um lado e para o outro, porque esse barulho me dá arrepios. — Au-au-au! Lembro-me de quando eu ainda não passava de um filhote. "Que cachorrinho

lindo!", diziam todos. Sabe onde eu dormia? Numa poltrona de veludo. Meu dono costumava pegar-me no colo e limpar minhas patas com um lenço bordado. Todos queriam beijar-me,

chamando-me de "tiuzinho", "teteia", "gracinha" e outros apelidos carinhosos. Aí eu cresci, e fiquei grande demais para me carregarem no colo. Deram-me à empregada, e fui morar no

quarto dela, que fica lá no porão. Daí de onde você está, é possível ver a janela desse quarto. Ali dentro, eu era o rei. O mobiliário de lá era bem mais simples do que o da casa grande,

mas o conforto era bem maior. Tinha minha própria almofada, e continuava a comer do bom e do melhor, como antes. E o quartinho tinha uma vantagem: ali não havia crianças, que são

uma verdadeira peste para os cães. Estão sempre atazanando a vida da gente, puxando as orelhas, apertando, abraçando, carregando, como se nós, os cães, não tivéssemos pernas

e patas para andar... E havia ali um fogão, que era até mais agradável que a lareira da casa grande. Ah, quando chegava o inverno, como era bom ficar deitado perto dele! Quando

esfriava mais, eu até costumava enfiar-me por baixo daquele fogão, só para sentir o calorzinho gostoso que saía de lá... Oh, isso faz muito tempo que aconteceu, mas ainda me lembro como se fosse ontem... Pena que acabou... au-au-au! — Esse tal de fogão deve ser uma beleza. Parece comigo? — Nem um pouquinho. É tão diferente de você como o dia o é da noite.

O fogão é preto como carvão, e tem um pescoço negro e comprido, vestido com um colarinho de metal. O fogo fica na barriga dele. Para se alimentar, ele engole lenha até se empanzi-

nar, e aí começa a vomitar fogo pela boca. Nesses momentos, a gente fica diante dele, ou melhor, debaixo dele, e você não faz nem ideia do quanto isso é confortável! Talvez você

possa vê-lo, se olhar bem lá no fundo daquela janela aí em frente. O boneco de neve olhou para lá, e de fato viu o fogão, grande e negro, tendo pés, braçadeiras e puxadores de metal

polido. Pela portinhola aberta, viu até o fogo que ardia dentro dele. Uma estranha sensação, misto de alegria e tristeza, tomou conta dele. Era um sentimento que jamais havia experi-

mentado, e que todas as pessoas sabem como é, exceto aquelas que são feitas de neve. — Por que resolveu sair de perto dele? — estranhou o boneco de neve. — Como pôde aban-

donar um lugar tão acolhedor e confortável? — Não foi por meu querer — respondeu o cão de guarda. — Expulsaram-me de casa, puseram-me uma corrente no pescoço, e aqui estou.

Sabe por quê? Porque mordi o filho caçula do dono da casa, quando ele veio tirar o osso que eu estava roendo. Aquilo me deixou indignado, e então pensei: é osso por osso, e lhe cravei

uma dentada na perna. Erramos os dois, mas toda a culpa recaiu em mim. Desde então, vivo aqui, acorrentado. A umidade do ar estragou minha voz, deixando-me rouco. Meu latido

atual mal lembra o antigo, que era forte e retumbante. Au-au-au! Esta é a minha história. Enquanto o cão narrava suas desventuras, o boneco de neve ficou contemplando o fogão, que

podia entrever pela janela, no quartinho da empregada. Lá estava ele, ereto sobre os quatro pés de metal, como se de lá também o estivesse fitando. "É exatamente da minha altura",

pensou o boneco de neve. — Sinto uns estalos estranhos dentro de mim — queixou-se. — Será que nunca poderei entrar naquele quarto e ficar pertinho do fogão? É um desejo inocen-

te, que tenho aqui dentro, e todo desejo desse tipo deveria ser atendido. Além do mais, é meu maior, mais caro e único desejo. Seria uma terrível injustiça se ele não pudesse ser reali-

zado. Tenho de entrar lá dentro, seja como for, ainda que, para isso, seja necessário arrombar a janela. — Trate de desejar outra coisa, porque você nunca haverá de entrar ali. E é

melhor que não tente. Se entrar e se aproximar do fogão, num minutinho estará acabado para sempre. Au-au! — Não me resta muito tempo! — gritou o boneco de neve. — Sinto como

se estivesse prestes a me partir em dois! Durante todo o resto daquele dia, o boneco de neve ficou espiando o interior da janela do quarto da empregada, achando-o cada vez mais

atraente. A luz das brasas, que saía de sua boca, era suave, bem diferente da que se irradiava da lua ou do sol. "Só mesmo o fogão tem essa luminosidade maravilhosa", pensou. Nos

momentos em que sua porta era aberta, para que lhe enfiassem uma nova pazada de lenha, as chamas saíam daquela boca, lançando um clarão mais vivo, que fazia o boneco de neve

enrubescer. — É lindo demais! — exclamou. — Fico até extasiado quando o vejo pondo a língua para fora! A noite foi comprida, mas não para ele, que estava sonhando acordado, na

maior felicidade. Além do mais, fazia tanto frio, que tudo parecia tiritar. Pela manhã, a janela do porão estava coberta por uma camada fina de gelo, formando lindas flores, mas o bone-

co de neve não apreciou aquela decoração, pois ela lhe encobria a visão do fogão. O frio impedia o gelo de se derreter, formando sincelos que escorriam dos beirais dos telhados e da

alavanca da bomba de água, que assim ficava com a aparência deselegante de um nariz escorrendo. Era o tipo do tempo que deveria deixar um boneco de neve no auge da felicidade, mas não era isso o que acontecia com o nosso, que padecia de um terrível mal: o desejo incontido de ficar perto do fogão. — Essa doença é muito grave, especialmente para um bo-

neco de neve, comentou o cão de guarda, balançando a cabeça. — Já tive isso, e sei como é duro... Mas hoje estou curado. Au-au-au! Tenho a impressão de que o tempo vai mudar...

E foi o que aconteceu. Começou a esquentar, enquanto o boneco de neve ia diminuindo de tamanho. Ele o notou, mas nada queixou, o que não era bom sinal. Na manhã seguinte, ele

se desfez. Sua cabeça desprendeu-se do corpo e rolou pela encosta, e uma coisa parecida com um cabo se vassoura ficou espetada no chão, assinalando o lugar onde ele antes de

encontrava. Era aquilo que os meninos tinham usado para servir-lhe de esqueleto, mantendo-o inteiro e ereto. "Agora compreendo por que ele tinha tanta saudade do fogão", raciocinou

o cão. "Puseram dentro dele um velho atiçador de fogo. Isso explica tudo: quanto mais derretia, mais au-au-aumentava a sua sau-au-audade..." Em pouco, o inverno já tinha ido embora,

e as menininhas cantaram: *Anêmonas brancas, brotai já do chão; Estende teus ramos, salgueiro-chorão; Cantai, passarinhos, alegres, sem medo, Porque a primavera despontou mais*

credo. E ninguém se lembrou do boneco de neve. Nunca mais. **Quem Foi a Mais Feliz?** Que lindas rosas! — exclamou a luz do sol, ao tocar a roseira, pela manhã. — Esses botõezinhos

logo estarão também lindos como suas irmãs que já se abriram. Considero todas essas flores como minhas filhas, pois sua vida surgiu do beijo que lhes dei, enquanto não passavam de

botõezinhos fechados. — Suas filhas? — protestou o orvalho. — Pura pretensão! São minhas, isso sim! Não fui eu quem as amamentei com minhas lágrimas? — Alto lá, vocês dois! —

contestou a roseira. — Eu é que sou a mãe delas, é claro! Vocês podem, quando muito, ser chamados de padrinhos. O que lhes deram foram presentes, e não a vida. Presente é coisa

de padrinho, não é? Então, contentem-se com esse título. Quanto aos presentes, eu, que sou a mãe, agradeço-lhes, em nome de minhas filhas, suas afilhadas. — Oh, filhas queridas,

lindas rosinhas recém-abertas! — disseram ao mesmo tempo a luz do sol, o orvalho e a roseira. Em seguida, cada qual desejou-lhes toda a felicidade do mundo. Mas isso não seria

possível. Somente uma daquelas rosas seria a mais feliz de todas, enquanto que uma delas teria forçosamente de ser a menos feliz. E é exatamente isso o que queremos saber: qual

delas foi a mais feliz? — Pode deixar, que vou tirar isso a limpo — disse o vento. — Sou muito viajado e, além disso, dotado da habilidade de me esgueirar pelas fendas e gretas mais

estreitas. Assim, sei de tudo que acontece em toda parte, tanto do lado de fora, como do lado de dentro. Todas as rosas e todos os brotos escutaram e entenderam suas palavras.

Nesse exato instante, uma mulher, vestida de preto — roupa de luto— chegou ao jardim e começou a caminhar por entre as flores. Vendo as rosas, colheu uma que ainda não estava

inteiramente aberta. Era por isso que ela havia considerado aquela flor como a mais bela de todas. Com a flor na mão, a mulher caminhou até o quarto silencioso, onde, poucos dias

atrás, sua filha brincava e ria alegremente. Agora, lá estava ela, deitada num caixão, como se fosse a estátua de uma criança adormecida. A pobre mãe beijou as faces da criança

morta, depois beijou a rosa e a depositou sobre o peito da filha, aparentando esperar que o frescor daquela flor e seus beijos de mãe tivessem o condão de fazer com que seu coração

voltasse a pulsar. As pétalas da rosa até estremeceram, de tanta felicidade. Era como se uma força estranha a fizesse terminar de abrir-se. "Sou mais do que uma simples rosa", pensou

ela, "pois recebi o beijo de uma mãe, como se eu própria fosse a sua filha. Com isso, fui abençoada, e poderei acompanhar essa criança morta em sua viagem ao reino desconhecido do Além, adormecendo junto ao seu regaço. Sem dúvida, sou a mais feliz de todas as rosas daquela roseira". Enquanto isso, no jardim, a mulher que cuidava das plantas já dera início

a seu dia de trabalho. Ocupada em limpar a terra das ervas daninhas, teve sua atenção despertada pela roseira em flor. Apenas uma rosa estava inteiramente aberta. Naquele momen-

to, achava-se no auge de sua beleza. Dentro em pouco, começaria a fenecer. Bastava mais um dia de sol ou mais uma gota de orvalho, e pronto — seria o início do fim. Aquele, portan-

to, era o momento de aproveitar sua beleza, antes que fosse tarde. Foi assim que a mulher pensou, e foi por isso que colheu a flor, colocando-a dentro de uma folha de jornal dobrada,

junto com outras flores que acabava de colher, todas abertas, no esplendor de sua beleza. Ao chegar em casa, misturou as pétalas da rosa com florzinhas de lavanda, salpicou-as de

sal e colocou-as num jarro, formando o que ela gostava de chamar de "uma salada de flores". "Estou sendo embalsamada", pensou a rosa. "Isso só acontece aos reis e às rosas. Quan-

ta honra! Não resta dúvida, sou a mais feliz de todas as flores daquela roseira." Enquanto isso, dois moços passeavam pelo jardim. Um deles era um pintor; o outro, um poeta. Cada um

colheu uma rosa, imaginando que a sua era a mais bonita de todas. O pintor levou a sua rosa do estúdio e ali copiou-a, pintando uma flor tão perfeita, que até parecia ser o reflexo da

que lhe servira de modelo, num espelho sem brilho, que era a tela. "Agora, sim", pensou ele; "essa rosa viverá por muitos e muitos anos, enquanto milhões de outras haverão de florescer,

murchar e morrer, sem sequer deixarem lembrança de sua passagem pelo mundo." A rosa entendeu seu pensamento — talvez ele o tenha murmurado baixinho — e sorriu, enquanto

pensava: "Sem dúvida, sou eu a mais feliz de todas as rosas daquela roseira". Nesse ínterim, o poeta contemplava a "sua" rosa, e ela lhe trouxe uma inspiração. Era como se ele pudes-

se ler uma história em cada uma de suas pétalas. Tomando da caneta, ele logo passou para o papel as ideias que lhe ocorriam na mente, redigindo um belíssimo poema, repleto de amor,

uma peça imortal. A rosa apreciou aquela função de musa inspiradora, e sorriu, enquanto pensava: "Não resta dúvida de que, dentre todas as rosas daquela roseira, a mais feliz sou eu.

Rosas e mais rosas, todas lindas e cheirosas, todas perfeitas. Todas, exceto uma, umazinha só, que era defeituosa, e que, por acaso — melhor dizendo, por uma sorte enorme — , tinha

ficado escondida no meio da roseira. A pobrezinha não era simétrica, isso é, as pétalas de um lado eram diferentes das pétalas do outro lado. Além disso, uma de suas pétalas, justa-

mente a que ficava bem no centro, tinha saído de cor verde, como às vezes costuma acontecer. — Ah, coitadinha — sussurrou o vento, beijando-a com ternura. A flor não entendeu que

ele fizera aquilo por pena, imaginando que fora por admiração. Ela sabia que era uma rosa diferente das outras, e que tinha uma petalazinha verde despontando em meio às outras.

Todavia, jamais havia considerado aquilo uma imperfeição. Ao contrário, supunha tratar-se um sinal de distinção. Uma borboleta pousou ao lado daquela rosa e beijou cada uma

de suas pétalas. Era uma proposta de namoro, mas a rosa nada respondeu, e ela então alçou voo, um tanto desapontada. Chegou pouco depois um gafanhoto. Na realidade, ele

pousou num outro arbusto, mas bem próximo daquela rosa. Depois de acomodar-se, começou a esfregar as pernas uma contra a outra, sinal seguro de amor; pelo menos, entre

os gafanhotos. A planta sobre a qual ele estava pousado não compreendeu o significado de sua mensagem, mas a rosinha defeituosa entendeu perfeitamente o que ele estava

querendo dizer. E, de fato, o gafanhoto tinha sido atraído pela petalazinha verde que ela tinha no meio, e olhava para a rosinha com ar de desejo, como se dissesse: — Amo-te tanto,

que até poderia devorar-te. Amor maior não pode haver. De fato, quando se devora aquilo que se ama, essa é a receita certa para que os dois se tornem um só. Mas a rosinha não desejava de modo algum tornar-se uma só com o gafanhoto. Simpatizara com ele, e isso era tudo. O rouxinol cantou na noite cheia de estrelas. "Está cantando para mim", pensou a rosinha, que tanto poderia ser chamada de defeituosa como de maravilhosa, dependendo do modo de ver. "Coitadas de minhas irmãs, ninguém se lembra delas, só de mim... Também, que posso fazer? Não tenho culpa de ter nascido excepcional, diferente, linda e maravilhosa. Tomara que todas elas tenham pelo menos a metade da minha felicidade..." Nesse momento, passaram por ali dois cavalheiros, fumando charutos. Os dois conversavam, e o assunto versava sobre rosas e fumo. Alguém dissera que a fumaça dos charutos fazia com que as pétalas de uma rosa se tornassem verdes, e eles ali estavam para realizar a experiência. Para não estragarem as rosas mais bonitas, estavam procurando alguma bem feiosa, para utilizá-la no experimento. Ao verem a rosinha defeituosa, decidiram-se por ela. "Esses dois homens aí também me escolheram", suspirou a rosinha. "Sempre eu, sempre eu. Já estou começando a me sentir cansada de tantas homenagens e deferências. É felicidade demais para uma única flor..." Seja devido à fumaça do charuto, seja por outra razão qualquer, o fato é que ela ficou inteiramente verde. Uma daquelas rosas era certamente a mais encantadora de todas. Não passava de um botão, quando o jardineiro a colheu. No ramalhete de flores que ele compôs, ela mereceu o lugar de honra. O ramalhete foi entregue ao jovem cavalheiro que era dono daquela propriedade. Ele o tomou nas mãos e o levou consigo em sua carruagem. Era um ramalhete de lindas flores, mas aquele botão de rosa era a mais bela entre as belas. O jovem cavalheiro seguiu com o ramalhete até o teatro. Havia espetáculo naquele dia, e todos que ali estavam vestiam suas melhores roupas. Milhares de lâmpadas iluminavam o recinto, e uma orquestra enchia o ar de sons belos e harmônicos. Era, com efeito, uma noite de gala. No palco, apresentava-se um balé. Quando a dança terminou e a primeira bailarina curvou-se para agradecer os aplausos calorosos do público, flores e mais flores foram lançadas sobre o palco, na intenção de homenageá-la. Entre as flores estava o ramalhete levado pelo jovem cavalheiro. Enquanto voava pelo ares na direção do palco, arremessado por ele, o botão de rosa sentiu uma alegria indescritível, diferente de tudo o que até então havia sentido. Ao tocar o chão do palco, deslizou por ele, como se também estivesse dançando, e só parou ao se chocar com outro buquê que ali já se encontrava. No choque, o talo do botão de rosa se partiu. Assim, a bailarina que estava sendo homenageada jamais teria o prazer de ter nas mãos aquela flor, que se desgarrou do ramalhete, rolando sozinha para o lado. Quem a recolheu foi um empregado, depois de terminado o espetáculo, e antes de que o palco fosse varrido. Ele cheirou-a, fechando os olhos, e deplorou que ela não tivesse uma haste, para poder levá-la ate sua casa, ou mesmo espetá-la na lapela. Não sabendo como guardá-la, resolveu colocá-la dentro do bolso. E foi assim que ela seguiu até a casa do sujeito que a tinha recolhido do chão. Chegando em casa, o empregado encheu um copo de água e pôs dentro dele aquele botão de rosa entreaberto. Antes de deitar, levou-a até o quarto de sua mãe e a colocou sobre a mesa, para que ela pudesse vê-la, logo que acordasse. E foi isso o que aconteceu. A velha senhora, sem forças para deixar o leito e ir até a varanda tomar sol, olhou para a rosa, sorriu e aspirou sua fragrância. — Pobre rosinha — murmurou ela. — Foste destinada a enfeitar o regaço de uma jovem rica e famosa, e eis-te aqui, servindo de consolo para uma pobre velha. Para ela, não passarias de mais uma flor, entre tantas que lhe foram dadas. Para mim, porém, és a única, e vales tanto quanto um buquê. Os olhos da anciã brilhavam como os de uma criança. Talvez o frescor da rosa tivesse feito reviver em sua mente a lembrança de seus próprios tempos de juventude. — A vidraça estava quebrada — explicou o vento, — permitindo-me entrar la dentro com a maior facilidade. Observei os olhos da velha senhora, e vi que de fato brilhavam como os de uma criança, cheios de fé e esperança. Vi tambem a rosa, dentro de um copo, sobre a mesa. Então, volto a perguntar: qual daquelas rosas foi a mais feliz? Eu sei a resposta, e vou revelá-la a vocês. Cada rosa daquela roseira tinha sua propria história, e acreditava ter sido a mais feliz de todas. Não deixa de ser uma bénção acreditar numa coisa dessas. Mas não resta dúvida de que a mais feliz foi a que permaneceu por mais tempo no pé, antes de ser colhida. Com razão, ela assim raciocinava: "Sobrevivi a todas as minhas irmãs. Sou a última, a única que aqui restou. Portanto, sou a queridinha da mamãe, a filha favorita". — Sua mãe sou eu — lembrou-lhe a roseira. — Não, sou eu — replicou a luz do sol. — Ora, eu é que sou sua mãe — retrucou a gota de orvalho. — Calma, amigas — contemporizou o vento. — Cada qual tem sua parte na origem dessa rosinha. Por isso, vou dividi-la entre vocês três. Dizendo isso, soprou com força, despetalando a flor e espalhando parte dela onde as gotas de orvalho ficavam pendentes pela manhã, parte onde o sol dardejava durante o dia, e deixando parte no seu galho original. Feito isso, comentou:

— Também tenho minha parcela nessa divisão, pois fui eu quem recolheu as histórias das rosas, levando-as ao conhecimento do público. Então, para concluir, digam-me: qual delas foi a mais feliz? Eu achei que sabia a resposta, mas de repente me dei conta de que estou em dúvida. Confesso que não sei. Com essas palavras, o vento amainou, recolhendo-se atrás da roseira, enquanto o dia se mostrava radioso e sereno como nunca. **A Pena e o Tinteiro.** Vendo o tinteiro que estava sobre a mesa do escritor, alguém comentou: — Quanta coisa bonita está contida aí dentro, apenas aguardando o momento de ser posta para fora! Qual será a próxima? Ah, que vontade de saber! — Palavras sensatas, meu amigo — concordou o tinteiro. — Está tudo aqui, guardadinho, esperando o momento de ser passado para o papel. Concorda comigo, querida? A querida, no caso, era a pena de pato que descansava sobre a mesa, onde também havia vários outros objetos. E o tinteiro prosseguiu: — É de fato estranho e maravilhoso que tanta coisa bela esteja contida em meu interior. Chega a ser incrível! As vezes, eu mesmo não sei o que vai acontecer depois que um ser humano introduz você dentro de mim, retira uma pequena porção de meu conteúdo e o espalha em cima de uma página em branco. Basta uma gota de minha tinta, para encher meia página! Eu sou o maior! É de mim que provêm lindas poesias, belos e profundos pensamentos, maravilhosas descrições da natureza, histórias de pessoas que nunca existiram, e que todavia são mais vivas do que muitos que andam por aí sobre duas pernas. Como posso imaginar tanta coisa que nunca vi? Mas o fato é que está tudo aqui dentro, desde os galantes cavaleiros montados em seus magníficos corcéis, até as lindas e encantadoras damas pelas quais eles são capazes de dar a própria vida. Eu sou a matéria-prima de toda criação literária. Tudo o que está nos livros veio de mim. Às vezes, até eu mesmo me assusto com este poder que possuo! Chego a nem compreender como é que isso é possível! — Custou, mas você por fim disse uma verdade — retrucou a pena de pato. — É claro que você não pode compreender como isso seja possível: você não pensa! Nunca lhe ocorreu que nada mais contém senão um liquido escuro chamado tinta? Quando ela cai no papel, que acontece? Transforma-se numa feia mancha, nada mais. A beleza não está na tinta, e sim nas palavras — e essas, quem escreve sou eu. Sua serventia é fornecer a tinta que torna visíveis as palavras que tiro de dentro de mim, expressando-as por meio de meus movimentos. Não é você, mas sou eu que as escrevo. Ninguém tem dúvida quanto a isso. É mais fácil encontrar talento poético num ser humano do que num velho tinteiro... — Oh, como você é jovem e inexperiente, mesmo já estando um tanto gasta... — retrucou o tinteiro. — Então acredita mesmo que a poesia está dentro de você? Ora, que ideia! Você não passa de um instrumento auxiliar, como tantas penas que conheci antes de sua chegada. Já forneci tinta para penas de aço estrangeiras, de origem inglesa, e para penas mais nobres, provenientes

de gansos. Até perdi a conta de quantas penas já abeberaram em minha fonte. E sei que muitas ainda virão aqui matar sua sede de tinta. O ser humano que executa o trabalho braçal de

escrever o que trago dentro de mim mal se importa com o tipo de pena que usa. Dá cabo delas, joga-as fora e arranja logo outra. E quando minha tinta acaba, renova o conteúdo, sem jamais

dispensar meus serviços. Brevemente estará aqui de novo. Só quero ver o que lhe fornecerei como assunto, dessa próxima vez. — Deixe de ser tolo! Você não passa de um recipiente, ouviu?

De um mísero e simples re-ci-pi-en-te! — rosnou a pena. Tarde da noite, o poeta chegou em casa. Acabava de chegar do teatro, onde fora assistir a um concerto executado por um violinis-

ta famoso. Ainda estava empolgado com o que há pouco tivera a oportunidade de ouvir. O músico estivera de fato soberbo, extraindo de seu instrumento sonoridades verdadeiramente

maravilhosas. Em certa peça que executara, o som lembrava o de gotas de chuva desprendendo-se das árvores e caindo uma a uma como pérolas líquidas na terra. Em outra, as notas

musicais lembravam o ruído do vento, soprando por entre uma floresta de pinheiros. O poeta sentira tal enlevo, que chegara a chorar. Não eram somente as cordas que tocavam, mas todo

o instrumento: a madeira, a cola, o verniz, as cravelhas; tudo, enquanto o arco ia e vinha, deslizando com graça e leveza sobre aqueles fios retesados. E os movimentos do violinista eram tão

naturais, tão desprovidos de esforço aparente, que davam a impressão de se tratar de uma tarefa simples, ao alcance de qualquer pessoa. Era como se o violino tocasse sozinho, acionado

por um arco que se movia por conta própria — mal se notava a existência e presença de um executante. E, todavia, ali estava ele, conferindo alma e sentimento a esses dois objetos inani-

mados. Esse fato não passou despercebido ao poeta, que veio para casa pensando nisso, e fez questão de deixar por escrito as ideias que então lhe tinham ocorrido. Eis o que ele descre-

veu: "Absurdo dos absurdos seria se o arco e o violino creditassem a si próprios o mérito dessa performance, ficando inchados de orgulho e presunção. Pois quantas vezes vemos esse

absurdo ocorrer entre os seres humanos! Poetas, pintores, cientistas e até mesmo generais não costumam arrogar-se em únicos responsáveis por seus êxitos? Entretanto, não passamos

de instrumentos da execução divina. A Deus, tão somente, deve ser creditada toda a honra e toda a glória de nossos eventuais sucessos. Nada que fizemos decorreu de nossa própria com-

petência." Em seguida, escreveu uma parábola intitulada "O Gênio e Seu Instrumento". — E então, meu caro tinteiro — perguntou a pena, depois que escutou a leitura em voz alta daqueles escri-

tos, — entendeu o espírito da coisa? Aprenda a lição e recolha-se à sua insignificância. — Mas que é isso, peninha? — replicou o tinteiro. — Você, sim, não captou a essência da questão! Foi sua

tola arrogância que me inspirou esse assunto. Eu idealizei, você escreveu, sem sequer se dar conta de que aquelas palavras expunham ao ridículo suas ideias insensatas acerca do mérito e

da responsabilidade dos pensamentos escritos. Tudo aquilo era dirigido contra você! E de onde saiu? De mim, da tinta que guardo em meu interior. Sei que fui um pouco sarcástico, mas

achei que era necessário. — Ah, garrafinha de tinta pretensiosa... — zombou a pena. — E você, esqueceu de onde saiu? Do rabo do pato! — desfechou o tinteiro, com raiva. O desabafo

deixou-os satisfeitos, pois nada nos alegra mais do que proferir a última palavra numa discussão. É tão agradável, que até ajuda a conciliar o sono. E foi o que ambos fizeram, adormecendo

logo depois. Mas o poeta não dormiu. Como notas desferidas por um violino, os pensamentos bailavam em sua mente, gotejando como pérolas líquidas, penetrando na mata como o sopro do vento

tempestuoso, fazendo seu coração bater mais forte, iluminado pela centelha de vida e sabedoria que provém do Mestre dos Mestres. Ele, tão somente, deve ser creditada toda a honra e toda a glória!

Copyright © 2019 Editora Garnier

Todos os direitos reservados pela Editora Garnier. Nenhuma parte desta publicação poderá ser reproduzida sem a autorização prévia da Editora.

TRADUÇÃO
Eugênio Amado

REVISÃO
Cláudia Rajão

CAPA
Eduardo Batista de Oliveira Dias

DIAGRAMAÇÃO
Conrado Esteves

Dados Internacionais de Catalogação na Publicação (CIP)
(Câmara Brasileira do Livro, SP, Brasil)

Andersen, Hans Christian, 1805-1875
   Histórias e contos / Hans Christian Andersen ;
[tradução Eugênio Amado]. --
Belo Horizonte, MG : Editora Garnier, 2019.

   Título original: Stories and fairy tales.
   ISBN 978-85-7175-119-4

   1. Contos - Literatura infantojuvenil 2. Contos de fadas - Literatura infantojuvenil I. Título.

19-23485   CDD-028.5

Índices para catálogo sistemático:

1. Contos : Literatura infantil 028.5
2. Contos : Literatura infantojuvenil 028.5

Cibele Maria Dias - Bibliotecária - CRB-8/9427

EDITORA GARNIER
Belo Horizonte
Rua São Geraldo, 67 - Floresta - Cep 30150-070 - Tel.: (31) 3212-4600
E-mail: vilaricaeditora@uol.com.br

Este livro foi composto com tipografia Cordia New e impresso pela Eskenazi.